基金项目：安徽省哲学社会科学规划青年项目（项目批准号：AHSKQ2023D027）。

薪酬委员会独董—CEO 关联、独董激励与 CEO 薪酬契约有效性

刘坤鹏　著

中国财经出版传媒集团
中国财政经济出版社
·北京·

图书在版编目（CIP）数据

薪酬委员会独董－CEO关联、独董激励与CEO薪酬契约有效性／刘坤鹏著．--北京：中国财政经济出版社，2025.7．--ISBN 978－7－5223－4060－9

Ⅰ．F279.23

中国国家版本馆CIP数据核字第20254H1G22号

责任编辑：高文欣　　　　责任校对：胡永立
责任印制：史大鹏

薪酬委员会独董—CEO关联、独董激励与CEO薪酬契约有效性
XINCHOU WEIYUANHUI DUDONG—CEO GUANLIAN、DUDONG JILI YU CEO XINCHOU QIYUE YOUXIAOXING

中国财政经济出版社 出版

URL：http：//www.cfeph.cn
E－mail：cfeph@cfeph.cn

社址：北京市海淀区阜成路甲28号　邮政编码：100142
营销中心电话：010－88191522
天猫网店：中国财政经济出版社旗舰店
网址：https：//zgczjjcbs.tmall.com
涿州汇美亿浓印刷有限公司印刷　各地新华书店经销
成品尺寸：170mm×240mm　16开　15印张　216 000字
2025年7月第1版　2025年7月河北第1次印刷
定价：88.00元
ISBN 978－7－5223－4060－9
（图书出现印装问题，本社负责调换，电话：010－88190548）
本社图书质量投诉电话：010－88190744
打击盗版举报热线：010－88191661　QQ：2242791300

前　言

最优契约理论认为有效薪酬契约不应该为可观测的运气因素支付CEO薪酬，运气薪酬是CEO经济抽租的一种方式，其无法提供有效激励。已有研究表明中国上市公司中CEO除获得基于才能业绩的才能薪酬外还普遍获得运气薪酬，“把激励搞对”是中国经济成功的关键，本书将对运气薪酬进行深入研究以完善CEO薪酬契约有效性。同时值得注意的是，有研究认为CEO基于运气业绩获得的运气薪酬有助于保留人才和鼓励CEO实施探索战略。同时CEO薪酬契约有效性的本质体现在能够激励CEO从事公司价值创造活动进而增加股东财富。目前尚缺乏关于CEO薪酬契约中运气薪酬对公司价值创造活动影响的直接证据，而这是从运气薪酬和才能薪酬解构CEO薪酬契约有效性的基础以及探讨运气薪酬乃至薪酬契约有效性治理机制的前提。技术创新是公司价值创造和保持长远竞争优势的关键，能否促进公司技术创新为检验运气薪酬和才能薪酬对CEO薪酬契约有效性的解构提供研究视角。

在“股东—薪酬委员会—CEO”三层次委托代理关系中，薪酬委员会是CEO薪酬契约制定和执行的具体监督者，同时也是股东的代理人，同样会产生委托代理问题。各国监管机构和最佳实践规范都建议薪酬委员会中引入独董甚至全由独董构成以改善薪酬委员会监督质量，但实践中对独董作用的质疑一直存在。中国引入独董制度已有二十余年，然而“花瓶董事”“人情董事”的批评时有发生，特别是2021年11月ST*康美（600518）合计24.56亿元天价民事责任判决中，涉及5位独董需要承担至少过亿元连带责任，更是将独董制度推向风口浪尖。然而越是面对激烈争议，越是需要冷静思考：独董制度真的无益于监督吗？什么才是保障独董有效监督的条件？针对这些问题，我们需要回归到三层次委托代理模型，独董监督CEO必须要满足两个条件：一是独立于CEO以坚定维护股东利益的立场，二是获得充分的激励以具有维护股东利益的动力，前者是独董独立性问题，后者是独董激励问题。因此，本书首先从CEO薪酬契约有效性内涵出发，以运气薪酬和才能薪酬对CEO薪酬契约有效性进行解构，探究CEO基于运气业绩获得的运气薪酬是否是无效激励，表现为阻碍其从事技术创新活动？CEO基于才能业绩获得的才能薪酬激励效果如何，是否能够促进技术创新？如果确实存在影响，其作用机制是什么？运气薪酬和才能薪酬是否最终影响到公司价值呢？其次，针对独董形式独立性和独董—CEO关联对独董社会独立性削弱作用，当只考虑形式独立性时薪酬委员会独立性是否没有影响CEO薪酬契约有效性？当考虑社会独立性时薪酬委员会中独董—CEO关联是否降低CEO薪酬契约有效性，具体如何影响薪酬—运气业绩敏感性（即运气薪酬）与薪酬—才能业绩敏感性（即才能薪酬）？由于独董—CEO关联对独董独立性的影响是独董出于潜意识的偏爱或基于冷静思考后的回报，那么这些关联是否只是CEO权力的反映呢？如果不是，它们在影响CEO薪酬契约有效性上是替代还是互补呢？薪酬委员会的主任委员通常由独董担任，那么主任独董与非主任独董的独董—CEO关联对独董监督作用的影响是否具有异质性？再次，在考虑独董多席位任职可能性的情况下，使用相对指标衡量的独董薪酬激励和声誉激励是否能够提高CEO薪酬契约有效性？作为独董激励的两个重要维度独董薪酬激励和声誉激励之间的关系如何，是否起到互补作用？最后，高监督水平的独董应该具备高独立性（即低独董—CEO关联）和充分激励两个条件，排除独董—CEO社会关联后的独董社会独立性和独董激励是否共同提高CEO薪酬契约有效性，从而表现出更高监督质量？

本书试图找到以上问题的答案，分别考察运气薪酬和才能薪酬与公司创新的关系以解构CEO薪酬契约有效性，以及薪酬委员会独董—CEO关联、独董激励与CEO薪酬契约有效性的关系。基于沪深A股非金融上市公司2007～2018年数据，本书具体结论如下：

（1）运气薪酬与才能薪酬对CEO薪酬契约有效性的解构：第一，CEO薪酬契约中存在基于运气业绩支付的运气薪酬和基于才能业绩支付的才能薪酬，且薪酬—运气业绩敏感性相较于薪酬—才能业绩敏感性更高；第二，CEO薪酬契约中运气（才能）薪酬越多，公司创新水平越低（越高），表明CEO运气（才能）薪酬无法（能够）激励其积极主动地通过创新活动获得公司价值创造，公司基于运气（才能）业绩支付薪酬会削弱（促进）CEO薪酬契约有效性；第三，机制检验表明，CEO风险承担意愿是CEO薪酬契约中运气薪酬和才能薪酬影响公司创新的中介路径。其中，CEO薪酬契约中获得更多的运气（才能）薪酬会带来CEO更不愿意（愿意）积极主动承担风险，进而带来公司创新水平降低（提高）；第四，以Tobin Q值作为公司价值的衡量指标，发现CEO薪酬契约中的运气（才能）薪酬显著负（正相）向影响公司长期价值，从而进一步证明CEO运气薪酬是薪酬激励中的无效部分，带来CEO风险规避、偷懒等损害公司价值的行为，而CEO才能薪酬是薪酬激励中的有效部分，能够激发CEO发挥管理才能并积极地为公司创造价值。由此，证明运气（才能）薪酬降低（提高）了CEO薪酬契约有效性，有效薪酬契约应该具备更低薪酬—运气业绩敏感性和更高薪酬—才能业绩敏感性。

（2）薪酬委员会独董—CEO关联对CEO薪酬契约有效性影响：

第一，在不考虑独董个体差异的情况下，仅以薪酬委员会中独董比例表示的薪酬委员会形式独立性并没有带来监督效应，不能对 CEO 薪酬契约有效性产生影响，说明研究影响薪酬委员会独董实质独立的社会关联如何影响 CEO 薪酬契约有效性是十分必要且重要的；第二，在薪酬委员会独董—CEO 相似性关联对 CEO 薪酬契约有效性的影响方面，无论是年龄相似性关联、学历相似性关联，还是同时考虑年龄或学历的人口特征相似性关联均降低了 CEO 薪酬契约有效性，表现为更高的薪酬—运气业绩敏感性或更低的薪酬—才能业绩敏感性；第三，在薪酬委员会独董—CEO 私人关联对 CEO 薪酬契约有效性的影响方面，无论是老乡关联、校友关联，还是同时考虑老乡或校友的私人关联均降低了 CEO 薪酬契约有效性；第四，薪酬委员会的独董—CEO 任职关联降低了 CEO 薪酬契约有效性；第五，CEO 权力对独董—CEO 关联降低 CEO 薪酬契约有效性的异质性作用方面，发现只有在低 CEO 权力组独董—CEO 关联降低 CEO 薪酬契约有效性的负面影响才显著，说明 CEO 权力和薪酬委员会独董—CEO 关联对 CEO 薪酬契约有效性降低的负面影响存在相互替代的关系。第六，区分薪酬委员会中主任独董与非主任独董后，发现主任独董的独董—CEO 关联对 CEO 薪酬契约有效性的影响更重要。

(3) 薪酬委员会独董—CEO 关联、独董激励与 CEO 薪酬契约有效性关系：第一，独董在公司获得的薪酬占其在所有上市公司兼任独董获得的全部薪酬的比重更高时，独董薪酬激励水平更高，相应地，当公司薪酬委员会中相对薪酬更高的独董占比越大时，公司的 CEO 薪酬契约有效性越高，但仅表现为 CEO 薪酬—运气业绩敏感性显著降低，而 CEO 薪酬—才能业绩敏感性并没有显著提升，说明上市公司支付给独董的固定薪酬虽然会因独董个体异质性产生一定的激励作用，但这种薪酬激励机制的有效性还有待进一步提高；第二，独董在公司获得的声誉占其在所有上市公司兼职独董获得的全部声誉比重更高时，独董声誉激励水平更高，相应地，当公司薪酬委员会中相对声誉更高的独董占比越大时，公司的CEO薪酬契约有效性越高，具体表现为CEO薪酬—运气业绩敏感性的显著降低和CEO薪酬—才能业绩敏感性的显著提高，说明公司规模带来的声誉会因独董个体异质性产生激励作用；第三，独董在公司获得的包括薪酬激励和声誉激励在内的组合激励占其在所有上市公司兼职独董获得的全部组合激励比重更高时，独董激励水平更高，相应地，当公司薪酬委员会中相对激励更高的独董占比越大时，公司的CEO薪酬契约有效性越高，具体表现为CEO薪酬—运气业绩敏感性的显著降低和CEO薪酬—才能业绩敏感性的显著提高，说明独董的薪酬激励机制与声誉激励机制是相互补充的关系；第四，独董的独立性（以独董—CEO关联反向刻画）和激励程度交互指标更高时，独董监督水平更高，相应地，当公司薪酬委员会中监督水平更高的独董占比越大时，公司的CEO薪酬契约有效性越高，具体表现为CEO薪酬—运气业绩敏感性的显著降低和CEO薪酬—才能业绩敏感性的显著提高，说明独董独立性与独董激励在监督CEO薪酬契约时是相互补充的关系，此时独董同时具有坚定的立场和更高的监督意愿，有助于提高独董监督质量。第五，分析CEO权力对由独董独立性与激励程度二维组合决定的独董监督水平的作用异质性。结果发现，在不同CEO权力组之间，虽然独董监督水平对CEO运气薪酬都起到了治理作用且不同组别之间没有显著差异，但独董监督水平对才能薪酬的治理作用在不同组别之间却有显著差异。具体地，只有在低CEO权力组，薪酬委员会独董监督水平越高，CEO薪酬—才能业绩敏感性越高，而在高CEO权力组，薪酬委员会独董监督水平没有发挥显著作用。第六，进一步区分薪酬委员会中主任独董与非主任独董后，发现主任独董的监督水平对CEO薪酬契约有效性的影响更重要，抓住主任独董这一“关键少数”十分必要。

本书可能的创新点如下：

第一，虽然主流观点认为运气业绩是 CEO 经济抽租的一种方式，但有研究认为运气薪酬有助于保留人才和鼓励 CEO 实施探索战略，因此运气薪酬与薪酬契约有效性的关系还存在争议，缺乏经济后果方面的直接证据。本书以 CEO 薪酬契约有效性的本质内涵是激励 CEO 从事公司价值创造活动为指导，通过考察 CEO 薪酬中运气薪酬和才能薪酬部分对公司技术创新的影响及作用机制以及运气薪酬和才能薪酬对公司价值的影响，从经济后果角度回应现有在运气薪酬与薪酬契约有效性关系上的争议，利用运气薪酬与才能薪酬对薪酬契约有效性进行解构，为完善薪酬契约有效性的内涵提供新的视角和经验证据。

第二，一方面从独董个体异质性出发，基于社会关联相关理论，分析三种独董—CEO 关联对独董独立性的影响，通过检验这些社会关联对 CEO 薪酬契约有效性的作用进行佐证，为衡量独董社会独立性提供新的思路；另一方面，基于资源有限理论和独董理性经济人假设，结合中国上市公司独董多席位任职的实际情况，从相对薪酬和相对声誉衡量独董薪酬激励和声誉激励，通过检验它们对 CEO 薪酬契约有效性的作用进行佐证，为衡量独董激励机制提供新的思路。

第三，基于三层次委托代理模型并站在薪酬委员会角度，将独董—CEO 关联、独董激励置于同一个框架下，在分别研究独董—CEO 关联、独董激励对 CEO 薪酬契约有效性影响的同时，考察独董社会独立性（以独董—CEO 关联反向刻画）、独董激励互补效应以避免割裂两者导致影响效应的不足。本书从独董监督立场和监督意愿及其交互作用探索薪酬委员会对独董有效监督的条件，拓展了该领域的研究。

目 录

1 绪　论

1.1 选题背景与选题意义

1.1.1 选题背景

分配制度中对效率与公平的探讨是中国特色社会主义经济社会发展永恒的话题，高管薪酬作为社会收入分配实践的重要体现，一直是社会和学术界关注的话题。党的十八大报告提出“初次分配和再分配都要兼顾效率和公平，再分配更加注重公平”的要求，是新时代分配制度改革核心。在初次分配阶段就重视效率与公平是深化改革的重要体现，兼顾效率与公平必须坚持按劳分配为主体。公司管理者具有技术要素和管理能力后成为复杂劳动的提供者，技术或劳动报酬构成复杂劳动报酬，它们同一线生产劳动报酬一起使得按劳分配为主体得以体现（洪银兴，2018），因此从社会收入分配角度看，在公司中按照劳动贡献提供报酬是社会初次分配时兼顾效率与公平的重要保障。从公司所有者角度看，其把经营权让渡给以 CEO 为代表的管理者后，由于无法观测 CEO 为经营管理公司所付出的劳动或直接观测成本较高，将以公司业绩衡量的劳动贡献作为议定薪酬的依据成为激励 CEO 维护公司所有者利益、提高公司运营效率的次优选择（Jensen 和 Murphy，1990）。最优契约理论认为制定基于公司业绩的薪酬契约，是促使 CEO 行为满足公司所有者利益最大化目标的重要公司治理机制（Jensen 和 Meckling，1976；Engel et al.，2003），其隐含前提为公司业绩是 CEO 才能付出的结果。然而CEO薪酬和业绩之间并非总是表现为最优契约框架所描述的密切关系，存在CEO利用权力进行薪酬寻租（Bebchuk 和 Fried，2003），CEO获得与行业影响等可观测运气相关的运气薪酬是经济抽租的一种方式（Bertrand 和 Mullainathan，2001；Garvey 和 Milbourn，2006；贾凡胜，2018；Shang et al.，2020），即CEO除基于才能业绩获得才能薪酬外还可能因运气业绩获得运气薪酬。

在我国，“天价薪酬”与薪酬倒挂现象时有发生并且薪酬受行业因素影响比较普遍。根据德勤发布的研究报告，2018年我国上市公司CEO最高薪酬为3296万元，高管平均薪酬继2016年突破百万元大关后持续增长，而作为盈利能力强的金融行业和房地产业连续三年位列前两名①。沈艺峰和李培功（2010）研究发现我国上市公司在2005~2009年间，平均业绩水平每提高1%，高管薪酬仅仅提高3%，而运气成分每提高1%，高管薪酬却能提高343%，说明我国上市公司高管存在着显著的运气薪酬，且运气薪酬要远高于因业绩所获得的薪酬。之后的学者也陆续证明，我国上市公司高管获得运气薪酬的现象比较普遍（杨青等，2014；邓晓岚等，2015；贾凡胜，2018；Shang et al.，2020）。“把激励搞对”是中国经济成功的关键（戴治勇，2014），但高管运气薪酬的存在背离了有效薪酬激励契约的设计，必须对其进行深入研究，来探索有效的治理机制。同时值得注意的是，仍有研究认为CEO基于运气业绩获得的运气薪酬有助于保留人才和鼓励CEO实施探索战略。目前尚缺乏关于CEO薪酬契约中运气薪酬对公司价值创造活动影响的直接证据，而这是利用运气薪酬与才能薪酬解构CEO薪酬契约有效性的基础，更是继续深入探讨运气薪酬乃至薪酬契约有效性治理机制的前提。技术创新是公司价值创造和保持长远竞争优势的关键（Moshirian et al.，2021），设计有效的薪酬激励机制以促进CEO积极承担风险和发挥才能在公司创新活动中十分重要（方军雄等，2016）。可见，能否促进公司创新为检验CEO薪酬契约有效性提供研究视角，本书将从论证运气薪酬与才能薪酬对技术创新的影响及其作用机制角度，提供运气薪酬是否为无效激励的

① 《2018~2019年度中国A股上市公司高管薪酬与长期激励调研报告》，德勤咨询，2019年7月。

直接证据，从而以运气薪酬和才能薪酬对 CEO 薪酬契约有效性进行解构。

薪酬委员会作为股东大会授权设立的专门委员会，是 CEO 薪酬契约制定和执行的具体监督者，因此薪酬委员会质量是影响 CEO 薪酬契约的最直接因素（Daily et al.，1998）。在“委托人（股东）—监督人（薪酬委员会）—代理人（CEO）”的垂直三层次委托代理关系中，作为监督人的薪酬委员会同样是股东的代理人，可能产生委托代理问题。各国监管机构和最佳实践规范都建议薪酬委员会中引入独董甚至全由独董构成作为改善薪酬委员会监督质量的治理机制，然而实践中对独董作用的质疑一直存在。中国境内上市公司引入独董制度已有二十余年，然而“花瓶董事”“人情董事”的批评时有发生，每当“财务造假”“违规处罚”“天价薪酬”等引起公众广泛关注的事件发生时，对独董是否切实发挥监督职能的质疑就会成为关注焦点之一。特别是，随着 2021 年 11 月广州市中级人民法院对 ST*康美（600518）作出合计 24.56 亿元“天价”民事责任判决后，涉及 5 位独董承担 5% 和 10% 不等的连带责任，涉及赔偿金额最少过亿元，更是将独董制度推向风口浪尖。然而越是面对激烈争议，越是需要冷静思考：独董制度真的无益于监督吗？什么才是保障独董有效监督的条件？针对这些问题，我们需要回归到三层次委托代理模型，独董监督 CEO 必须要满足两个条件：一是独立于 CEO 以坚定维护股东利益的立场，二是获得充分的激励以具有维护股东利益的动力，前者是独董独立性问题，后者是独董激励问题。

在独立性方面。由于监管要求独董配置趋同，合法任职资格独董的数量和比例衡量的形式独立性无法反映出董事会或专业委员会真正的独立性（李维安等，2017），独董数量和比例把独董都看成同质的个体，忽略了不同独董间独立性的差异（周建等，2016）。独董的实质独立性表现为思想和态度上的独立，作为社会成员，其生活、行为与发展都处于特定社会关系、制度与规则之中（Little，2012），必须考虑其所处的社会环境和心理反应对行为的影响（Westphal 和 Zajac，2013），而与 CEO 之间的社会关联是独董监督 CEO 时面临的关键社会环境。现有文献将排除独董与 CEO 之间社会关联（即独董—CEO 关联）影响后的独立性称为独董社会独立性，并基于社会心理学中社会关联相关理论研究了三类独董—CEO 社会关联：

(1) 基于两者之间人口统计学特征相似性形成的关联，即独董—CEO相似性关联；(2) 基于两者之间诸如校友、老乡、共同工作的私人关系形成的关联，即独董—CEO私人关联；(3) 基于CEO（建议）提名独董而形成的关联，即独董—CEO任职关联。在每类社会关联文献中学者们都发现独董对CEO产生行动偏好或支持行为的证据，从而削弱独董社会独立性。那么，薪酬委员会中的独董与CEO之间的这三种社会关联是否影响了独董对CEO薪酬契约有效性的监督呢?

在独董激励方面。获得有效的激励是独董愿意将有限精力和时间投入公司监督工作的内在动力，独董激励机制包括薪酬激励、声誉激励、市场机制和法律机制（黄海杰等，2016），已有研究认为无论是在西方还是在中国资本市场后两种机制均没有很好地发挥作用（Yermack，2004；Black et al.，2005；陈艳，2009；全怡和陈冬华，2016）。针对中国资本市场，一方面上市公司独董选聘和退出机制的市场化程度不高，董事会或管理层在独董提名和解聘中具有重要影响；另一方面虽然随着中国监管政策趋紧法律机制对独董的影响必然越来越大，但法律责任的提升不必然带来激励水平提高。2019年修订的《证券法》生效以后加大了对独董参与公司失误和违法决策的处罚力度，特别是ST*康美（600518）“天价”民事责任判决后，对独董惩罚威胁不可谓不大。然而，仅在判决公布后的2021年11月12日~11月21日就有15位独董因个人原因辞职，可见过重的法律惩罚可能引发独董“辞职潮”，挫伤独董履职的积极性。显然，独董激励机制仍然需要从薪酬激励和声誉激励入手。中国上市公司的独董并非全职工作，他们通常为自身全职工作领域的成功人士，如资深会计师、专家和学者等，因此是一种稀缺的人力资源，导致独董在多个公司兼任的情况比较普遍。如图1-1所示，自2002年建立独董制度开始，独董在两家及以上公司的多席位任职（后文称多席位任职独董）较为常见并呈上升趋势。从独董个体来看，2002年有16.23%的独董个体具有多席位，至2018年该比例上升至27.63%；从上市公司独董席位总体来看，2002年上市公司独董席位中有30.93%由多席位独董任职，至2018年该比例为48.97%；从上市公司总体看，2002年董事会中存在多席位独董的上市公司为54.46%（多席位独董公司占比)，而2018年该比例上升至85.97%。根据资源限制理论，独董会把自己有限的关注（时间和精力）按照任职公司的重要性进行分配，基于理性经济人假设，独董将以不同公司带来的相对激励大小（回报）作为衡量重要性的依据。因此，在测度独董薪酬激励和声誉激励大小时应该考虑独董多席位任职的现实情况，保证每个公司层面度量的激励程度都能恰当反映独董感知的该公司的重要性，从而体现对其有限兼职时间与精力的分配意愿（Masulis 和 Mobbs，2014)。

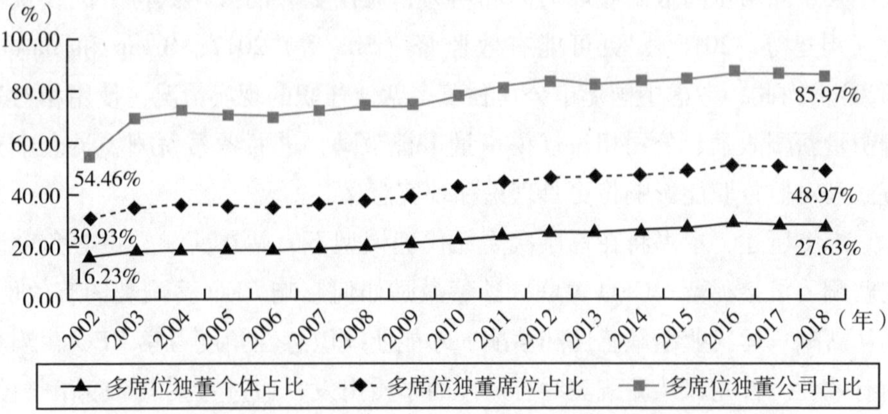

图1-1　2002~2018年上市公司独董多席位任职情况统计

数据来源：国泰安数据库。

正因如此，研究中考察独董薪酬对独董监督职能的作用并不一致（唐雪松等，2010；郑志刚等，2017)，单从薪酬绝对数上无法很好地反映中国上市公司独董薪酬激励机制。基于理性人假设，薪酬的激励作用取决于独董对投入与回报的权衡，独董具有多席位时有限的时间与精力投入就会有多种分配，此时理性决策是按照不同席位获得的相对薪酬来分配。徐晋等(2021）研究表明独董从特定公司获取报酬相对于其从所有上市公司兼职所得收入的大小会影响独董精力和时间投入的分配。针对独董声誉激励，直接使用独董多职位任职数量衡量（Ferris et al.，2003；叶康涛等，2011)，会受到独董繁忙程度干扰（Fich 和 Shivdasani，2006；李志辉等，2017)，仍假设多席位独董对所有公司的履职投入都相同，同样需要从每个公司带来的相对声誉来衡量该公司对独董产生的声誉激励程度。公司规模能够反映公司对独董的声誉激励，规模越大激励程度越高（Fama 和 Jensen，1983）。一方面，规模更大的公司业务可能更复杂，因监督失败带来声誉受损可能性更大；另一方面，规模越大带来的知名度越大（Adams 和 Ferreira，2008；周繁等，2008；全怡和郭卿，2017），越可能帮助独董获得新职位（Yermack，2004）以及获得更高薪酬（Ryan 和 Wiggins，2004）。给定独董可利用时间和精力的条件下，独董出于利益权衡将基于公司规模大小在不同席位间分配履职时间和精力，规模更大的公司获得分配权重更大（周建等，2016），更可能有效监督（Sila 等，2017；Bryan 和 Mason，2020）。因此，考虑中国上市公司独董多席位任职的现实情况，使用相对薪酬衡量薪酬激励、公司相对规模衡量声誉激励，进而考察薪酬委员会中独董激励对监督职能影响将更具理论和现实意义。

综上所述，本书将在三层次委托代理模型下，站在薪酬委员会角度研究薪酬委员会独董—CEO 关联、独董激励如何影响 CEO 薪酬契约有效性，并从薪酬—运气业绩敏感性和薪酬—才能业绩敏感性角度考察 CEO 薪酬契约有效性。首先，从薪酬契约有效性的本质出发，通过考察 CEO 薪酬契约中运气薪酬和才能薪酬对公司创新的影响，基于运气薪酬和才能薪酬的视角解构与论证 CEO 薪酬契约有效性的内涵，为后续研究奠定基础。其次，考察薪酬委员会中独董与 CEO 存在社会关联如何影响 CEO 薪酬—运气业绩敏感性和薪酬—才能业绩敏感性，从而论证薪酬委员会中独董社会独立性（以独董—CEO 关联反向刻画）对 CEO 薪酬契约有效性的影响。最后，考察独董激励及其与独董社会独立性交互作用对 CEO 薪酬契约有效性的影响，从而论证独董社会独立性与独董激励机制是否是薪酬委员会有效监督的条件。

1.1.2 选题意义

本书以中国上市公司薪酬委员会独董监督为切入点，在论证运气薪酬与才能薪酬对 CEO 薪酬契约有效性解构的基础上，检验薪酬委员会独董—

CEO 关联、独董激励机制对 CEO 薪酬契约有效性的影响，具有以下理论意义和现实意义。

（1）理论意义

首先，虽然主流观点认为运气薪酬是 CEO 经济抽租的一种方式，但缺乏从经济后果和作用机制论证的证据。本书以 CEO 薪酬契约有效性的本质内涵是激励 CEO 从事公司价值创造活动为指导，在公司技术创新背景下以运气薪酬与才能薪酬对薪酬契约有效性进行解构，是对薪酬契约有效性研究领域有益的补充。

其次，现有研究考察独董监督质量时较少聚焦于特定的专业委员会，从董事会整体考察不利于分析独董具体监督职责的前置影响因素。本书聚焦于薪酬委员会监督职责，基于独董社会独立性和独董激励两个特征，剖析独董影响 CEO 薪酬契约有效性的微观机理，为今后从董事会具体监督职能打开董事会监督的“黑箱”提供思路。

再次，独立性是独董制度的核心和灵魂（谭劲松，2003），是独董发挥监督作用的关键（支晓强和童盼，2005），如何保障独董的独立性是董事会监督理论的重要内容。以社会关联相关理论为基础的研究表明，独董—CEO 关联会导致独董出于潜意识的偏爱或基于冷静思考后的回报而无法保持相对于 CEO 的独立性，但缺少同时将三类独董—CEO 关联纳入考量的研究，特别是针对 CEO 薪酬契约的研究方面。本书同时考虑三种独董—CEO 关联对 CEO 薪酬契约有效性的影响，验证三种关联的同时存在性并排除 CEO 权力的影响，从社会心理学的视角丰富了董事会监督的研究。

最后，独董激励是独董发挥监督作用的动力，薪酬激励和声誉激励是独董激励的重要构成，但现有研究关于这两类机制能否发挥作用存在争议。本书以资源限制理论为指导并结合已有文献的逻辑推演，认为在测度独董薪酬激励和声誉激励大小时应该考虑独董多席位任职的现实情况，保证每个公司层面度量的激励程度都能恰当反映独董感知的该公司的重要性，从而体现对其有限兼职时间与精力的分配意愿。同时经验证据表明在此指导下度量的两种激励机制确实促进了独董监督作用的发挥，因此本书丰富了独董激励机制的相关文献，为后续研究提供有益参考。

(2) 现实意义

首先，为上市公司制定有效的 CEO 薪酬契约，重视和治理 CEO 运气薪酬提供理论和证据支持。CEO 获得运气薪酬的现象在中国上市公司中普遍存在（杨青等，2014；贾凡胜，2018；Shang et al.，2020），本书基于技术创新视角证明运气薪酬属于薪酬契约的无效激励部分，并且会损害公司价值，同时立足于薪酬委员会，发现独董社会独立性和独董激励机制能提高 CEO 薪酬契约有效性。本书的研究，一方面启示上市公司从提高独董独立性和重视独董激励机制两个维度，建设高监督质量的薪酬委员会；另一方面，为上市公司重视运气薪酬，以及使用相对行业业绩评价指标与 CEO 签订薪酬契约提供理论和证据支持。

其次，为上市公司和监管机构寻找相对于 CEO 更独立的独董提供理论和证据支持。自独董制度在中国上市公司确立以来，“人情董事”“荣誉董事”“橡皮图章”等质疑一直不断，如何保证独董的独立性成为一个亟待解决的问题。无论 2001 年证监会颁布《关于在上市公司建立独董制度的指导意见》（下文简称 2001 年《指导意见》），还是 2021 年 11 月发布的《上市公司独立董事规则（征求意见稿）》（下文简称 2021 年《征求意见稿》）① 都只列举排除妨碍独董独立性两种主要情况，即经济关系和家庭关系。然而社会中独董还会存在其他“妨碍其进行独立客观判断的关系”，如何寻找和判断这些社会关系就显得十分重要。本研究基于社会心理学理论的分析并结合有效 CEO 薪酬契约制定的实证检验，发掘 3 种影响独董相对于 CEO 独立性的关键社会关系：独董—CEO 相似性关联、独董—CEO 私人关联、独董—CEO 任职关联，从而为上市公司和监管机构进一步寻找相对于 CEO 更独立的独董提供理论和证据支持。

最后，为上市公司建立有效的独董激励机制提供理论和证据支持。建立有效的激励机制是激励独董将有限的精力和时间投入到公司治理中重要

① 针对上市公司独立董事的监管，证监会后续分别于 2022 年 1 月发布《上市公司独立董事规则》（证监会公告〔2022〕14 号）和 2023 年 8 月公布《上市公司独立董事管理办法》（证监会令［第 220 号］）。在两个制度文件中，所列举排除的妨碍独董独立性情况的范围虽有所扩大，但仍然属于经济关系和家庭关系两种主要类型。

保障。本书研究表明，相同独董在不同公司付出的精力和时间受到其兼任所有公司提供激励的共同约束，相对激励是独董投入精力和时间的依据。同时研究表明独董薪酬激励和声誉激励是相互补充的关系。因此，本书启示上市公司建立独董激励机制时，一方面要同时关注每位独董兼任的其他公司提供的激励水平，另一方面要根据自身情况平衡薪酬激励和声誉激励两个维度。

1.2 概念界定

结合本书的研究目标和内容，选择对独董—CEO 关联和独董激励、CEO 薪酬契约有效性三个关键词进行概念界定。

1.2.1 独董—CEO 关联

（1）CEO 与独董

CEO（Chief Executive Officer）指企业中负责日常经营管理的最高级管理人员。由于在中国 CEO 体制引入较晚，并非所有上市公司都设有 CEO 职位，因此参照定义，本研究将未设 CEO 职位，而设有“首席执行官”“总裁”“总经理”“行长”等同职责、同级别的职位统称为 CEO，当同一年出现多个相似的头衔时，结合前后两年头衔情况进行手工判断，仍无法判断的删去当年观测值。

独董，从本质上讲应该是能够独立于公司、经营者和股东进行决策和发表意见的董事，迄今为止世界上没有形成统一的、权威的概念界定，在世界各国的规则和文件中分别采用了通过概括式排除、列举式排除以及两者结合的方式对独立性进行限定来界定独董。例如，英国 Cudburry report 的界定标准采用了概括式排除，而全美公司董事联合会蓝带委员会在《董事职业化研究报告书》中采用了列举式排除。在我国，证监会 2001 年《指导意见》和 2021 年《征求意见稿》则采用了概括式排除和列举式排除相结合的方式。首先，概括式定义了独董“是指不在公司担任除董事外的其他职务，并与其所受聘的上市公司及其主要股东不存在可能妨碍其进行独立客观判断的关系的董事”；其次，又对独董的独立性进行专门的列举式排除。由于本研究是以中国上市公司为样本进行的研究，因此对独董的界定采用符合证监会2001年《指导意见》和2021年《征求意见稿》规定独立性要求的独董。

（2）独董—CEO关联

中国上市公司中合法独董独立于CEO要求排除两种情况[①]：①经济关系，为上市公司或者其附属企业提供财务、法律、咨询等服务的人员；②家庭关系，在上市公司或者其附属企业任职的人员及其直系亲属（配偶、父母、子女等）、主要社会关系（兄弟姐妹、岳父母、儿媳女婿、兄弟姐妹的配偶、配偶的兄弟姐妹等）。但是对于其他可能“妨碍其进行独立客观判断的关系”并没有进行列举式排除，因此允许了独董与CEO通过其他社会关联影响其独立性的情况存在。根据社会心理学的相关理论可以发现3种影响独董相对于CEO独立性的社会关联：①独董—CEO相似性关联。这种关联来源于CEO与董事会成员的人口统计学特征的相似性。社会心理学的相关研究表明，人口统计学特征的相似性增加了个体之间的认同感，当CEO与独董在人口统计学特征上具有相似性时，独董更容易认同CEO的行为，对CEO产生认同偏好。②独董—CEO私人关联。这种关联来源于CEO与董事之间的非正式私人关系所隐含的价值观与文化方面相似性，如共同的工作经历、老乡关系、校友关系、社团关系等。③独董—CEO任职关联。这种关联来源于CEO参与建议提名、遴选独董后，对独董任职产生关联。CEO对独董提名的影响可以通过至少3个途径：CEO持有一定比例股份直接提名独董；CEO作为提名委员会成员进行提名；CEO作为董事建议提名独董。中国证监会规定上市公司董事会、监事会、单独或者合并持有上市公司已发行股份1%以上的股东可以提出独董候选人，在中国上市公

① 2023年的《上市公司独立董事管理办法》对于经济关系和家庭关系范围进行了扩展，具体参见国务院公报https：//www.gov.cn/gongbao/2023/issue_10746/202310/content_6907746.html。

司中大多数的 CEO 是董事会的成员。当 CEO 帮助新任独董进入董事会后，该独董出于互惠心理会表现出更多的支持和帮助行为。综上所述，为全面地衡量独董与 CEO 之间的社会关联，本研究将从独董—CEO 相似性关联、独董—CEO 私人关联和独董—CEO 任职关联三个维度来反映独董—CEO 关联。

1.2.2 独董激励

“委托人—监督人—代理人”模型下，独董重要职责是监督作为股东代理人的高管，然而独董同时也是股东的代理人，他们的自身利益可能会与股东利益有所不同（Vafeas，1999；谢德仁，2005）。为协调利益冲突、提高监督质量必须建立恰当的独董激励机制，以激励独董将有限精力和时间投入公司监督工作的内在动力。独董激励机制包括薪酬激励、声誉激励、市场机制和法律机制（黄海杰等，2016），然而已有研究认为无论是在西方还是在中国资本市场后两种机制均没有很好地发挥作用（Yermack，2004；Black et al.，2005；陈艳，2009；全怡和陈冬华，2016）。随着中国监管政策的趋紧法律机制对独董影响越来越重要，2019 年修订的《证券法》生效以后夯实了因独董参与赞成的失误决策或违法决策进行的法律处罚力度，特别是随着 2021 年 11 月广州市中级人民法院对 ST*康美（600518）作出合计 24.56 亿元“天价”民事责任判决后，涉及 5 位独董承担 5% 和 10% 不等的连带责任，涉及赔偿金额最少过亿元。然而，判决公布后仅在 11 月 12 日 ~11 月 21 日就有 15 位独董因个人原因辞职，可见过重的法律惩罚可能引发独董“辞职潮”，可能挫伤独董履职的积极性，同时在本书样本期间法律机制并不有效。基于此，本书仅考虑薪酬激励和声誉激励两个方面。根据资源限制理论，独董会把自己有限的关注（时间和精力）按照任职公司的重要性进行分配，基于理性经济人假设，独董将以不同公司带来的相对激励大小（回报）作为衡量重要性的依据。因此，在测度独董薪酬激励和声誉激励大小时应该考虑独董多席位任职的现实情况，保证每个公司层面度量的激励程度都能恰当反映独董感知的该公司的重要性，从而体现对其有限兼职时间与精力的分配意愿（Masulis 和 Mobbs，2014）。因此，本书将采用相对薪酬和相对声誉来分别定义独董薪酬激励和独董声誉激励，具体衡量见第 6 章实证部分。

1.2.3 CEO 薪酬契约有效性

（1）CEO 薪酬

关于 CEO 薪酬概念的界定，目前学术界有着相对统一的认识与界定。一般而言，CEO 薪酬是指高管个人从企业取得的一切收益，其范围涵盖了直接或间接、内在或外在以及货币或非货币性的所有收益形式，因此从薪酬的组成内容看，主要由显性的货币薪酬、隐性的在职消费、股票期权以及长期激励计划组成，其中显性的货币薪酬主要由基本薪金和基于财务绩效的年度奖金等构成。此外，由于我国有关股权激励的制度尚有待进一步完善与健全，实施股权激励的时间较短且现已实施股权激励的公司在股权激励的额度、行权方面存在较大差异，且我国上市公司对股权激励相关信息的披露尚不全面，因此本研究未将股权激励纳入后续研究范围。同时，由于在职消费具有隐蔽性，无法使用确切的激励契约进行规定，因此国内大部分研究不考虑这部分薪酬的构成（辛清泉等，2007；方军雄，2009；吴育辉和吴世农，2010；苏冬蔚和熊家财，2013；姜付秀等，2014）。因此，本研究采用国内研究通用的做法，将 CEO 薪酬定义为 CEO 从上市公司获得的货币薪酬部分，包括基本薪酬、任期薪酬以及绩效薪酬等多种货币薪酬的总和。

（2）CEO 薪酬契约有效性

委托代理理论的核心问题在于分析信息不对称情况下的代理人激励机制，即在委托代理框架下寻求针对代理人的最优激励策略，使 CEO 克服风险厌恶心理为增加股东财富而努力。因此，本书认为 CEO 薪酬契约有效性的本质体现在能够促进风险厌恶的 CEO 从事公司价值创造活动，进而增加股东价值。该定义是概念性的，只能为衡量不同薪酬合约设计合理性提供方向性的标准，而最优契约理论和管理者权力理论则从薪酬与业绩的关联性方面提供 CEO 薪酬契约有效性的直观测度。

最优契约理论认为按照业绩给付薪酬能够引导 CEO 的行为以企业经营目标为导向，使 CEO 和股东的利益趋于一致，是解决代理冲突的最佳途径，薪酬契约的激励效应依赖于薪酬—业绩的敏感性。但管理者权力理论认为，薪酬—业绩敏感性的提高并不一定意味着代理成本的减少，因为企业业绩包含着强烈的“噪音”，这既有客观因素，如宏观和行业因素，即运气因素对企业业绩的影响，也有主观因素，如 CEO 对企业业绩的盈余操纵以及对业绩考核指标选择的操纵。只有去除了这些噪音业绩，才能得到真正能够反映 CEO 真实才能和努力结果的才能业绩，按照才能业绩付薪才能有效激励 CEO 为股东服务。由此企业业绩可以分为噪音业绩和才能业绩两部分，对应地，可以将观察到的 CEO 薪酬—业绩敏感性也划分为两部分，即 CEO 薪酬—噪音业绩敏感性和 CEO 薪酬—才能业绩敏感性。由于现有研究发现，当前我国企业高管因运气获得薪酬的现象比较普遍并且严重，因此本研究的主题限定在对运气这种“噪音”导致的运气薪酬的治理上。基于此，本书所指的 CEO 薪酬契约有效性反映为更高的 CEO 薪酬—才能业绩敏感性和更低的 CEO 薪酬—运气业绩敏感性，同时本书将基于运气业绩获得的薪酬部分称为运气薪酬，基于才能业绩获得的薪酬部分称为才能薪酬。具体的才能业绩和运气业绩以及相应敏感性的度量上，现有研究都给出了较为成熟的方法，将在实证部分具体介绍。

值得注意的是，本书通过文献梳理发现，部分研究指出高管获得运气薪酬的背后存在着理性逻辑（Houdek，2017），运气薪酬有助于保留人才（Oyer，2004；Liu et al.，2021）和鼓励 CEO 实施探索战略（Gopalan et al.，2010），从而对运气薪酬（pay for luck）意味着更低的薪酬契约有效性提出挑战。因此有必要基于 CEO 薪酬契约有效性的本质内涵，从运气薪酬和才能薪酬的经济后果考察两者与薪酬契约有效性的关系，这是本书研究运气薪酬乃至薪酬契约有效性治理机制的前提。基于此，本书在第 4 章从技术创新和公司价值角度以运气薪酬和才能薪酬对薪酬契约有效性进行解构，证明运气薪酬确实是无效激励部分。

1.3 研究目标与研究内容

1.3.1 研究目标

本书旨在从CEO薪酬契约有效性实质内涵出发，立足于薪酬委员会独董监督，探究薪酬委员会中独董—CEO关联、独董激励机制对CEO薪酬契约有效性的影响，从而为治理运气薪酬的必要性提供理论和证据支持，为薪酬委员会高质量监督CEO薪酬以及市场参与者识别和选聘实质独立的独董、理解独董有效激励机制提供理论参考和政策建议。

本书的具体目标有以下三个：

（1）从CEO薪酬契约有效性的本质出发，基于公司技术创新的视角，探究CEO获得的运气薪酬（才能薪酬）是否阻碍（促进）CEO参与公司价值创造活动，并探索其中的作用机制，同时进一步考察运气薪酬（才能薪酬）是否最终损害（提高）公司价值，以运气薪酬和才能薪酬对CEO薪酬契约有效性进行解构，为后续研究治理运气薪酬的必要性提供支持。由此，本书通过研究运气薪酬（才能薪酬）与技术创新和公司价值之间的关系，提供第一个层面的经验证据。

（2）在获得第一层证据表明运气薪酬属于无效激励的基础上，以社会关联相关理论为指导，寻找在独董监督CEO时影响其社会独立性的三类独董—CEO关联，即独董—CEO相似性关联、独董—CEO私人关联和独董—CEO任职关联，检验薪酬委员会中独董存在这些社会关联对CEO薪酬契约有效性的影响，同时排除CEO权力对独董—CEO关联作用的干扰。由此，本书通过考察薪酬委员会独董—CEO关联对CEO薪酬—运气业绩敏感性和薪酬—才能业绩敏感性的影响，提供第二个层面的经验证据。

（3）在资源限制理论的指导下，从薪酬激励和声誉激励两个维度恰当度量独董激励机制，检验薪酬委员会中独董激励对CEO薪酬契约有效性的影响；同时，独立性为薪酬委员会监督CEO薪酬契约提供行动立场，激励机制为独董积极付出精力和时间提供动力，是独董行动意愿的保障。排除独董—CEO 关联后的独董社会独立性和独董激励是否共同促进 CEO 薪酬契约有效性？由此，本书通过考察薪酬委员会中独董激励以及独董社会独立性与独董激励的交互对 CEO 薪酬—运气业绩敏感性和薪酬—才能业绩敏感性的影响，提供第三个层面的经验证据。

1.3.2 研究内容

本书具体研究内容总结如下。

第 1 章为绪论。首先，介绍选题背景，突出本书研究的理论意义和现实价值；其次，分别对独董—CEO 关联、独董激励和 CEO 薪酬契约有效性进行概念界定；再次，介绍研究目标、研究内容、研究思路和研究方法；最后，总结本书的主要创新点。

第 2 章为文献综述。本书重点研究在股东与 CEO（管理层）委托代理框架下，薪酬委员会的独董独立性和独董激励对 CEO 薪酬契约有效性的影响。因此，本书首先以最优契约理论、管理者权力理论为主线，回顾 CEO 薪酬契约有效性的内涵以及运气薪酬与有效薪酬契约关系的研究；其次，回顾薪酬委员会独立性对 CEO 薪酬契约有效性影响的研究；再次，回顾独董与 CEO 之间社会关联对独董实质独立性影响的研究，然后，回顾独董激励机制对独董监督职能影响的研究；最后，综合评述本书涉及的各个分支文献，为研究问题提出和研究框架搭建提供基础。

第 3 章为理论基础和逻辑框架。本章先阐述最优契约理论、管理者权力理论、三层次委托代理模型、社会关联相关理论以及资源限制理论，然后在这些理论基础上形成本书的研究逻辑。股东与 CEO 之间的委托代理问题引发对 CEO 的激励需要是本书研究的出发点。最优契约理论和管理者权力理论为理解薪酬契约有效性内涵，论证以运气薪酬与才能薪酬对薪酬契约有效性的解构提供理论支持。薪酬委员会的职责是在股东授权下制定和执行 CEO 薪酬契约，充当监督人的角色，因此形成“股东（委托人）—监督人（薪酬委员会）—代理人（CEO）”三层次委托代理模型。三层次委托代理模型为正确理解薪酬委员会在作为监督者同时也是代理人的本质提供理论指导，为论证薪酬委员会监督作用发挥前提是“独立于 CEO 并受到恰当的激励以降低其与 CEO 进行合谋可能性”提供支持。薪酬委员会引入独董以增强独立性，而当 CEO 与独董之间存在关联时很难保障该独董不受 CEO 的影响。社会心理学中社会关联相关理论为寻找 CEO 与独董之间的社会关联，解释不同维度关联对独董独立性的影响提供理论指导。恰当的激励机制是促使独董将有限精力和时间投入到监督 CEO 薪酬契约工作的内在动力，资源限制理论为本书解释独董多席位任职时精力和时间如何分配的问题提供指导，为恰当论证和度量独董薪酬激励与声誉激励提供依据。

第 4 章为运气薪酬与才能薪酬对 CEO 薪酬契约有效性解构的经验证据。基于薪酬契约理论和管理者权力理论，以 CEO 薪酬契约有效性的本质内涵是激励 CEO 从事公司价值创造活动为指导，在公司技术创新背景下考察运气薪酬与才能薪酬对 CEO 薪酬契约有效性的解构，以完善薪酬契约有效性的内涵，为治理 CEO 薪酬契约提供方向。具体地，使用两阶段回归将 CEO 薪酬分为基于运气业绩付薪的运气薪酬和基于才能业绩付薪的才能薪酬两部分，基于公司技术创新的视角，探究 CEO 获得的运气薪酬（才能薪酬）是否阻碍（促进）CEO 参与公司价值创造活动，并探索其中的作用机制，同时进一步考察的运气薪酬（才能薪酬）是否最终损害（提高）公司价值，以论证运气薪酬与才能薪酬对 CEO 薪酬契约有效性的解构。

第 5 章为薪酬委员会独董—CEO 关联对 CEO 薪酬契约有效性影响的经验证据。以社会关联相关理论为指导，寻找在独董监督 CEO 时影响其社会独立性的三类独董—CEO 关联，即独董—CEO 相似性关联、独董—CEO 私人关联和独董—CEO 任职关联。基于三层次委托代理模型，分别考察薪酬委员会独董与 CEO 之间相似性关联、私人关联和任职关联对 CEO 薪酬契约有效性的影响，以论证独董社会独立性在监督 CEO 薪酬契约中的作用。独董—CEO 关联对独董独立性的影响是独董出于潜意识的偏爱或基于冷静思考后的回报（Clark 和 Mils，1993；Hwang 和 Kim，2009），而 CEO 权力对薪酬契约作用体现在 CEO 以自身正式权力或非正式权威直接影响薪酬委员会，这两类力量的出发点并不相同。本章进一步考察 CEO 权力如何调节独董—CEO 关联对 CEO 薪酬契约有效性的影响，以证明 CEO 权力和独董—CEO 关联在影响 CEO 薪酬契约有效性上是替代还是互补。由于主任独董负责召集薪酬委员会成员并牵头发挥对 CEO 薪酬契约的监督作用，非主任独董的监督职能发挥有可能会受到主任独董的影响。因此，本章进一步考察薪酬委员会的主任独董相较于非主任独董，其独董—CEO 关联对 CEO 薪酬契约有效性的影响是否更重要，以证明抓住主任独董这一“关键少数”的必要性。

第 6 章为薪酬委员会独董—CEO 关联、独董激励对 CEO 薪酬契约有效性影响的经验证据。在三层次委托代理模型下，作为监督人的薪酬委员会成员本身也是股东的代理人，作为理性经济人的他们出于自己利益考虑同样会出现逆向选择和道德风险问题，恰当的激励机制是促使独董将有限精力和时间投入到监督 CEO 薪酬契约工作的内在动力。本章立足于中国上市公司普遍存在独董多席位任职的客观事实，基于资源限制理论构建能够恰当反映独董分配其有限履职时间与精力意愿的薪酬激励和声誉激励，结合本书第 5 章对独董社会独立性的研究，考察薪酬委员会独立性与独董激励对 CEO 薪酬契约有效性的影响。具体考察以下问题：在考虑独董多席位任职可能性的情况下，使用相对指标衡量的独董薪酬激励和声誉激励是否能够提高 CEO 薪酬契约有效性？作为独董激励的两个重要维度独董薪酬激励和声誉激励之间的关系如何，是否起到互补作用？高监督水平的独董应该具备高独立性（即低独董—CEO 关联）和充分激励两个条件，其中独立性为独董监督 CEO 薪酬契约提供坚定的行动立场，激励机制为独董积极履职提供行动意愿和动力保障，那么独董社会独立性和独董激励是否共同提高 CEO 薪酬契约有效性？同时与第 5 章类似，进一步考察 CEO 权力和是否为主任独董分别如何调节高监督水平的独董对 CEO 契约有效性的影响。

第 7 章为研究结论与政策建议。本章内容主要是总结本书研究结论，并且根据我国的现实情况提出相应的政策建议，最后根据本书研究指出存在的不足之处，为未来研究指明方向。

1.4 研究思路与研究方法

1.4.1 研究思路

本书的研究思路结构框架具体见图1-2。

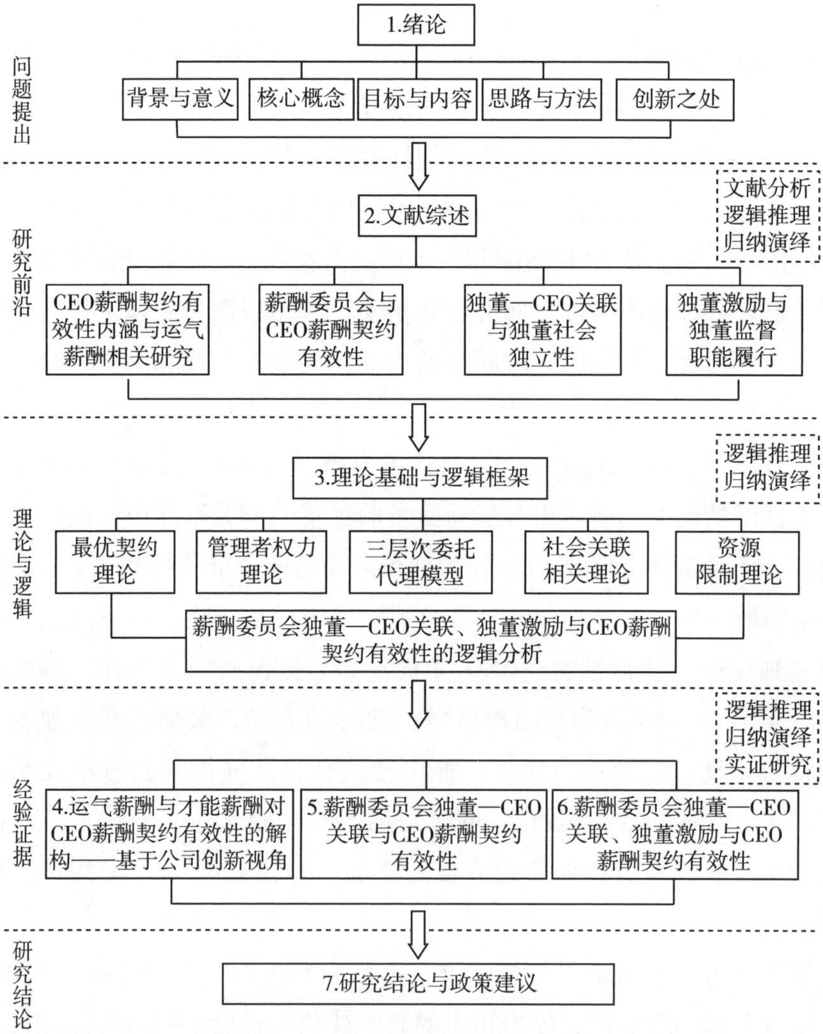

图1-2 本书的结构框架

1.4.2 研究方法

本研究主要涉及经济学、管理学、社会心理学等多门学科，采用规范研究方法和实证研究方法相结合，其中对于文献回顾、理论基础、制度背景和研究框架等部分主要采用文献分析、逻辑归纳与演绎等规范研究方法，对于经验检验部分则主要采用实证研究方法以及逻辑归纳与演绎。具体来说，主要采用如下研究方法：

一是文献分析、逻辑推理与归纳演绎。在第 2 章文献综述中，通过分析 CEO 薪酬契约有效性的内涵以及运气薪酬与有效薪酬契约关系、薪酬委员会独立性对 CEO 薪酬契约有效性影响、独董与 CEO 之间社会关联对独董实质独立性影响、独董激励机制对独董监督职能影响的相关文献，并结合逻辑推理和归纳演绎对现有文献进行评述，为本书研究问题的发现和框架搭建以及实证部分关键变量的恰当度量提供坚实理论基础和证据支撑；在第 3 章理论基础与逻辑框架中，围绕最优契约理论、管理者权力理论、三层次委托代理模型、社会关联相关理论和资源限制理论进行逻辑推理和归纳演绎，形成本书研究的逻辑框架。在第 4 ~6 章经验证据部分，依据逻辑分析和归纳演绎提出本书研究假设。

二是实证研究方法。第 4 ~6 章经验研究部分，针对实证设计与检验采用实证研究方法。首先，通过描述性统计分析，对样本数据分布和特征进行初步分析，为保证数据有效性和后续回归分析提供基础；其次，数据回归主要采用 OLS 回归、Tobit 回归，在获得运气薪酬与才能薪酬时采用两阶段 OLS 回归，在检验运气薪酬与才能薪酬影响价值创造的机制时使用中介效应模型；在稳健性检验时，使用变换关键变量度量，其中寻找独董—CEO 任职关联替代变量时运用代理变量的两阶段 OLS，使用第一阶段模型的残差拟合出有用信息代入第二阶段进行回归分析；解决内生性时使用基于两阶段 OLS 回归的工具变量法。

1.5 研究创新

第一，针对 CEO 普遍获得运气薪酬这一现象，虽然主流观点认为运气业绩是 CEO 经济抽租的一种方式，但是仍有研究认为运气薪酬有助于保留人才和鼓励 CEO 实施探索战略，因此运气薪酬与薪酬契约有效性的关系还存在争议，缺乏经济后果方面的直接证据。本书以 CEO 薪酬契约有效性的本质内涵是激励 CEO 从事公司价值创造活动为指导，通过考察 CEO 薪酬中运气薪酬和才能薪酬部分对公司技术创新的影响及作用机制，以及运气薪酬和才能薪酬对公司价值的影响，从经济后果回应现有在运气薪酬与薪酬契约有效性关系上的争议，以运气薪酬与才能薪酬对薪酬契约有效性进行解构，为完善薪酬契约有效性的内涵提供新的视角和经验证据。

第二，一方面从独董个体异质性出发，基于社会关联相关理论，分析三种独董—CEO 关联对独董独立性的影响，通过检验这些社会关联对 CEO 薪酬契约有效性的作用进行佐证，为衡量独董社会独立性提供了新的思路；另一方面，基于资源有限理论和独董理性人假设，结合中国上市公司独董多席位任职的实际情况，从相对薪酬和相对声誉衡量独董薪酬激励和声誉激励，通过检验它们对 CEO 薪酬契约有效性的作用进行佐证，为衡量独董激励机制提供了新的思路。

第三，基于三层次委托代理模型并站在薪酬委员会角度，将独董—CEO 关联、独董激励置于同一个框架下，在分别研究独董—CEO 关联、独董激励对 CEO 薪酬契约有效性影响的同时，考察独董社会独立性（以独董—CEO 关联反向刻画）、独董激励互补效应以避免割裂两者导致影响效应的不足。本书从独董监督立场和监督意愿及其交互作用探索薪酬委员会独董有效监督的条件，拓展了该领域的研究。

2 文献综述

围绕研究目标，本书对相关领域的研究文献进行回顾和评述，为研究问题的发掘和研究框架的构建提供支撑。本书重点研究在股东与 CEO（管理层）委托代理框架下，薪酬委员会的独董独立性和独董激励对 CEO 薪酬契约有效性的影响。因此，本书首先以最优契约理论、管理者权力理论为主线，回顾 CEO 薪酬契约有效性的内涵以及运气薪酬与有效薪酬契约关系的研究；其次，回顾薪酬委员会独立性对 CEO 薪酬契约有效性影响的研究；再次，回顾独董与 CEO 之间社会关联对独董实质独立性影响的研究；然后，回顾独董激励机制对独董监督职能影响的研究；最后，综合评述本书涉及的各个分支文献，为研究问题提出和研究框架搭建提供基础。

2.1 CEO 薪酬契约有效性的内涵

委托代理框架下，以 CEO 为代表的高管与股东之间由于个体理性下的目标差异以及信息不对称的存在产生委托代理冲突（Jensen 和 Meckling，1976），而有效薪酬契约能够激励 CEO 克服风险厌恶心理为增加股东财富而努力，是降低 CEO 道德风险与逆向选择的有效途径。理论界关于如何衡量 CEO 薪酬契约有效性存在两个一直处于热烈讨论中的重要分支：一是基于最优契约理论的薪酬契约有效性（Jensen 和 Murphy，1990）；二是基于管理者权力理论的薪酬契约有效性（Bebchuk 和 Fried，2003）。因此，探讨 CEO 薪酬契约有效性的内涵主要沿着这两类文献的脉络展开分析。

2.1.1 最优契约理论下薪酬契约有效性

CEO薪酬契约是通过一系列物质奖励，达到驱使CEO为股东财富最大化目标付出更多才华与精力的目的，其中如何衡量CEO的才能和努力程度是关键。由于股东无法直接观察到CEO行动或观测成本过高，可观测的公司业绩成为反映CEO才能和努力程度的次优选择（Harris和Holmstrom，1982），从而成为实施激励的重要依据。通过建立基于公司业绩的激励机制，将CEO利益与股东利益进行捆绑，能够促使CEO行为满足股东财富最大化目标（Murphy，1985；Attaway，2000；姜付秀等，2014），因此股东与CEO之间的所有问题都可以通过制定薪酬激励契约得到协调和解决，这些构成了最优契约理论的主要思想。在最优契约理论框架下，CEO薪酬契约是否有效体现在CEO薪酬与公司业绩是否以及在多大程度上相关，即表现为CEO薪酬对公司业绩敏感性如何，通常更高的薪酬—业绩敏感性意味着更高的薪酬契约有效性（Jensen和Murphy，1990）。

Murphy（1985）利用美国73家大型公司500名高管1964～1981年的数据分析并检验高管薪酬与经营业绩之间的关系，发现高管薪酬与公司股票收益率和收入之间均呈现显著的正相关关系。Jensen和Murphy（1990）以美国1295家大型公司的2213位CEO在1974～1986年的10400个CEO—年度观测值为研究对象，检验CEO薪酬—业绩敏感度，发现股东财富每变化1000美元将导致CEO财富相应变化3.25美元。Morris（2000）使用美国计算机与电子行业大型公司为初始样本，选择1992～1996年五年连续在任的CEO为研究对象，考察CEO现金薪酬与经营业绩ROE之间的关系，发现两者之间显著正相关，但系数仅为0.0055。虽然有部分学者得出CEO薪酬与公司绩效之间没有相关关系的结论（Randøy和Nielsen，2002），但更多的学者发现CEO薪酬与公司业绩之间存在显著正相关关系（Leone et al.，2006；Jackson et al.，2008；Conyon和He，2011）。Leone et al.（2006）进一步发现CEO现金薪酬与市场绩效（股票收益）之间的非对称特征，即现金薪酬对负收益的敏感性是正收益的两倍，研究认为由于市场绩效包括未实现的收益和损失，这种现象是董事会行使自由裁量权以减少支付给 CEO 现金补偿的事后结算成本，从而激励 CEO 努力实现公司价值最大化的结果，完善了 CEO 薪酬契约有效性。

针对中国的上市公司，早期没有发现高管薪酬与业绩之间存在显著的相关关系（魏刚，2000；李增全，2000；刘善敏，2003），但之后很多学者发现薪酬—业绩敏感性的存在并以此论证薪酬契约的有效性（Firth et al.，2006；辛清泉等，2007；方军雄，2009；Conyon 和 He，2011）。Firth et al.（2006）基于 1998～2000 年 549 家公司 1647 个观测值发现 CEO 薪酬与销售净利率 ROS 和市场绩效 RET 相关的证据，但是这种关系比较微弱且因产权的差异而不同，认为样本期间内中国上市公司薪酬契约有效性处于较低的水平。辛清泉等（2007）以 2000～2004 年的数据为样本发现高管薪酬与 ROA 和 RET 之间显著正相关的证据。方军雄（2009）对 2001～2007 年中国上市公司高管薪酬与净利润之间关系进行回归并比较，发现薪酬—业绩敏感性呈逐年微幅递增的趋势，认为随着薪酬制度的改革中国上市公司已经逐步建立起业绩型的薪酬机制，高管薪酬开始较大程度与公司经营绩效挂钩。Conyon 和 He（2011）对中美上市公司进行比较，发现中国上市公司 CEO 薪酬契约具备薪酬—业绩敏感性，并且在非国有企业中薪酬契约更有效，但相较于美国，中国公司 CEO 薪酬—业绩敏感性大约仅为其 1/17。

中国上市公司在高管的业绩考核指标方面通常选用会计业绩，并且虽然高管股权激励逐年增加但总体比重仍然很低。Li et al.（2013）对 2004～2010 年间自愿披露薪酬契约的 228 个公司样本进行分析发现，在 160 个披露业绩考核指标的薪酬契约样本中有 91%（146 个样本）使用会计利润指标。根据德勤发布的《2018～2019 年度中国 A 股上市公司高管薪酬及长期激励调研报告》，2006 年仅有 35 家上市公司公布股权激励计划，至 2018 年增加至 392 家公司，虽然整体增加 10 倍有余但是相对于上市公司总体仍然较少。因此，学者们对中国上市公司的研究大多以现金薪酬与会计业绩之间的敏感性反映薪酬契约的有效性，并从诸如制度环境、公司治理机制、高管特征等角度寻找提高薪酬—业绩敏感性的影响因素。具体地，在制度环境方面，包括会计准则变革（Ke et al.，2016；徐新鹏等，2019）、融资融券制度（马惠娴和佟爱琴，2019；洪昀等，2020）以及非正式制度（贾凡胜等，2017）等；在公司治理机制方面，包括股东监督（Cheng et al.，2015；潘红波和张哲，2019；窦超和罗劲博，2020；朱佳立等，2021）、内部控制（卢锐等，2011；罗正英等，2016）、会计信息质量（唐雪松等，2019；陈宋生等，2020）、外部监督（罗进辉，2018）等；在高管特征方面，包括高管人口特征（李四海等，2015）、社会资本（李四海等，2017）以及组织认同（汤晓建等，2021）等。

2.1.2 管理者权力理论下薪酬契约有效性

最优契约理论强调的是董事会可以设计出有效的薪酬契约对经理人实施激励并促使经理人基于股东财富最大化行事。但现实企业中的薪酬契约具有不完备性，同时董事会和所有者之间本身就存在很严重的代理问题，两者并不是完全一致的行动人，董事会可能会受到管理者影响或与管理者形成合谋。以 Bebchuk 和 Fried（2003）等研究为基础的管理者权力理论认为现实中董事会与管理者之间的关系远远超过最优契约理论的预期。具体表现为董事在与管理者进行薪酬谈判时可能受管理者控制或与其合谋，此时管理者会利用自身权力自定薪酬，攫取私有收益，致使董事会在针对管理者薪酬问题上的谈判并非总是有效的。这正是管理者权力理论的核心观点，而管理者抽租行为意味着薪酬契约有效性的削弱。这种削弱反映在两个方面：一方面是直接抬高薪酬支付水平，获得更多与业绩无关的超额薪酬（Core et al.，1999）；另一方面，体现为对业绩考核的干预（Cheng 和 Indjejikian，2009），CEO 通过在董事会制定薪酬契约时影响董事会对其进行的绩效考核来获得更多非真实努力业绩的薪酬，从而表现出更高的薪酬—操纵业绩敏感性或同时表现出更低的薪酬—真实业绩敏感性。

（1）管理者权力下 CEO 非业绩付薪

早在 1991 年，Crystal 的研究就发现 CEO 在与董事会进行薪酬谈判时掌握着大部分的讨价还价能力，这种能力正是导致薪酬过高的重要原因。Cyert et al.（2002）发现 CEO 兼任董事长时其薪酬一般高出其他 CEO 薪酬

20%～40%，Core et al.（1999）发现 CEO 任命的外部董事越多，CEO 越可能影响薪酬契约获得超额薪酬，而超额薪酬显著降低公司未来经营业绩。Duffhues 和 Kabir（2008）利用手工收集的 1998～2001 年荷兰上市公司高管数据检验发现，高管薪酬没有体现出对会计业绩或市场业绩的敏感性，认为高管获得的薪酬是管理者权力的体现，并不能起到激励高管为股东服务的效果。之后有学者对选取的 17 个国家的高管薪酬契约进行研究，发现管理者权力理论在全球范围内的普适性（Otten 和 Heugens，2008）。以中国上市公司为样本的研究也同样发现管理者权力引致更高薪酬的证据（王克敏和王志超，2007；卢锐，2008；吴育辉和吴世农，2010；王清刚和胡亚君，2011）。王克敏和王志超（2007）基于 A 股 2001～2004 年数据的研究发现，CEO 与董事长两职合一或者由控股股东委派时，CEO 报酬水平显著提高，认为 CEO 权力过大导致监督和制衡降低，从而增加其寻租的空间。吴育辉和吴世农（2010）以 2004～2008 年上市公司数据发现，高管权力更大时获得更高实际薪酬和超额薪酬，但更高的薪酬却带来经营管理效率的下降，并且这种现象在非国企中更加严重，认为中国上市公司高管在薪酬契约制定中存在自利行为，之后王清刚和胡亚君（2011）使用相似的样本也得到类似研究结论。

获得与业绩无关的薪酬还体现在薪酬黏性方面。薪酬黏性是指业绩上升时的薪酬—业绩敏感性相较于业绩下降时更大（方军雄，2009），业绩下降时薪酬与业绩关联性下降导致高管获得更多与业绩无关的薪酬。Gaver 和 Gaver（1998）最早注意到 CEO 现金薪酬与业绩指标关联的非对称性，他们以美国福布斯 500 中的 376 家公司 1970～1996 年数据的研究发现，当非经常损益为正时 CEO 现金薪酬与之具有显著正相关关系，但非经常性损益为负时两者之间并不显著，表明收益增加 CEO 薪酬但损失并没有降低 CEO 薪酬。之后，Jackson et al.（2008）以美国 1992～2002 年 986 家公司为样本，也发现 CEO 年度现金奖金与会计业绩之间的敏感性表现出薪酬黏性。方军雄（2009）对中国上市公司 2001～2007 年数据的研究发现，高管现金薪酬与净利润之间的敏感性存在明显“奖优不惩劣”的黏性特征，并指出这主要是由于高管控制权缺少监督，使其能够影响薪酬契约的制定和实施。卢锐（2008）针对 2001～2004 年的数据发现，在高管权力更大时薪酬黏性更加突出，之后高文亮等（2011）以及张华荣和李波（2018）分别基于 2001～2008 年和 2012～2016 年数据均发现管理者权力的类似作用。经济后果方面，顾海峰和翟淋源（2021）以 A 股 2010～2019 年数据的研究发现，高管薪酬黏性会降低高管风险承担与公司风险水平联动性，使公司承担过多风险，具体表现为更多的过度投资且这种现象在管理者权力更大时更明显。

值得注意的是，关于具有薪酬—业绩敏感性的业绩付薪是否切实创造价值存在争议。有效薪酬契约应该激励 CEO 克服风险厌恶心理为增加股东财富而努力（Jensen 和 Meckling，1976），能否促进 CEO 从事公司价值创造活动是判断 CEO 薪酬契约有效性的基本标准，而部分文献发现基于业绩付薪会导致 CEO 进行短视决策进而损害公司价值。公司技术创新是价值创造和保持长远竞争优势的关键（Moshirian et al.，2021），设计有效的薪酬激励机制以促进 CEO 积极承担风险、发挥才能在公司创新活动中十分重要（方军雄等，2016）。解维敏（2018）基于 A 股 2007～2015 年数据发现，业绩付薪导致管理者短视决策，降低公司创新并且对需要投入资金更多的技术创新活动表现出更强的抑制性。徐悦等（2018）分析如何设计薪酬契约以提高高管参与创新活动的积极性，使用与解维敏（2018）相似的样本区间检验发现，薪酬黏性与公司创新水平呈现正相关关系，之后陈修德等（2021）基于不同样本也发现类似的结论。

（2）管理者权力下薪酬—业绩敏感性操纵

随着投资者和社会公众对高管过度薪酬的关注和不满情绪的增加，管理者有动机通过影响绩效考核和薪酬契约条款对已获得的薪酬进行“辩护”，用操纵后更高的薪酬—业绩敏感性使薪酬契约“合法化”，以降低外界对薪酬契约无效的认知，而更高的管理者权力为其影响薪酬契约的制定提供能力保障，从而掩盖抽租行为（Bebchuk et al.，2002；缪毅和胡奕明，2016）。谢德仁等（2012）提出并验证了“薪酬辩护假说”，认为当管理者有较高薪酬辩护需求和较强影响公司薪酬政策制定的能力时，在薪酬辩护净效用增加的情形下会通过经理人薪酬—业绩敏感性的提高来为薪酬做

"结果正当性"辩护[①]。在"薪酬辩护"的影响下，高管薪酬表现出与操纵业绩之间敏感性的提高，而与扣除操纵业绩后的真实业绩之间敏感性的降低。在这种情况下，作为付薪条款的业绩并非高管全部努力经营的成果而是管理者权力影响下的人为调节结果，因此以操纵后的薪酬—业绩敏感性反映薪酬契约有效性会削弱基于业绩付薪条款的激励作用，不利于高管将才能应用于公司经营管理。已有研究发现CEO会利用自身掌握的管理者权力通过事前盈余操纵和事后考核指标择优进行薪酬自利行为的辩护，体现出更高的薪酬—操纵业绩敏感性，但薪酬—真实业绩敏感性没有变化甚至下降。

Watts和Zimmerman（1978）提出获得奖金激励计划的报酬是公司高管进行盈余操纵的重要动机，之后Healy（1985）以美国福布斯250公司1930～1980年数据实证检验发现，公司的会计政策与奖金契约中的激励条款有关，并且高管对会计程序的变更与其奖金契约的采用或修改有关。鉴于基于业绩的激励计划会诱导高管进行盈余操纵，Cornett et al.（2008）依据标准普尔100公司1994～2013年数据进一步发现，当将公司业绩去除盈余操纵的影响后其与高管获得的业绩激励的相关性显著下降。针对中国上市公司，王克敏和王志超（2007）基于A股2001～2004年数据的研究发现高管薪酬会诱发盈余管理行为，但他们认为盈余操纵风险成本较高，当高管权力更大时高管能够直接通过影响薪酬水平而获利，从而减少通过盈余操纵获利行为。随着公众对上市公司高管过高薪酬的关注，高管面临更多外部"愤怒成本"导致其利用所掌握的权力进行薪酬自利时采取"伪装"策略。权小锋等（2010）以A股2004～2007年上市公司为样本，发现随着权力增长，管理层会倾向于利用盈余操纵获取业绩薪酬，与此同时，管理者权力却减弱了扣除盈余操纵之后的真实业绩与高管薪酬之间的正相关关

① 投资者和公众对高管过度薪酬的质疑围绕着薪酬契约制定程序的合法性和薪酬方案结果的正当性展开，因此谢德仁等（2012）指出高管薪酬辩护可以通过两条路径展开：一是"构建社会公众认可的、符合国际通行公司治理惯例的经理人薪酬制定机构与机制"，即"程序合法性辩护"；二是"提高经理人薪酬—业绩敏感性以表明自己的报酬提高是来自企业业绩增长，是股东财富增长的结果，而非掠夺股东财富的结果"，即"结果正当性辩护"。但同时他们指出在中国文化背景下，相对于程序合法性人们更关注结果正当性。

系。他们进一步将与操纵性业绩和真实业绩挂钩的薪酬分别称为操纵性薪酬和激励薪酬，发现激励薪酬越高公司价值越高，而操纵性薪酬则会降低公司价值。陈胜蓝和卢锐（2012）以中国上市公司股权分置改革为背景，基于 2004 ~ 2009 年数据研究发现，股权分置改革后高管薪酬—业绩敏感性明显提高，但这种提升主要来自盈余操纵，高管薪酬与扣除应计盈余后的真实业绩之间的相关性在分置改革前后并没有明显差异。之后的研究提供了特定盈余操纵手段在“薪酬辩护”中的使用。谢德仁等（2014）以公司研发支出会计政策选择为切入点考察特定盈余操纵手段是否用于“薪酬辩护”，他们发现在样本期间（2007 ~ 2011 年）当薪酬辩护需求更大时公司更可能将研发支出资本化以提高当期经营业绩，进而通过提高薪酬—业绩敏感性进行薪酬“结果正当性辩护”。谢德仁等（2019）选择 A 股 2008 ~ 2015 年中 750 个业绩型股权激励方案分析发现，约 20% 观测年度激励方案在业绩考核时属于“踩线达标”，且使用经常性损益与非经常性损益的分类进行盈余操纵。

盈余操纵具有法律风险和审计风险，因此通过盈余管理提高业绩对高管薪酬进行“正当性辩护”是次优选择（王克敏和王志超，2007），在薪酬契约具体执行时选择更容易实现的指标或增加这类指标的考核比重是更为隐蔽的“辩护策略”，但这需要高管具有更高的控制权以影响薪酬契约（缪毅和胡奕明，2016）。高管通过考核指标的操纵在薪酬契约中提高对自己有利的业绩指标权重，使薪酬与考核指标呈现出更高的相关性以应对投资者和公众对高薪的质疑，导致指标操纵后表现出的薪酬—业绩敏感性大于薪酬—真实业绩敏感性，此时如果以前者作为薪酬契约有效性的衡量指标必然产生高估。Cheng 和 Indjejikian（2009）基于美国福布斯 500 公司 1984 ~ 1991 年数据，以 39 个州通过反收购法（Anti - takeover Laws）为背景研究发现，反收购法的实施令公司 CEO 获得更高职业安全感和更高薪酬，增加了 CEO 相对于董事会的权力，导致 CEO 薪酬与市场业绩指标敏感性下降而与会计业绩指标敏感性上升且主要体现在应计盈余业绩方面，说明 CEO 利用自身权力影响薪酬契约对考核指标权重的选择时，更偏重易于实现的指标。进一步地，Morse et al.（2011）以美国 1992 ~ 2003 年 2348

家公司为样本，考察 CEO 权力与业绩指标操纵之间的关系，他们将会计业绩和市场业绩中的最优业绩作为指标操纵业绩的代理变量，发现 CEO 薪酬与指标操纵业绩之间存在显著正相关关系，并且薪酬与指标操纵业绩敏感性随 CEO 权力的增加而提高，平均而言，指标操纵业绩至少能解释 CEO 薪酬—业绩敏感性的 10%。同时他们的研究还发现，由指标操纵所获得的薪酬对公司未来经营绩效和公司价值产生负向影响。Abernethy et al.（2015）以英国 1997 ~ 2004 年期间 220 家使用业绩型股权的公司为样本，考察 CEO 权力是否影响业绩考核指标的选择，研究发现高权力的 CEO 更可能在授予的业绩型股权合约中签订挑战性较小的业绩目标，并且为应对社会公众对 CEO 高薪酬的“愤怒”型关注更可能提早实施操纵后的股权激励合约。针对中国上市公司，罗宏等（2014）认为国企具有薪酬管制背景并且通常高管掌握更多控制权，因此高管具有天然的薪酬辩护需求和辩护能力，更可能在获得高薪后利用管理者权力和信息优势，在薪酬管制框架内选择有利的业绩考核指标进行“薪酬辩护”，更高的薪酬—业绩敏感性会沦为高管高额薪酬“合理化”的外衣。文中以 2004 ~ 2011 年国企上市公司为样本并采用 Morse et al.（2011）研究思路，考虑到中国上市公司业绩考核指标更多采用会计业绩（Li et al.，2013），因此选择经常使用的净资产收益率（ROE）和营业利润率（OA）作为业绩考核指标，以两者中最优者作为指标操纵的代理变量，实证检验后发现国企高管薪酬契约呈现出薪酬—指标操纵的业绩敏感性且随着管理者权力增大而提高。之后缪毅和胡奕明（2016）将研究对象扩展至不同产权性质公司，并以高管与员工之间薪酬差距表示薪酬辩护需求，研究发现当内部薪酬差距更大时薪酬—指标操纵的业绩敏感性更高，且主要出现在管理者权力较大的情况下。

2.1.3 运气薪酬与 CEO 薪酬契约有效性

公司实践中 CEO 薪酬通常表现出与可观测运气因素之间的敏感性，存在运气薪酬现象（Bertrand 和 Mullainathan，2001；Shang et al.，2020），即实践中 CEO 薪酬契约包含运气薪酬和才能薪酬两部分。无论是最优契约理论还是管理者权力理论都认为 CEO 基于才能业绩获得的才能薪酬是有效薪酬契约的应有之义，然而学者们围绕运气薪酬与 CEO 薪酬契约有效性之间关系形成两类不同的观点，本书将其分别称为抽租观和激励观。抽租观是当前主流研究特别是国内研究普遍支持的观点。该观点认为，委托代理框架下股东不会为代理人努力之外的业绩支付薪酬，有效的薪酬契约只应基于才能业绩付薪，不应该为可观测运气导致的业绩给付 CEO 薪酬（Hölmstrom，1979），因此，CEO 基于运气业绩获得的运气薪酬作为 CEO 的经济抽租行为会带来薪酬契约有效性的降低。激励观针对运气薪酬是出于高管经济抽租的观点提出挑战，认为薪酬契约中普遍存在的运气支付存在着经济理性，是股东或治理层主动完善有效激励机制的结果（Oyer，2004；Reza，2020）。

（1）抽租观下的运气薪酬

有效的薪酬激励契约不应该为可观测运气因素支付 CEO 薪酬（Hölmstrom，1979），然而 Bertrand 和 Mullainathan（2001）发现 CEO 薪酬契约中并没能区分反映 CEO 努力程度的才能业绩和运气带来的运气业绩，实际为两者都支付了同样的报酬。获得运气薪酬成为盈余操纵和增加更易实现的业绩指标外，高管另外一种经济抽租的方式。公司的业绩表现好可能是受到高管能力和努力之外诸如经济形势、产业政策等“幸运因素”的影响，并不全是高管努力的结果，但却可能为高管获得高薪提供条件（杨青等，2014；罗进辉等，2018）。

在 Bertrand 和 Mullainathan（2001）关于 CEO 获得运气薪酬的开创性研究中，他们设计三种不受 CEO 控制的可观测运气因素，包括原油价格、汇率变动和行业中其他公司的加权平均会计业绩作为工具变量，并使用两阶段回归的实证设计，第一阶段将公司业绩分解为运气业绩成分（Luck）和管理者才能成分（Skill），第二阶段用 CEO 薪酬对两部分业绩进行回归以考察它们的相关性程度。具体地，他们首先通过分析美国 51 家大型石油公司 1977～1994 年数据发现，公司 CEO 薪酬与原油价格波动呈现高度一致性，而原油价格显然是 CEO 控制之外的运气因素；其次，他们将样本扩展至石油行业以外的行业（福布斯 500 公司 1984～1991 年数据），使用行业层面汇率变动和行业中其他公司加权平均会计业绩作为运气业绩工具变量，也发现 CEO 获得运气薪酬的证据；最后，他们发现 CEO 运气薪酬在公司治理水平更高的公司中受到抑制，由此认为运气薪酬是 CEO 掠夺股东财富的行为。Garvey 和 Milbourn（2006）基于标准普尔 ExecuComp 中 1992 ~ 2001 年数据并采取 Bertrand 和 Mullainathan（2001）方法，进一步指出高管获得运气薪酬存在非对称性，即当运气下降时薪酬—运气业绩敏感性比当运气上升时要小，他们认为运气薪酬非对称性是高管经济抽租的进一步证据。虽然之后的研究基于他们的设计也发现运气薪酬非对称性的证据（Chiu et al.，2016；Shang et al.，2020），但 Daniel et al.（2020）将 Garvey 和 Milbourn（2006）样本扩展至 2002 ~ 2014 年时却没有观测到运气薪酬的非对称性，在进行不同研究设计和敏感性测试之后，他们认为已有文献发现的非对称性是研究者检验方法、样本选择偏误等原因所致，实则并不存在明显的运气薪酬非对称性，但运气薪酬的存在仍然是经济抽租的一种形式。

Paligorova（2008）基于 ExecuComp 中标准普尔公司 1998 ~ 2005 年数据，以 Sarbanes – Oxley 法案作为外部冲击发现，法案颁布后对于董事会独董比例提高的公司，高管薪酬—业绩敏感性显著提升并且获得更少的运气薪酬，而法案颁布前董事会独立性就很高的公司却没有类似的现象，因此认为运气薪酬是高管经济抽租行为。此外，获得股票期权的高管会利用自身影响力获得运气支付。Bebchuk et al.（2010）指出 CEO 可能在股价最低的月份被授予股票期权从而获得基于市场运气的薪酬，他们把这类 CEO 称作幸运 CEO（lucky CEO），且 CEO 权力更大时（董事会缺少独立性、没有薪酬委员会或 CEO 任期较长）成为幸运 CEO 的可能性也更大，由此表明获得市场运气支付是高管权力影响的结果。Chintrakarn et al.（2013）基于知名机构投资者咨询机构（ISS）提供的公司治理指数发现，公司治理质量越高，CEO 成为幸运 CEO 的可能性越低，治理质量提高一个标准差，CEO 运气薪酬就会减少 14.77% ~ 21.06%。Chiu et al.（2016）指出当高管不能管理利率、汇率和通胀风险等宏观冲击时它们会成为公司运气业绩的来源，并基于标准普尔中 2091 家美国公司 1992 ~ 2008 年数据研究发现，高管薪酬中有 7% ~12% 的部分能由宏观冲击带来的运气业绩解释，他们建议董事会和薪酬委员会在制定薪酬契约时应该过滤掉这些运气业绩以提高薪酬契约有效性。Choi et al.（2020）以 1997 ~2016 年数据重新对 Bertrand 和 Mullainathan（2001）和 Garvey 和 Milbourn（2006）研究进行回顾后发现，相较于前 10 年样本观测期后 10 年期间运气薪酬呈现下降趋势，并认为这一趋势与提高公司透明度的制度实施有关，这些制度能够增强监督进而促使薪酬委员会减少运气薪酬。

我国学者也发现运气薪酬的存在，并且这种现象的严重程度超乎想象。沈艺峰和李培功（2010）以行业业绩作为工具变量衡量运气业绩，研究发现我国上市公司在 2005 ~2009 年间，平均而言业绩水平每提高 1%，高管薪酬仅仅提高 3%，而运气成分每提高 1%，高管薪酬却能提高 343%，说明我国上市公司高管存在着显著的运气薪酬，且运气薪酬要远高于因业绩所获得的薪酬。杨青等（2014）对 2005 ~2011 年我国上市公司面板数据进行分析发现，CEO 薪酬存在显著的“运气支付”现象。当使用市场业绩指标时，CEO 薪酬对“运气业绩”的敏感性与其对公司总业绩的敏感性相同，当使用会计业绩指标时，“运气业绩”的敏感性超过后者。“把激励搞对”是中国经济成功的关键（戴治勇，2014），但高管运气薪酬的存在背离有效薪酬激励契约的设计（贾凡胜，2018），之后学者基于不同样本和区间均发现运气薪酬的存在并探索有效的治理机制。肖继辉和孟婷（2015）以 2003 ~2010 年 A 股制造业中的机械、设备、仪表行业为样本发现，样本期间存在运气薪酬现象并且高管两职合一、任期等权力特征会进一步提高运气薪酬的获得，认为高管薪酬契约制定中存在代理成本。邓晓岚等（2015）以 2007 ~2012 年 A 股国有公司为样本发现，薪酬委员会与审计委员会职位重叠带来的信息优势有助于抑制高管通过运气薪酬进行经济抽租，但 CEO 兼任董事长或副董事长会削弱前述抑制作用。贾凡胜（2018）以 A 股 2003 ~2014 年的研究发现，高管薪酬与运气业绩显著正相关且在国有企业中更显著，而外部监督和地区信任程度会缓解运气薪酬现象，认为制度环境的完善有助于提升薪酬契约有效性。罗进辉等（2018）针对 A 股国有控股上市公司 2005 ~2013 年的研究表明，样本公司高管超额薪酬仅与“运气”业绩相关，而与“非运气”业绩无关，具有信息优势的本地独董监督能力更强，能够约束高管以薪酬—运气业绩敏感性为超额薪酬的辩护行为。前述研究大多以行业业绩作为工具变量衡量运气业绩，也有研究以政府补助（宁美军等，2018）和原油价格波动（Shang et al.，2020）作为外生于高管的运气因素，同样发现运气薪酬现象。

（2）激励观下的运气薪酬

然而也有部分文献指出实践中高管获得运气薪酬的背后存在着理性逻辑（Houdek，2017），从而对运气薪酬（pay for luck）意味着更低的薪酬契约有效性提出挑战。这些文献认为高管因可观测的市场或行业因素获得的支付具有理性成分，并使用行业业绩薪酬（pay for sector performance）表示，但为全文表述的一致性本部分仍使用“运气薪酬”来表达。

Oyer（2004）建立理论模型认为高管外部就业机会取决于行业和市场业绩，劳动力市场中人才会流向报酬更高的岗位，并且重新寻找高管或重新签订合同对公司来说成本高昂，因此公司为留住有才能的高管需要给予行业运气的薪酬溢价。基于Oyer（2004）的观点以及社会网络能够带来更多就业机会（Liu，2014）的研究基础，Liu et al.（2021）以ExecuComp中标准普尔公司2001～2013年的数据检验发现，具有更多社会网络关系的CEO获得更多的运气薪酬，他们指出具有社会网络关系的CEO能为公司带来更多信息和资源，而为CEO支付运气薪酬有助于公司留住这些CEO，董事会定期支付运气薪酬可能是最优薪酬契约。然而该研究也同时指出，拥有重要社交网络的高管可能在发展公司特定技能或进行长期投资方面动机较弱，这种短视行为可能会降低社交网络信息流和资源的好处。关于运气薪酬应该归于有效契约的另一个解释来自战略决策假说，即多行业经营的公司或多领域探索型公司为鼓励高管在不同行业或领域做出最具潜力的战略选择，会为行业业绩支付薪酬（Gopalan et al.，2010）。Gopalan et al.（2010）认为当考虑到CEO战略决策会影响公司获得更多行业业绩可能性时，高管运气薪酬则成为有效薪酬契约的组成部分。他们分析指出，由于CEO能够通过资本预算决定公司在具体行业的新增投资，而是否新增投资取决于CEO对该行业前景的判断，因此将行业业绩（即可观测的运气）作为薪酬支付的依据有利于激励 CEO 选择更具潜力的行业。基于 ExecuComp 数据库中标准普尔公司 1996～2006 年数据，他们发现一方面，CEO 相较于非 CEO 获得了更多的运气薪酬，并认为更多运气薪酬是为了激励在战略决策中起主要作用的 CEO 判断行业趋势并选择合适投资规模而产生的，而其他高管在战略决策中的作用弱于 CEO；另一方面，CEO 获得运气薪酬更可能出现在多行业经营的公司中，且多行业经营越具探索性，即多行业中主营行业与其他行业相关性越低，CEO 获得运气薪酬越多。此外，魏光兴等（2020）引入公平偏好，应用行为博弈论方法建立行为委托代理模型，发现公平偏好下的最优激励契约应该包含运气成分。

2.2 薪酬委员会独立性对 CEO 薪酬契约有效性的影响

上市公司通常在董事会下设薪酬委员会，其重要职责就是制定和执行 CEO 薪酬激励契约，可以看出薪酬委员会质量是影响 CEO 薪酬契约的最直接因素（Daily et al.，1998）。学者们围绕薪酬委员会能否以及如何制定出使 CEO 与股东利益趋同的有效薪酬契约展开研究。薪酬委员会在制定 CEO 薪酬契约时必须能够像股东一样思考才能与 CEO 进行公平议价，是否具备独立性是决定薪酬委员会能否公正开展工作的基础。因此，有必要回顾薪酬委员会独立性对 CEO 薪酬契约有效性影响的研究并从中找出目前研究的不足，为后续开展从独立性视角研究薪酬委员会对薪酬契约制定与执行的影响提供指导。

2.2.1 欧美国家资本市场中薪酬委员会独立性作用的研究

Main 和 Johnston（1993）较早展开薪酬委员会的研究，他们对 1990 年的 220 家英国公司进行研究发现，大约 30% 的样本存在薪酬委员会，然而该委员会的存在增加了 CEO 薪酬但没有增强薪酬与绩效的相关性。Cudburry 报告（1992）建议加强非执行董事在高管薪酬制定中的作用，之后 Greenbury 报告（1995）建议成立仅由非执行董事组成的专门委员会来决定高管薪酬，合并法典（Combined Code，2009）进一步建议薪酬委员会完全由独立的非执行董事构成。这些规定强调薪酬委员会成员应该在性格和判断力上是独立的，以对抗 CEO 权力的影响从而限制 CEO 薪酬膨胀。值得说明的是，这些规定并非强制性的，在伦敦交易所上市的公司可以选择“执行”或者“披露”，即上市公司要么遵守这些规定，要么向股东披露任何不遵守这些规定的情况（Gregory - Smith，2012）。Conyon 和 Peck（1998）使用英国 1991 ~ 1994 年 94 家大型公司面板数据，以薪酬委员会和最高薪酬董事为对象进行研究（因为其他高管薪酬在样本期间并不要求披露）。他们发现，薪酬委员会的存在及其外部董事比例均与董事薪酬水平呈正相关，同时薪酬委员会外部董事占主导时薪酬—业绩敏感性更强。Gregory - Smith（2012）采用面板数据检验 1996 ~ 2008 年期间 290 家英国 FTSE 350 指数公司的薪酬契约，发现无论是薪酬委员会的组成还是独立性都没有显著影响 CEO 薪酬水平。Harvey et al.（2020）在 Greenbury 报告（1995）发布 20 年之后对 Greenbury 委员会的成员和顾问专家进行访谈，被访者认为他们的努力并没有调节而是助涨了上市公司高管薪酬，文献认为“披露”策略并不能很好地起到公司治理作用，加强公司治理责任和问责机制才是有效的。

在美国，实务界最先对内部董事在薪酬委员会中任职提出批评。1992 年一项对《财富》1000 强公司董事的民意调查中，84% 的受访者认为薪酬委员会应该完全由外部董事组成，1993 年美国全国董事协会提倡公司应该设立真正独立的薪酬委员会。1992 年美国证券交易委员会（SEC）规定，当薪酬委员会中有内部董事时，鼓励外部董事通过增加信息披露需求来对高管薪酬契约制定负责。同时税法修订也反映人们对薪酬委员会是否独立的担忧，1993 年《国内税收法典 1986》修订案中规定，如果高管的业绩考核指标是由包含内部董事的薪酬委员会制定，那么高管薪酬超过 100 万美元时则不能进行税收扣除。

之后学者们开始利用实证检验考察薪酬委员会在高管薪酬契约中的作

用。Daily et al.（1998）检验 1992～1994 年美国财富 500 强中 194 家制造企业的薪酬委员会在 CEO 薪酬契约决策中的作用，并没有发现关联董事或有 CEO 任职的薪酬委员会导致更高的 CEO 薪酬。Newman 和 Mozes（1999）以 1992 年美国财富 250 强中的 161 家公司为样本，发现 CEO 总薪酬水平与薪酬委员会的独立性并无关联性。该研究表明，没有内部人的薪酬委员会与至少有一位内部人的薪酬委员会相比，CEO 薪酬总额无差异。Anderson 和 Bizjak（2003）以 1992 年 SEC 规定和 1993 年税法修订为契机，调查 1985～1998 年在纽约证券交易所上市的 110 家美国公司薪酬委员会的组成和 CEO 薪酬契约之间的关系。样本分为监管前和监管后两个时期，探讨法规变化是否影响 CEO 薪酬的监管和实践。研究发现，管制的结果确实使薪酬委员会的独立性增加，但是独立性并未显著影响以工资和奖金衡量的 CEO 薪酬水平，也没有影响 CEO 薪酬的整体结构。他们认为强制引入薪酬委员会独立性的规则并不一定导致更优化的 CEO 薪酬实践。Conyon 和 He（2004）分析 1998～2001 年 455 家美国 IPO 公司的薪酬委员会组成与 CEO 薪酬的关联关系，以股权激励作为业绩激励性薪酬的代理变量。研究表明，薪酬委员会有内部人并不影响 CEO 薪酬水平和股权激励，没有发现租金攫取的证据。萨班斯法案（2002）出台以后，纽交所和纳斯达克交易所规定上市公司董事会中独董必须占多数，并且薪酬委员会、审计委员会和提名委员会必须全部由独董构成。基于此项外生冲击，Chhaochharia 和 Grinstein（2009）以纽交所和纳斯达克交易所中 865 家公司 2000～2005 年数据进行检验，发现相较法案出台之前董事会独立性很强的公司，那些董事会独立性较低的公司在法案出台后 CEO 薪酬水平明显下降，并且这种现象在其他公司治理机制较弱时更明显，他们认为规范董事会独立性的法规起到了治理薪酬契约的作用。然而 Guthrie et al.（2012）认为 Chhaochharia 和 Grinstein（2009）的结论是由极端值导致的，他们将 Apple 公司和 Fossil 公司观测值删除后重新对模型进行检验，发现 Chhaochharia 和 Grinstein（2009）结果不再具有统计显著性，相反地，针对薪酬委员会研究表明独立性增加甚至提高了 CEO 薪酬水平，认为合规性导致的独董增加更可能受到 CEO 影响，是管理者权力的例证。

基于欧美其他资本市场的研究也没有得到一致的结论。Cybinski 和 Windsor（2013）对澳大利亚标准普尔 ASX300 指数公司 2001 年数据研究发现，薪酬委员会独董比例更高的公司中高管薪酬—业绩敏感性更强，但这种现象仅发生在公司规模较大的样本中。Kanapathippillai et al.（2016）以澳大利亚证券交易所 ASX 市值最大 200 家公司 2007～2011 年数据研究发现，薪酬委员会的存在会提高公司自愿披露高管薪酬的可能性和披露范围，同时薪酬委员会的独立性和勤勉性会增强前述作用。类似地，Kent et al.（2018）以 ASX300 公司 2007～2008 年数据发现，上市公司薪酬委员会具有高独立性时，CEO 薪酬契约表现出更高的薪酬—业绩敏感性。然而另外一项基于波兰银行业的研究却得到相反的证据，Słomka－Gołębiowska（2016）手工收集 2005～2013 年在波兰证券交易所上市的银行数据，研究发现薪酬委员会中独立董事比例与更高的高管薪酬有关，却没有影响薪酬—业绩敏感性。

2.2.2 中国资本市场中薪酬委员会独立性作用的研究

相较于欧美等西方国家，针对中国资本市场中薪酬委员会独立性与 CEO 薪酬契约关系的研究比较缺乏（谢德仁等，2012）。中国证监会 2001 年在《关于上市公司建立独立董事制度指导意见》中提出，如果上市公司在董事会设立薪酬、审计和提名等专业委员会，则独董比例应该占 1/2 以上。2002 年初，证监会和国家经贸委联合发布《上市公司治理准则》，明确上市公司可以按照股东大会的决议设立薪酬与考核委员会等董事会专门委员会。2005 年证监会在《关于提高上市公司质量的意见》中再次强调要加强对公司经理层的激励、监督和约束，要设立以独立董事为主的审计委员会、薪酬与考核委员会并充分发挥其作用。然而早期上市公司设立薪酬委员会并不是强制性的，因此部分学者重点关注薪酬委员会设立对高管薪酬契约的影响。张必武和石金涛（2005）以手工整理的沪深 A 股非金融公司 2001 年数据研究发现，薪酬委员会设立显著提升高管薪酬水平，但他们分析认为当时上市公司年薪普遍较低，更高薪酬水平反而意味着激励水平的提高从而维护股东利益，同时研究还发现薪酬委员会设立提高薪酬—业绩敏感性的证据。之后方军雄（2009）基于沪深A股非金融公司2001～2007年数据，也发现薪酬委员会设立提升高管薪酬水平的证据，并认为这是公司治理机制缓解高管薪酬制度僵硬以实现市场化激励的表现。高文亮和罗宏（2011）将样本扩展至2001～2008年，同样发现薪酬委员会设立会提升高管薪酬水平，但并未影响薪酬—业绩敏感性，同时他们仅发现国企中薪酬委员会设立提高公司绩效的证据，认为薪酬委员会使薪酬管制下的国企高管薪酬趋于市场化从而发挥薪酬激励的作用。然而，刘西友和韩金红（2012）使用高文亮和罗宏（2011）相同的研究区间却发现，薪酬委员会设立提高薪酬—业绩敏感性的证据。毛洪涛等（2012）从考察薪酬委员会设立对高管业绩考核评价出发，以A股2002～2010年非金融上市公司为样本的检验发现，当公司设立薪酬委员会时盈余波动性负向影响着高管薪酬—会计盈余敏感性，而这种现象在没有设立薪酬委员会样本中未发现。他们认为这是由于低盈余质量的会计业绩无法更好地反映高管努力程度，因此薪酬委员会应降低会计盈余对高管薪酬的影响，从而更好地发挥指导高管薪酬考核的治理功能。

证监会于2007年3月19日下发的《关于开展加强上市公司治理专项活动有关事项的通知》中要求“查明董事会是否设立下属委员会”及“委员会职责分工和运作情况”，并对问题进行整改，同时证监会要求必须在年报中披露薪酬委员会和审计委员会履职情况。因此，虽然没有出台明确的法律条文，但从此项要求看2007年以后上市公司设立薪酬委员会进入强制性阶段（沈小燕和王跃堂，2014）。根据上交所和深交所截止到2007年末的统计，上市公司设立薪酬委员会的比例分别为92%和95.17%，另外根据毛洪涛等（2012）分别对2008年和2010年A股非金融公司进行的统计，该比例从98.69%上升至99.29%，可见2007年及以后上市公司基本都设立薪酬委员会。沈小燕和王跃堂（2014）认为已有研究关于薪酬委员会设立对高管薪酬及薪酬—业绩敏感性影响之所以没有达成一致结论，很可能是因为研究样本包括2007年及以后的“强制性”阶段，因此他们以2003～2006年A股非金融公司为样本进行研究，发现自愿设立期间设立薪酬委员会的公司高管薪酬更高，但薪酬—业绩敏感性更低，这种现象主要出现在相对业绩较低和市场化程度较低的样本中。同时，他们将样本区间改为 2007～2010 年的强制设立阶段，并没有发现薪酬委员会的设立有自愿设立阶段的类似影响，他们认为薪酬委员会设立更符合管理者权力理论。沈小燕和王跃堂（2015）另一项基于2003～2006 年 A 股非金融公司的样本研究发现，薪酬委员会设立提升国企薪酬—业绩敏感性但在非国有企业中作用相反，从而认为此现象是一种国企通过设置薪酬委员会为其高管进行薪酬辩护的权力寻租行为。可见，有关薪酬委员会设立是否有助于提高薪酬契约有效性并没有一致结论。

2007 年之后上市公司基本上都设立了薪酬委员会，因此学者们开始关注薪酬委员会独立性对高管薪酬的影响，然而也没有得到统一的结论。谢德仁等（2012）以 2005～2009 年 A 股中设立薪酬委员会的非金融国有公司为样本，发现当 CEO 在薪酬委员会任职时薪酬—业绩敏感性更高，且主要体现在相对薪酬较高、相对业绩较好和市场化程度较低的样本中，说明薪酬—业绩敏感性增高并不是有效契约的反映而是“薪酬辩护”的结果。江伟等（2013）以 2006～2011 年 A 股中详尽披露薪酬委员会信息的非金融公司为样本，发现薪酬委员会独董构成会对高管薪酬契约产生影响，但在产权性质层面表现出异质性，国企中当薪酬委员会成员全部为独董时高管薪酬—业绩敏感性增强，但在非国企中薪酬委员会独董比例升高却降低高管薪酬—业绩敏感性。孙烨等（2013）以 A 股 2010～2011 年披露薪酬委员会构成和总经理任职的非金融公司为样本，发现薪酬委员会独董比例越高总经理薪酬—业绩敏感性越高，同时总经理在薪酬委员会任职时则降低薪酬契约有效性。叶建宏和汪炜（2015）以 2007～2013 年 A 股完成股权分置改革的国有非金融公司为样本，发现薪酬委员会独立性没有抑制高管超额薪酬，并且在政策性负担较低时反而抑制大股东对高管超额薪酬的监督作用，从而认为薪酬委员会对高管薪酬的作用符合管理者权力假说。

国内外有关薪酬委员会独立性对经理人薪酬水平及薪酬—业绩敏感性的影响尚未得到一致结论，甚至发现薪酬委员会独立性成为提升高管薪酬的影响因素。究其原因很可能是独董制度没有得到有效发挥，因为包括我国在内的很多国家都要求“薪酬委员会中独立董事占大多数”。然而并非所有独立董事的独立性都是同质的，很多研究以董事会中独立董事数量或比例来度量薪酬委员会独立性无法反映真正的独立性，必须从独立董事异质性假设出发考察独立董事的实质独立性。

2.3 独董—CEO 关联对独董社会独立性的影响

独立性是独董制度的灵魂和独董发挥监督职能的基础（向荣，2002；谭劲松，2003）。独董制度最早在美国确立之初的重要目的就是通过提高董事会的独立性以增强治理层监督能力。美国 1940 年颁布的《投资公司法》规定公司董事会成员独立人士比例应该大于 40%，之后这一制度不断完善，特别是水门事件（Watergate Scandal）使得强化内部监督得到投资者和监管部门的空前重视，直至今日美国董事会中独董占大多数已成为常态。在此过程中，监管机构对董事会下设的专门委员会独立监督作用的强调是独董在董事会中占优的重要原因。然而，2007 年开始的次贷危机中不少出现问题的公司，虽然都建立了堪称典范结构的董事会却仍出现监督失灵的情况（蔡宁等，2015）。蔡宁等（2015）以 217 家赴美上市的“中概股”为研究对象，将其分为“未被做空”“做空未摘牌”“做空摘牌”三类，并按照销售收入进行样本配对后比较不同类别公司董事会特征，通过均值比较发现不同类别的董事会规模几乎没有差别，而在董事会独董构成比例方面甚至出现摘牌公司显著高于未摘牌公司的情况，由此认为董事会监督作用并没有切实发挥。中国境内上市公司引入独董制度已有二十余年，然而“花瓶董事”“人情董事”的批评时有发生，特别是当“财务造假”“违规处罚”“天价薪酬”等引起公众广泛关注的事件发生时，对独董是否切实发挥监督职能的质疑就会成为关注焦点之一。实际上包括问题公司在内的所有上市公司的独董任职，无论是在诸如经济利益和家庭关系等方面保持独立性上，还是在独董配备比例上都满足监管机构要求，但是形式上的合规多是依附于制度神话的解决方案（Meyer 和 Rowan，1977），由合法任职资格独董的数量和比例衡量的形式独立性无法反映出董事会或专业委员会真正的独立性（李维安等，2017）。因此，现有文献发现独董构成反映的薪酬委员会独立性并没有在监督 CEO 薪酬契约方面得到一致的结论，究其原因很可能是独董个体的独立性并不是同质的，必须从独董异质性假设出发考察独董的实质独立性。

独董的实质独立性表现为独董个体在思想和态度上的独立（Baelden 和 Berghe，2005；仲伟周和段海艳，2008），而这种实质性独立需要考虑独董所处的社会环境及心理反应。独董并非处于社会真空中，作为社会成员，其生活、行为与发展都处于特定社会关系、制度与规则之中（Little，2012），必须考虑其所处的社会环境和心理反应对行为的影响（Westphal 和 Zajac，2013），而与 CEO 之间的社会关联是独董监督 CEO 时面临的关键社会环境。Bednar（2012）研究提出独董的独立性可以分为形式独立性（formal independence）和社会独立性（social independence），前者是满足监管要求而具有的在经济利益和家庭关系方面的独立性，后者则强调独董与 CEO 社会关联方面的独立性。因此，独董的实质独立性亦可称作社会独立性，判断独董是否具有社会独立性必须排除独董与 CEO 之间存在社会关联的可能性。现有文献中独董与 CEO 之间的社会关联基本上可以归为三类：（1）基于两者之间人口统计学特征相似性形成的关联，即独董—CEO 相似性关联；（2）基于两者之间诸如校友、老乡、共同工作的私人关系产生的关联，即独董—CEO 私人关联；（3）基于 CEO（建议）提名独董而形成的关联，即独董—CEO 任职关联。根据社会心理学的相关理论，这三种独董—CEO 关联都会使独董对 CEO 产生行动偏好或支持行为，从而削弱独董社会独立性。

值得注意的是，学者们将独董—CEO 关联导致的经济效应分为两类：一类是合谋效应，独董在发挥监督职能时更不容易保持独立性，从而减弱对 CEO 的监督效率；另一类是合作效应，独董在发挥咨询功能时更愿意贡献自己的人力资源和社会资源，从而促进管理决策（Westphal，1999；Pham et al.，2018）。然而不论是合谋效应还是合作效应都是由独董—CEO 关联产生的独董对 CEO 偏好或支持行为带来的，它们是同一枚硬币的两个方面。本书研究重点是关注薪酬委员会独董社会独立性对监督 CEO 薪酬契约的影响，因此主要强调独董—CEO 关联对独董社会独立性的影响。

2.3.1 独董—CEO 相似性关联对独董社会独立性的影响

社会心理学中的相似吸引规范指出人们倾向于被与自己相似的人或物所吸引并给予友好评价（Byrne et al.，1966；Byrne et al.，1986）。早期相似吸引范式更多关注态度上的相似性，后来发展至其他任何可能维度上的相似性，而人口统计学上的相似性是其中重要的分支（Tsui 和 O' Reilly，1989）。Tsui 和 O' Reilly（1989）在一项包括 272 组上下级被试的社会心理学实验中发现，人口统计学上的差异性导致上级给予下级更低的绩效评价，而下级也认为上级更加不具有亲和力。Tsui et al.（1992）基于另一项实验研究指出人们会依据人口统计学特征相似性进行“内群体—外群体”分类，并将之称为自我归类。之后这种相似吸引规范被学者们引用到董事会层面（Westphal 和 Zajac，1995；Young 和 Buchholtz，2002）。

基于相似吸引规范，在上市公司独董和 CEO 构成的群体中，不同个体也会基于人口特征相似性进行归类，把自己与他人联系起来，从而增强彼此之间的契合度和认同感，具体表现为决策过程中更倾向于尊重对方的看法而不是提出反对意见（Zhu et al.，2014）。因此，当独董与 CEO 之间存在人口统计学上的相似性时，独董对 CEO 的监督就很难保证思想和态度上的独立性，这种独董—CEO 相似性关联便成为“妨碍其进行独立客观判断的关系”，会削弱独董相对 CEO 的社会独立性。Westphal 和 Zajac（1995）使用美国 413 家大型公司 1986～1991 年的数据，检验发现现任 CEO 控制权越大新任董事与 CEO 之间人口统计学特征越相似，从而带来更高的 CEO 薪酬水平。该研究较早使用基于相似吸引规范的自我归类对这种现象进行解释，认为董事与 CEO 之间人口统计学相似性会增强彼此之间的契合度和认同感，具体表现为决策过程中更倾向于尊重对方的看法而不是提出反对意见，因此具有独董—CEO 相似性关联的独董社会独立性更弱。Young 和 Buchholtz（2002）基于相似吸引规范进行理论分析并提出 CEO 与薪酬委员会董事在年龄、性别、工作经历以及任期方面的相似性关联会降低 CEO 薪酬—业绩敏感性。同时他们基于美国福布斯 500 中 216 家公司 1991 年数据进行实证检验，发现薪酬委员会中董事—CEO 任期相似性关联会削弱 CEO 薪酬—业绩敏感性，而年龄、性别和工作经历维度的独董—CEO 相似性关联没有通过验证。然而，没有通过检验的独董—CEO 相似性关联可能与 Young 和 Buchholtz（2002）使用的样本期太短有关。Zhu 和 Westphal（2014）以美国 275 家大型工业和服务业公司 1995 ~ 2006 年数据的研究发现，独董与 CEO 在民族、年龄、学历和工作背景等方面人口统计学上差异性越大 CEO 薪酬水平越低。

我国学者李维安等（2017）也发现独董—CEO 相似性关联降低独董社会独立性的证据，他们以 A 股非金融公司 2011 ~ 2014 年 CEO 强制更换的数据为对象，研究发现当独董与 CEO 之间人口统计学相似性越高时，CEO 被强制更换的概率越低，同时 CEO 被强制更换与公司违规之间的相关性越低。罗肖依等（2021）基于 2011 ~ 2017 年沪深 A 股上市公司的面板数据，从职能背景、年龄和学历角度衡量独董—CEO 相似性关联，发现独董—CEO 相似性关联更强的独董更可能产生对 CEO 支持和包容的行为。

2.3.2 独董—CEO 私人关联对独董社会独立性的影响

每个生活在社会中的人都在不同程度上内化他/她所属的社会或群体中普遍存在的价值观和文化信仰（Little，2012）。人们会因校友、同事、老乡、朋友等形成内化的相似价值观或处事态度从而产生私人关联，McPherson et al.（2001）将这部分关联称为基于价值观的相似性以区别于人口统计学的相似性。依据相似吸引规范，这种私人关联产生的价值观相似性必然带来个体之间更多互动、支持。此外，这种行为人之间基于私人关联的社会纽带而产生的潜意识偏爱现象，还可以用心理学中的内隐自我中心效应来解释。心理学研究表明，社会中大多数人会对自己做出更积极的评价，表现出自我尊重，同时在对与自我相关的事物做评价时也容易表现出积极的态度（Greenwald 和 Banaji，1995；Pelham et al.，2002；蔡华俭，2003）。

Pelham et al.（2002）把这种偏好与自己相关的事物的心理表现称为内隐自我中心效应，并通过调查研究证明内隐自我中心显著影响人们的日常决策行为。当人们面对社会中普遍存在着的诸如同事、朋友、校友、老乡等相互连接的价值认同类社会关系时，很可能会基于这些关系形成的关联表现出内隐自我中心效应。特别是在我国，传统宗族、“门派”和地域文化在人们生活中发挥着重要作用，更容易形成文化认同的校友关系、老乡关系。

基于相似吸引规范和内隐自我中心效应，当独董与 CEO 之间存在诸如校友、老乡等私人关系时，独董很可能会形成对 CEO 的偏好心理，对 CEO 的监督很难保证思想和态度上的独立性，这种独董—CEO 私人关联将成为“妨碍其进行独立客观判断的关系”，削弱独董相对于 CEO 的社会独立性。早期研究使用问卷调查的方式测度独董与 CEO 之间私人关联。如 Westphal（1999）对随机选取 600 家福布斯 1000 指数公司的 CEO 和外部董事发放问卷，通过询问他们“是否以及与谁有朋友关系”以界定 CEO 与董事之间私人关系。Hwang 和 Kim（2009）首次以共同母校、军队服役、地区来源和学科背景等表示董事与 CEO 在个人价值观和经历上的相似性，并认为这些相似性形成促进相互偏好的董事—CEO 私人关联。他们基于美国福布斯 100 公司 1996～2005 年数据的研究发现，样本期间公司董事会中形式上独立的独董占 87%，而扣除独董—CEO 私人关联后社会独立的独董下降为 62%。同时回归结果表明，董事会的形式独立性并没有显著影响 CEO 薪酬契约和 CEO 变更，而更高社会独立性的董事会能够降低 CEO 薪酬水平并伴随着更高的 CEO 薪酬—业绩敏感性和离职业绩敏感性。Fracassi 和 Tate（2012）从当前共同外部任职、以前共同任职经历、校友、组织会员四个方面定义董事与 CEO 之间的私人关联，并以美国标准普尔 1500 公司的 2000～2007 年数据为样本，检验董事—CEO 私人关联对公司价值的影响。研究发现包含私人关联的独董比例没有起到增加 TobinQ 作用，但当去除私人关联董事后，独董比例与 TobinQ 之间显著正相关，同时他们进一步基于董事离职和死亡的外部冲击以及对公司并购绩效考察，发现董事与 CEO 的这些私人关联确实在毁损公司价值，从而证明董事—CEO 私人关联会削弱董事会的监督效率。

在国内，刘诚等（2012）通过老乡、校友和共同工作经历三个方面刻画 CEO 和独董的私人关系，识别中小板企业 2007～2009 年任职期满的 600 个独董与 CEO 的私人关系，进而使用独董个体层面数据对独董的连任进行计量分析和稳健性检验。研究结果发现：CEO 和独董的私人关系会影响独董的聘任，CEO 倾向于任命与自己有私人关系的独董，且 CEO 权力越大该现象越明显，任命这些有社会关系的独董并没有增强董事会的咨询功能。刘诚和杨继东（2013）以中小板民营上市公司 2006～2010 年数据考察独董比例对 CEO 更替—绩效敏感性的影响，发现只有去除独董—CEO 私人关联后的独董比例才能显著提升 CEO 更替—业绩敏感性。陆瑶和胡江燕（2014）研究董事与 CEO 之间的老乡关系对公司风险水平的影响，结果发现董事与 CEO 之间的这种私人关系对企业风险水平有显著正影响。陆瑶和胡江燕（2016）通过使用 2000～2013 年沪深两市上市公司的面板数据研究发现，CEO 与董事间的老乡关系会显著提高公司违规倾向，同时降低违规后被稽查出的概率。李维安等（2017）研究发现董事与 CEO 之间老乡、校友、共同工作经历方面私人关系的存在降低了 CEO 因违规被强制解聘的概率。陈霞等（2018）从校友、共同工作经历、老乡和专业协会成员四个层面考量 CEO 与独董间关系，认为独董—CEO 私人关系会通过增强董事提供咨询意愿和外部资源带来上市公司业绩的提高。

2.3.3 独董—CEO 任职关联对独董社会独立性的影响

独董与 CEO 之间因人口统计学相似性以及价值观和文化信仰相似性而导致的相互之间的偏爱与信任是一种潜意识的行为（Hwang 和 Kim，2009），而社会生活中还存在另外一种基于互惠规范产生的有意识的资源交换。社会交换理论认为在社会交换活动中，诸如服务、信息、地位等社会属性的商品也能像物质商品一样用于交换，并且在交换的过程中遵循互惠规范（Gouldner，1960）。Gouldner（1960）认为互惠规范是指各方在交换过程中一系列被大家所认可的准则，即一方为另一方提供帮助或给予其某种资源时，后者有义务回报给予过其帮助的人，并指出互惠规范存在于每个人的社会关系中，也普遍存在于人类社会的各种文化中。在西方，接受他人给予自己利益后回报对方的人际交往规范的类似表达有“You scratch my back and I' ll scratch yours（你帮我挠背的话我也会帮你挠背）”。在中国，“投桃报李”“礼尚往来”一直是人际交往的规范，“滴水之情，涌泉相报”甚至成为道德典范。

基于互惠规范，当 CEO 帮助独董获得席位之后，独董遵循互惠规范更有可能向 CEO 提供支持性和合作行为，对 CEO 的监督就很难保证思想和态度上的独立性，这种独董—CEO 任职关联将成为“妨碍其进行独立客观判断的关系”，削弱独董相对于 CEO 的社会独立性。Core et al.（1999）认为在 CEO 任期内入职的独董很有可能是由 CEO 提名的，由此产生董事与 CEO 任职关联，从而会削弱该独董监督能力，他们以美国 14 个行业 205 家大型公司 1982 ~ 1984 三年数据为样本，研究发现董事会中由 CEO 任命的董事越多，CEO 获得的薪酬越高，但这种高薪却会对未来的经营业绩产生负面影响。Coles et al.（2014）把 CEO 任期内任职的董事定义为联合董事（co - option），基于美国 1996 ~ 2010 年上市公司数据研究发现，随着董事会联合董事比例的提高，CEO 离职业绩敏感性下降、薪酬提升但并没有改变薪酬—业绩敏感性，从而表明董事—CEO 任职关联会削弱监督效率。Khanna et al.（2015）对美国上市公司 1996 ~ 2006 年发生的违规欺诈案件进行研究发现，独董—CEO 任职关联增加了 CEO 实施欺诈的可能，并通过帮助隐瞒欺诈活动降低欺诈被发现的可能以及 CEO 因欺诈被解雇的可能。He et al.（2018）以美国 2002 ~ 2005 年期间发生报表重述与未发生重述的上市公司配对样本进行研究，发现在 CEO 任职期间提名的审计委员会成员比例越高，公司发生重述的可能性越大，认为审计委员会对财务报告质量的监督作用受到董事与 CEO 之间社会交换的影响。近期有更多学者从不同角度论证并检验董事—CEO 关联会削弱董事监督作用。Lima et al.（2020）研究发现，随着董事会中董事—CEO 任职关联的董事比例提高，债权人在贷款合同中加入了更多的契约限制，并且事后违约的可能性更高。Lee et al.（2021）发现董事—CEO 任职关联的董事比例越高，公司股票收益率波动性和 TobinQ 波动性越高，公司信用评级越低。Lartey et al.（2021）发现，随着董事—CEO 任职关联增加，公司财务杠杆更高，而当扣除任职关联的独董后，独董比例越高财务杠杆越低。Rahman et al.（2021）发现董事—CEO 任职关联带来更强的内幕交易盈利性，具有这类关联的董事不太可能限制内幕交易的发生，而外部监督和 CEO 基于业绩的激励能够缓解前述影响。然而值得说明的是，当学者研究独董的咨询与决策职能时却发现董事—CEO 任职关联带来积极效应的证据（Bhuiyan et al.，2022），但其实质仍然是董事与 CEO 基于互惠规范进行的社会交换。

在国内，叶康涛等（2011）以 2005～2007 年 A 股上市公司为研究对象，用独董对董事会议案发表“非赞同”意见来刻画独立性，探究独董独立性的影响因素，发现任职时间早于董事长任职时间的独董更有可能对管理层决策质疑，其独立性更强。沈维涛和叶小杰（2012）以 2004～2010 年发布的 257 份上市公司独董辞职公告为研究样本，发现如果独董的任职时间早于现任董事长，则辞职公告的市场反应较差。王守海和李云（2012）从四个方面界定 CEO 对独董任职的干预：一是公司有提名委员会，且 CEO 是提名委员会的成员；二是公司有提名委员会，但提名委员会没有明确的分工，且 CEO 是董事会成员；三是公司没有提名委员会，由董事会对董事进行提名，且 CEO 是董事会成员；四是其他有关事项表明企业管理层干预董事任命的情况，并考察这种干预是否影响审计委员会治理效果，结果发现审计委员会中独董比例越高，盈余管理程度越低，但是当管理层能够干预独董的任命时这种治理效果会明显减弱甚至抵消。沈烈（2012）对截至 2011 年 2 月底沪深两市挂牌交易的 2068 家上市公司所有受聘的独董信息进行手工收集整理后发现，上市公司独董基本上由董事会提名（占总体的 98.02%）。Kao et al.（2020）基于沪深 A 股 1999～2016 年数据研究发现，独董—CEO 任职关联越多公司崩盘风险越高，他们分析认为独董—CEO 任职关联导致独董对 CEO 表现出忠诚和随波逐流行为，当 CEO 为自身利益隐瞒坏消息时，独董更有可能放弃监督立场而与 CEO 保持一致，从而导致更高崩盘风险。

2.4 独董激励机制对独董监督职能的影响

"委托人—监督人—代理人"模型下，独董重要职责是监督作为股东代理人的高管，然而独董同时也是股东的代理人，他们自身利益可能会与股东利益有所不同（Vafeas，1999；谢德仁，2005）。为协调利益冲突、提高监督质量必须建立恰当的独董激励机制，其中薪酬激励和声誉激励是独董激励机制的重要组成部分（Yermack，2004）。Yermack（2004）对美国福布斯 500 公司 1994～1996 年聘任的 700 位独董分析发现，任期内独董财富与公司价值间具有敏感性，公司价值每提升 1000 美元独董财富增加 0.11 美元，其中超过一半的激励（0.061 美元）来自权益薪酬增加，另有 0.043 美元是因现有公司业绩良好而获得新职位带来的声誉激励价值。与此同时，针对中国 A 股上市公司的研究也发现薪酬激励（郑志刚等，2017）和声誉激励（黄海杰等，2016）是独董的重要激励机制。此外，理论上还存在两种独董激励机制，即市场机制和法律机制，然而研究认为无论是在西方还是在中国资本市场这两种机制均没有很好地发挥作用①（Yermack，2004；Black et al.，2005；陈艳，2009；全怡和陈冬华，2016）。因此，本书重点回顾薪酬和声誉维度的激励机制对独董监督职能的影响。

2.4.1 独董薪酬激励对独董监督职能的影响

美国公司从 20 世纪 90 年代开始将权益薪酬纳入独董薪酬支付计划，

① 随着中国监管政策的趋紧法律机制对独董影响必然越来越重要。2019 年修订的《证券法》生效以后夯实了因独董参与赞成的失误决策或违法决策进行的法律处罚力度，特别是随着 2021 年 11 月广州市中级人民法院对 ST*康美（600518）作出合计 24.56 亿元"天价"民事责任判决后，涉及 5 位独董承担 5% 和 10% 不等的连带责任，涉及赔偿金额最少过亿元。然而，判决公布后仅在 11 月 12 日～11 月 21 日就有 15 位独董因个人原因辞职，可见过重的法律惩罚可能引发独董"辞职潮"，挫伤独董履职的积极性。

以期达到吸引合格董事人选和使董事与股东目标趋于一致的目的①（Vafeas，1999；Boumosleh，2009）。Jensen（1993）认为获得股票或期权的外部董事将会更好地思考并理解他们的决定如何影响股东财富，Hermalin 和 Weisbach（1998）建立 CEO 与董事会成员之间的动态模型，并指出董事监督 CEO 的强度与董事从公司盈利中获得的收益正相关，权益薪酬激励能够激励董事更加努力履行监督职责。因此，对美国资本市场中上市公司独董薪酬激励的研究大多针对权益薪酬或包括权益薪酬在内的薪酬总价值展开②，然而并没有得到一致结论。

部分学者发现独董薪酬激励反而妨碍独董监督职能的履行。Archambeault et al.（2008）基于美国 1999～2002 年 153 家重述公司和 153 家非重述公司的配对样本，检验审计委员会的权益薪酬是否与财务重述有关，结果表明无论是短期激励合约还是长期激励合约均与财务重述正相关。他们认为权益性薪酬并不能有效激励审计委员会监督财务报告，导致因监控薄弱产生财务重述。Boumosleh（2009）基于美国公司 1994～1998 年数据发现，董事权益薪酬会带来更高的应计盈余，他认为董事权益薪酬更多会使董事利益与管理者更加一致从而减少对财务报告的监督，最终导致财务信息的透明度和可靠性降低。McClain（2012）以 1997～2000 年首次使用权益薪酬激励独董的美国公司为样本，探讨独董薪酬激励对股利政策的影响，发现随着独董权益薪酬增加公司股利支付可能性和股利支付率都在下降，并且公司盈利能力和股利支付水平之间相关性也在降低，因此研究认为获得更多权益薪酬的独董发挥更低的监督作用。Hope et al.（2019）以手工收集标准普尔 1500 公司 2007 年、2010 年和 2013 年关联方交易数据的研究发现，包含权益薪酬的薪酬水平与关联交易正相关，且二者之间的关系受

---

① Vafeas（1999）援引美国 Georgia – Pacific 公司 1995 年股东委托书中对董事权益薪酬使用目的的声明："帮助 Georgia – Pacific 公司吸引和留住合格的外部董事，并使其利益与其他股东的利益更紧密地保持一致"。同时美国的全国董事协会（NACD）在 1995 年和 1996 年报告中均强调董事薪酬应该更多基于权益形式。

② 也有部分研究针对独董现金补偿，如 Adams 和 Ferreira（2008）研究发现当董事会议费更高时董事出勤率更高，而均值仅为 1000 美元的会议费只占样本期间董事财富收入的一小部分，因此他们认为董事薪酬即使增加很小部分也能起到激励董事履职的作用。

到公司治理机制的负向调节，表明独董薪酬激励弱化了监督。

更多学者认为独董薪酬激励在强化独董监督职能方面发挥着积极作用。Perry（2000）基于美国1600家公司1992~1995年数据，检验独董薪酬结构是否影响CEO更换，研究发现样本期间独董薪酬中权益薪酬比重显著增加，并且权益薪酬的获得提高了CEO因业绩不佳而离职的可能性，并指出权益薪酬确实会促进独董监督职能的发挥。Shiah-Hou和Cheng（2012）以标准普尔500公司2002~2006年数据的研究发现独董薪酬水平与公司会计业绩和市场业绩均有显著正相关关系。McClain（2012）以1997~2000年首次使用权益薪酬激励独董的美国公司为样本，从市场业绩和会计业绩角度考察独董权益薪酬对其监督职能的影响，研究发现虽然存在三年的滞后效应，但是独董薪酬中权益薪酬比重越高公司市场业绩越高，但会计业绩较低。进一步分析发现，会计业绩表现较差的原因是盈余中操纵部分较少，说明独董权益薪酬能够提高独董对盈余质量的监督，进而带来更好的市场业绩。Jeong和Kim（2013）以美国公司2006~2008年数据发现，独董的权益薪酬水平和薪酬中权益薪酬比重均显著提高会计稳健性。类似地，Du和Lin（2015）和Hwang et al.（2015）也发现独董权益薪酬激励有助于提高财务信息质量的证据。进一步地，部分学者从融资成本角度验证独董薪酬的激励作用。Hwang et al.（2014）研究发现独董获得权益薪酬比重越高，公司权益资本成本越低，由此认为独董薪酬有助于激励独董发挥监督职能从而降低代理风险。Shiah-Hou和Cheng（2012）Sengupta和Zhang（2015）以美国2006~2010年上市公司数据也发现独董权益薪酬比例越高股权融资成本更低。此外，Burns et al.（2021）认为独董薪酬能够激励独董减少国家层面腐败对公司的不利影响。他们对27个国家的上市公司2005~2012年数据研究发现，腐败程度更高的国家其独董薪酬更高，进一步研究发现，在腐败程度更高的国家并购方宣告收购的超额收益较低，而更高的独董薪酬能够缓解收购公告带来的不利市场反应，同时更高的独董薪酬带来更高CEO离职—业绩敏感性，并缓和国家层面腐败对公司价值的负面影响。

根据研究可以看出，西方资本市场中关于独董薪酬激励是否促进监督职能的发挥并不一致，仍然是一个开放性实证问题（Sengupta 和 Zhang，2015）。部分学者试图对独董薪酬进行分解以考察独董过度薪酬对其监督职能影响的异质性（Brick et al.，2006；Dah 和 Frye，2017）。Brick et al.（2006）建立模型估计董事薪酬正常水平并据此计算出董事异常薪酬，基于美国标准普尔 1992～2001 年部分公司数据，发现董事异常薪酬与 CEO 异常薪酬正相关，且两类异常薪酬均导致更低的未来业绩，他们认为董事异常薪酬会导致董事与 CEO 之间的合谋。Dah 和 Frye（2017）进一步将董事异常薪酬分为过度薪酬和薪酬不足两类，并基于美国 1997～2012 年部分公司数据发现，样本期间董事薪酬更多表现为过度而非不足，同时过度薪酬导致 CEO 薪酬—业绩敏感性以及 CEO 轮换和业绩之间敏感性下降，因此他们认为董事过度薪酬妨碍监督职能的履行。Hope et al.（2019）在分析董事薪酬与关联交易的正相关性时，进一步将薪酬分解为正常薪酬和异常薪酬后，发现结果由异常薪酬驱动而与正常薪酬无关。然而也有研究指出董事过度薪酬的不利影响可能并没有那么严重。Mun et al.（2019）对美国餐饮业公司 1992～2017 年数据研究发现，独董过度薪酬仅占到其薪酬总额的很少部分，因此可能不会给餐饮业造成严重问题，过高薪酬对提高公司资本投资具有积极影响，但并没有大幅降低经营业绩。此外值得注意的是，学者们关于独董薪酬的测度大多使用公司层面平均值，这虽然与实践中独董相较于内部董事更可能作为无差别的整体而支付薪酬（Acero 和 Alcalde，2020）相一致，但是具体到每个独董个人时因兼任职位和自身财富等不同，相同薪酬带来的激励水平也会不同，然而目前学者们很少将其纳入考量范围。

与美国资本市场不同，目前中国上市公司独董薪酬通常不与业绩挂钩，仅包括固定津贴和一定的“车马费”，且不得进行股权激励。无论是证监会 2001 年《指导意见》还是 2021 年《征求意见稿》，都规定“除津贴外，独立董事不应该从上市公司及其主要股东或有利害关系的机构和人员取得额外的、未予披露的其他利益”。当前对中国上市公司独董薪酬激励作用的研究并不多，并且已有研究关于固定薪酬对独董监督职能的作用也不一致（唐雪松等，2010；郑志刚等，2017）。唐雪松等（2010）利用 A 股上市公司独董意见 2005～2007 年数据考察独董监督中的动机，研究发现独董在公司获得的报酬越多提出反对意见的可能越低。扈文秀等（2013）基于A 股 479 家公司 2009 ~ 2011 年数据发现，独董薪酬水平没有对两类代理问题发挥治理作用。郑志刚等（2017）以 2003 ~ 2012 年 A 股上市公司为样本，研究发现独董薪酬的提高能够改善公司绩效，并且这种积极效应是通过制定合理高管薪酬契约和积极履行监督职能实现的。周泽将等（2021）以 A 股 2007 ~ 2018 年数据考察独董薪酬对公司违规的影响，研究发现独董薪酬水平越高，公司违规概率和严重性越低。然而针对同样的样本区间，朱杰（2020）发现独董薪酬水平与公司违规之间呈“U”形关系，过高或过低的薪酬水平都不利于独董履职，并发现独董薪酬水平分别与独董参会次数和公司盈余质量的非线性关系是上述“U”形关系的内在机制。

前述不一致的结论可能是由于研究中使用独董薪酬绝对数导致的。沈艺峰和陈旋（2016）对 A 股公司 2005 ~ 2014 年独董薪酬分析发现，上市公司在给付独董薪酬时存在地理、行业或公司规模上的“看齐效应”。可见公司间独董薪酬绝对差异可能较小，必须在考量独董薪酬时同时考虑具体公司特征和独董层面特征的影响，才能更好地捕捉独董薪酬激励效果的差异性。张天舒等（2018）借鉴 Brick et al.（2006）的思路建立模型，以公司特征和独董特征预测独董薪酬，考察独董异常薪酬对独董履职的影响。他们发现，独董薪酬过低时由于激励不足会降低独董履职积极性，独董参与董事会的意愿更低，会导致公司更低的高管变更—业绩敏感性和更高的盈余管理程度；而当独董薪酬过高时由于激励过度会有损独董独立性的保持，独董对董事会议案说“不”的意愿更低，也会导致公司更低的高管变更—业绩敏感性和更高的盈余管理程度。刘汉民等（2020）基于 A 股 2013 ~ 2014 年数据发现，独董薪酬过高时高管获得更多超额薪酬，且这不利于公司未来业绩的提升；但与张天舒等（2018）结论不一致的是，他们发现独董薪酬过低时高管获得更少超额薪酬，表现出更好的监督效果。

与西方研究相似，张天舒等（2018）和刘汉民等（2020）的研究虽然考虑公司特征和独董特征多样性对独董薪酬的影响，但研究中仍是以所有独董平均薪酬作为考察对象，没有具体考察独董薪酬的个体差异。部分研究开始探索个体差异的影响。李世刚等（2019）基于 A 股 2004 ~ 2015 年数据研究具体公司中独董内部薪酬差异对董事会议案表决的影响，研究发现存在内部薪酬差异与薪酬差距均显著提高独董发表“异议”的可能性和数量，但薪酬差距并非越大越好，过高薪酬差距反而会抑制内部薪酬差异对独董履职行为的促进作用。然而该类研究仍然以公司层面数据进行研究，一方面没有考察独董个体面对差异薪酬的具体反映，另一方面将不同独董当做同质的个体，没有考虑相同薪酬水平对不同独董个体的效用可能不同，特别是后一种因素可能尤为重要，因为实践中独董同时在两家及以上公司的多席位任职较为常见并呈上升趋势。据统计，A 股上市公司中，2002 年有 16.23% 的独董个体具有多席位，至 2018 年该比例上升至 27.63%；从上市公司独董席位总体来看，2002 年上市公司独董席位中有 30.93% 由多席位独董任职，至 2018 年该比例为 48.97%。因此，必须考虑独董在具体公司获得薪酬相对于其从所有公司获得薪酬的比重，才能更好地反映具体公司薪酬水平对独董个体的激励作用。徐晋等（2021）尝试从独董兼任情况考察薪酬激励的个体差异，基于 2004～2017 年 A 股上市公司的数据发现，多席位独董的履职效果会受到其多席位任职获得的薪酬排序影响，独董会为相对薪酬较高的公司分配更多的精力和时间，进一步研究发现公司中相对高薪酬的独董占比越大，会计稳健性越高、违规可能性越低、公司业绩越高。

2.4.2 独董声誉激励对独董监督职能的影响

声誉是独董的重要资产，声誉受损会影响独董职业生涯，而声誉提升则增强独董市场议价能力和获得新的席位（Fama，1980；Fama 和 Jensen，1983），声誉机制是独董履职的重要激励机制（Masulis 和 Mobbs，2014）。由于声誉具有无形性，学者们从不同角度探索独董声誉的显性刻画，并论证独董声誉激励对独董监督职能的影响。

基于声誉与席位保持、获得之间的关系，早期研究中学者将独董兼任席位作为独董声誉的重要度量。Cotter et al.（1997）以 1989～1992 年在华尔街日报上刊登的 229 起并购事件为样本，研究目标公司独董在并购过程中发挥的作用时发现，当公司董事会中多席位任职的独董比例越高时，收购方给予的溢价也越高。Miwa 和 Ramseyer（2000）以日本纺织业公司为样本研究发现，董事会中多席位任职的独董比例越高时，公司的经营业绩越好。Ferris et al.（2003）以美国 1995 年初总资产在 1 亿美元以上的 3190 家上市公司为样本，发现当公司第一次增加多席位任职的独董时，市场给予正的市场反应，并且多席位任职的独董会更加积极地参加薪酬委员会和审计委员会的会议。针对中国的部分研究也发现兼任席位能够刻画独董声誉的证据。在对经营绩效的影响方面，王跃堂等（2006）使用 2002 ~ 2004 年上市公司数据，发现平均每名独董任职公司越多，公司经过行业调整的 ROA 越大。在对会计信息质量的影响方面，王跃堂等（2008）使用与王跃堂等（2006）相同样本区间，发现独董平均任职公司数量能够约束股权集中对财务信息质量的不利影响。王建琼和陆贤伟（2013）以 2007 ~ 2010 年中国深交所上市公司为样本，研究发现相比无多席位董事的公司，存在多席位董事的公司其信息披露质量更高。Yu et al.（2018）以独董席位度量独董声誉，基于 A 股 2009 ~ 2014 年数据研究发现，多席位任职的独董可以改善公司社会责任履行情况。

然而，更多研究认为独董多席位任职可能透支董事精力，降低其监督效率，增加股东与高管之间的代理成本（Ferris et al.，2003；Fich 和 Shivdasani，2006），因此单纯以独董兼任席位刻画独董声誉会产生结果偏误。在对会计信息质量的影响方面，Bushman et al.（2004）发现多席位任职的独董越多，会计盈余的及时性越差。在监督高管薪酬和公司业绩影响方面，Core et al.（1999）对美国 205 家公司 1982 ~ 1984 年数据研究发现，董事会中多席位任职的独董比例越大 CEO 获得的超额薪酬越多，并且这种超额薪酬有损公司未来价值。Fich 和 Shivdasani（2006）以 1992 年福布斯 500 的 1989 ~ 1995 年数据，研究发现多席位任职董事会削弱公司治理效率，具体表现为更低的账面市值、更低的财务绩效、更低的 CEO 解聘—业绩敏感性。Masulis et al.（2012）也发现多席位独董比例增加会导致 CEO 薪酬增加，以及跨境并购的投资回报减少和公司业绩变差。也有学者直接考察独董兼任对工作精力的影响，Jiraporn et al.（2009）发现独董兼任的公司越多，其在同一家公司董事会的不同专业委员会中任职数量越少。王兵（2007）研究发现独董兼职家数会对公司盈余质量造成负面影响。魏刚等（2007）和陈伟民（2009）发现多席位任职的独董比例增加对公司业绩产生负面影响。李志辉等（2017）发现独董兼任席位越多公司债券违约风险越高、债券融资成本越高。

可见，单纯使用独董兼任席位会因受到董事繁忙的干扰不能恰当反映独董声誉激励机制，必须引入其他因素加以修正。White et al.（2014）基于1995～2007年426家美国公司关于327位独董的550个席位任命的分析，发现上市公司会出于声誉考虑任命更多学术型独董。中国上市公司中学者是独董重要组成部分，他们通常有良好的道德标准，同时受传统儒家文化熏陶，声誉和道德对学者们更为重要。黄海杰等（2016）将独董来自国家重点会计学科院校或任职于排名前8的会计师事务所作为高声誉的度量指标，基于A股民企2007～2012年数据研究发现，会计专业独董会提高会计盈余质量。蔡春等（2017）进一步将专业声誉与独董多席位任职结合，以会计专业独董的兼任席位衡量独董声誉，基于A股2009～2014年数据研究发现，独董声誉与公司真实盈余管理负相关。然而这种专业角度衡量的声誉是与特定监督活动相结合的，会计专业声誉能够监督会计信息质量，但对诸如薪酬契约制定等的监督活动可能并不适合。因此，有学者尝试从其他更广泛的角度衡量独董声誉。Gogolin et al.（2018）以独董被任命前其作为其他公司CEO因管理能力获得CEO奖项来度量其独董声誉，他们对1977～2015年美国公司中432位CEO首次作为独董时的市场反应进行分析，发现公司任命具有更高声誉的独董时市场反应更积极，市场会给予大约2%的声誉溢价。国内学者也尝试从个人社会知名度角度衡量独董声誉。罗进辉等（2014）通过中文搜索引擎检索得到的记录条目衡量独董个人社会知名度，并以此将独董划分为明星独董和普通独董。然而，他们基于A股上市公司2008～2010年数据发现，聘请明星独董的公司具有更高的两类代理成本和更低的市场价值和会计业绩，他们认为独董个人社会知名度并没有对独董产生有效声誉约束，反而因明星独董公众形象成为高管不作为、少作为以及其他机会主义行为的“挡箭牌”。此外，罗进辉（2014）进一步将样本扩大至 2008 ~ 2012 年，发现明星独董的聘任降低了高管薪酬—业绩敏感性。由此，可以看出独董社会知名度并不能对独董产生有效的声誉约束。

前述研究都基于一个隐含假设，即同一独董在不同公司受到的声誉约束是相同的。然而根据资源限制理论，人们面对多任务时会权衡成本和收益并在多个任务之间分配精力和时间，因此部分学者开始考虑不同公司对同一独董声誉约束的异质性（Masulis 和 Mobbs，2014；Sila et al. ，2017）。声誉对独董产生激励原因在于，一方面声誉受损会影响职业生涯，另一方面好的声誉能带来更强的市场议价能力和增加获得新席位的可能。已有研究认为公司规模能够反映公司对独董的声誉激励，规模越大激励程度越高（Fama 和 Jensen，1983）。一方面，规模更大的公司业务可能更复杂，因监督失败带来声誉受损可能性更大；另一方面，规模越大带来的知名度越大（Adams 和 Ferreira，2008），越可能帮助获得新职位（Yermack，2004）以及获得更高薪酬（Ryan 和 Wiggins，2004）。基于此，Masulis 和 Mobbs（2014）分析认为多席位任职的独董由于精力受限，会按照公司规模带来的相对声誉来分配投入的工作精力，他们使用具体公司的规模相对于独董任职所有公司总规模的重要性衡量独董在该公司的相对声誉激励水平。他们基于标准普尔 1500 公司 1997 ~ 2006 年数据研究发现，在相对声誉更高的公司中独董更积极参加董事会议、更可能在薪酬委员会和审计委员会任职并且更不可能在公司业绩恶化时辞职，进一步研究发现，在公司层面相对声誉高的独董比例越大，公司业绩不佳时 CEO 被迫离职的可能性越大。由于 Masulis 和 Mobbs（2014）提出的方法能够在同时考虑多席位任职和公司个体差异情况下较好地刻画独董声誉，学者们开始应用这一度量方式展开研究。Sila et al.（2017）基于 1357 家美国公司 1996 ~ 2012 年数据发现，高声誉独董的比例越高公司股价中包含的公司特质信息越多，但董事会中繁忙董事（具有三个及以上席位的独董）占多数时公司特质信息更少，进一步研究发现，随着独董声誉增加公司自愿性信息披露更多、股价崩盘风险更低。Bryan 和 Mason（2020）以来自 CRSP 数据库的公司 1996 ~ 2016 年数据为样本，研究发现相对声誉低的独董比例越大，公司应计盈余质量越低、审计费用越高，说明会计师事务所将较低的独董声誉视为更高审计风险，同时他们还发现事务所规模越大审计费用对独董声誉越敏感。国内研究基于同样的独董声誉刻画，也发现独董声誉激励的积极作用。全怡和陈冬华（2016）基于A股公司2002～2013年数据研究发现，独董会对相对声誉较高的公司投入更多精力，当独董距离公司地理距离更远时这种影响更明显，同时独董更可能因会计业绩恶化提前从相对声誉较低的公司离开。翟晴盈和唐宗明（2019）以A股2008～2014年数据研究发现，独董在相对声誉较高的公司董事会会议中出席率更高，并且公司具有更好的经营业绩表现和市场价值。

2.5 评　　述

围绕研究主题，本书分别从CEO薪酬契约有效性内涵以及运气薪酬与有效薪酬契约关系、薪酬委员会独立性对CEO薪酬契约有效性的影响、独董—CEO关联对独董社会独立性的影响、独董激励机制对独董监督职能的影响四个方面对国内外重要文献进行回顾和分析，为本书研究问题的发现和框架搭建提供坚实理论基础和证据支撑。

首先，本书对CEO薪酬契约有效性内涵以及运气薪酬与CEO薪酬契约有效性关系进行回顾，具体以最优契约理论和管理者权力理论为主线进行梳理。回顾文献后发现，学者们对CEO薪酬契约有效性内涵的认识基本得到一致结论，即融合了最优契约理论和管理者权力理论。一方面通过CEO薪酬—业绩敏感性的存在性及其大小来反映，另一方面在表现出CEO薪酬—业绩敏感性的同时，还要注意反映CEO才能或努力程度的业绩质量。CEO可能会利用所掌握的权力影响薪酬制定，将不能反映其真实努力程度的业绩部分加入薪酬契约条款，从而进行经济抽租，主要的手段包括盈余操纵（权小锋等，2010）、考核指标操纵（Morse et al.，2011）以及将运气业绩归为付薪业绩（Bertrand 和 Mullainathan，2001）。中国上市公司证据表明高管在获得才能薪酬的同时普遍通过运气因素获得了薪酬，并且运气薪酬的比重很大，如沈艺峰和李培功（2010）研究发现我国上市公司在 2005 ~ 2009 年间，平均而言业绩水平每提高 1%，高管薪酬仅仅提高 3%，而运气成分每提高 1%，高管薪酬却能提高 343%，因此深入探讨运气薪酬带来的经济后果以及治理机制十分必要。但是必须注意的是，目前研究中关于盈余操纵薪酬和考核指标操纵薪酬对公司价值不利的证据比较一致，而对于运气薪酬的讨论虽然主流观点认为它是高管经济抽租的一种方式但仍存在争议。

目前尚缺乏关于 CEO 薪酬契约中运气薪酬构成对公司价值创造活动影响的直接证据，而这是从运气薪酬与才能薪酬角度解构 CEO 薪酬契约有效性的基础，更是继续深入探讨运气薪酬乃至薪酬契约有效性治理机制的前提。有效薪酬契约应该激励 CEO 克服风险厌恶心理为增加股东财富而努力（Jensen 和 Meckling，1976），能够促进 CEO 从事公司价值创造活动是判断 CEO 薪酬契约有效性的基本标准。技术创新是公司价值创造和保持长远竞争优势的关键（Moshirian et al.，2021），设计有效的薪酬激励机制以促进 CEO 积极承担风险和发挥才能在公司创新活动中十分重要（方军雄等，2016）。可见，能否促进公司创新为检验 CEO 薪酬契约有效性提供研究视角，本书拟论证运气薪酬与才能薪酬对技术创新的影响及其作用机制，为以运气薪酬与才能薪酬对 CEO 薪酬契约有效性的解构，进而完善 CEO 薪酬契约有效性内涵提供证据，将是值得深入探讨的重要问题。

其次，本书回顾了薪酬委员会独立性对 CEO 薪酬契约有效性的影响。薪酬委员会作为股东大会授权设立的专门委员会，是 CEO 薪酬契约制定和执行的具体监督者，因此薪酬委员会质量是影响 CEO 薪酬契约的最直接因素（Daily et al.，1998）。薪酬委员会在制定 CEO 薪酬契约时必须能够像股东一样思考，才能与 CEO 进行公平议价，可见薪酬委员会是否具备独立于 CEO 的独立性是决定其能够公正开展工作的基础。因此，本书结合国内外薪酬委员会监管制度背景，围绕薪酬委员会独立性对 CEO 薪酬契约有效性的影响进行梳理。国外文献通常使用独董比例或独董是否占多数作为薪酬委员会独立性的度量指标，但并没有得到薪酬委员会独立性与 CEO 薪酬契约有效性关系的一致结论。国内由于 2007 年之前薪酬委员会属于自愿性设立，之后则属于强制性设立（沈小燕和王跃堂，2014），学者们研究也基本分为两段。在自愿设立阶段，多关注薪酬委员会设立与否对薪酬契约的影响但并未得到一致结论；在强制设立阶段，开始关注薪酬委员会中独董比例对薪酬契约的影响，同样也未得到一致结论。究其原因可能是国内外监管部门对独董制度建设的要求使得独董比例在不同市场内部趋同，且由于所处社会环境差异独董个体的实质独立性会有所不同，从而导致简单使用独董比例并不能捕捉不同公司年度间薪酬委员会独立性的差异。因此，本书基于国内外文献提出对 CEO 薪酬契约的监督应该先立足于薪酬委员会，再从个体差异出发探寻独董实质独立性。

再次，本书回顾了独董—CEO 关联对独董社会独立性的影响。具体地，本书从独董制度建立的实践背景和制度背景出发，发现虽然独立性是独董制度的灵魂和独董发挥监督职能的基础，然而实践和研究数据表明董事会中“标配”的独董构成并没有很好地发挥监督作用。合法任职资格独董的数量和比例只衡量了形式独立性而无法反映出董事会或专业委员会真正的独立性（李维安等，2017），必须从独董异质性假设出发考察独董的实质独立性。独董的实质独立性表现为思想和态度上的独立，作为社会成员，其生活、行为与发展都处于特定社会关系、制度与规则之中（Little，2012），必须考虑其所处的社会环境和心理反应对行为的影响（Westphal 和 Zajac，2013），而与 CEO 之间的社会关联是独董监督 CEO 时面临的关键社会环境。现有文献将排除独董与 CEO 之间社会关联（即独董—CEO 关联）影响后的独立性称为独董社会独立性，并基于社会心理学中社会关联相关理论研究了三类独董—CEO 社会关联：（1）基于两者之间人口统计学特征相似性形成的关联，即独董—CEO 相似性关联；（2）基于两者之间诸如校友、老乡、共同工作的私人关系形成的关联，即独董—CEO 私人关联；（3）基于 CEO（建议）提名独董而形成的关联，即独董—CEO 任职关联。在每类社会关联文献中学者们都发现独董对 CEO 产生行动偏好或支持行为的证据，从而削弱独董社会独立性。

虽然部分研究发现，独董—CEO 关联使独董在发挥咨询功能时更愿意贡献自己的人力资源和社会资源，从而有利于管理决策，然而这与独董—CEO

关联损害独董社会独立性并不冲突。削弱监督和促进咨询都是由独董—CEO 关联带来的独董对 CEO 偏好或支持行为，是同一枚硬币的两个方面。因此，这也启示我们进行此类研究时必须针对独董具体职能的履行来分析独董—CEO 关联的经济后果。本书重点研究独董在薪酬委员会中发挥监督 CEO 薪酬契约的作用，必然强调独董—CEO 关联对独董独立性的影响。

最后，本书回顾了独董激励机制对独董监督职能的影响。由于无论是在西方还是在中国资本市场，市场机制和法律机制均没有很好地发挥作用（Yermack，2004；Black et al.，2005；陈艳，2009；全怡和陈冬华，2016），本书具体从薪酬激励和声誉激励两个方面展开。为解决股东与管理者的委托代理问题，独董作为股东的授权监督者被纳入公司治理层，但同时独董也是股东的代理人，独董利益可能会与股东利益有所不同，为协调利益冲突、提高监督质量必须建立恰当的独董激励机制。

在薪酬激励方面，以美国为代表的西方国家的研究大多针对权益薪酬或包括权益薪酬在内的薪酬总额展开，虽然没有得到一致结论，但仍有一些发现值得思考。一方面，关于独董薪酬的测度学者们大多使用公司层面平均值，但每个独董个体会因其兼任职位和自身财富等不同，导致相同薪酬带来的激励效果会有所差异，然而目前学者们很少将其纳入考量范围。另一方面，独董薪酬激励作用的发挥可能与具体监督职能相关。如 McClain（2012）在几乎相同样本的两个研究中分别发现，独董薪酬激励在监督 CEO 对股利政策的影响时发挥了负向作用，而在监督盈余质量时却发挥了正向作用。因此，独董薪酬激励是否促进监督职能的发挥仍然是一个开放性的实证问题（Sengupta 和 Zhang，2015）。与美国资本市场不同，目前中国上市公司独董薪酬通常不与业绩挂钩，仅包括固定津贴和一定的“车马费”，且不得进行股权激励。截至目前，对中国上市公司独董薪酬激励作用的研究并不多。早期由于学者们使用独董薪酬绝对数衡量独董薪酬激励，导致固定薪酬对独董监督职能作用的发挥结论不一致。之后学者开始借鉴西方研究并基于中国实践，在考量独董薪酬激励时同时考虑具体公司特征和独董层面特征的影响，但得出的结论仍然不一致。如张天舒等（2018）借鉴 Brick et al.（2006）的思路，建立模型以公司特征和独董特征预测独董薪酬，发现独董异常薪酬对独董履职产生不利影响，而刘汉民等（2020）却发现独董薪酬过低时高管获得更少的超额薪酬，表现出更高的监督效果。可能的原因是这类研究仍是以公司层面所有独董平均薪酬为研究对象，没有具体考察独董薪酬的个体差异。之后部分研究虽然尝试从独董内部薪酬差异进行探索，但仍然以公司层面数据进行研究，一方面没有考察独董个体层面对差异薪酬的具体反应，另一方面将不同独董当作同质个体，没有考虑相同薪酬水平对不同独董的效用可能不同。特别是后一种因素可能尤为重要，因为实践中独董在两家及以上公司的多席位任职较为常见并呈上升趋势，必须考虑独董在具体公司获得薪酬相对于其从所有公司获得薪酬的比重，才能更好地反映该公司薪酬水平对具体独董的激励作用。徐晋等（2021）尝试从独董兼任角度考察薪酬激励的个体差异，发现多席位独董的履职会受到其多席位任职获得的薪酬排序影响，独董会为相对薪酬较高的公司分配更多的精力和时间从而提高监督效果，这为本书恰当度量独董薪酬激励水平提供了有益参考。

在声誉激励方面，因声誉具有无形性，学者们从不同角度探索独董声誉的显性刻画，并论证独董声誉激励对独董监督职能的影响。早期学者将独董兼任席位作为独董声誉的重要度量，但由于受到多席位任职可能透支董事精力的干扰，国内外学者均未得到一致结论。因此，单纯使用独董兼任席位不能恰当反映独董声誉激励机制，必须引入其他因素加以修正。之后部分学者直接摒弃独董兼任席位的度量指标，采用独董专业社会声望和知名度来衡量独董激励，虽然部分研究得出独董声誉促进监督的结论，但仍存在争议。一方面，专业声誉是与具体监督活动相结合的，会计专业声誉能够监督会计信息质量，但对于诸如薪酬契约制定的监督活动可能并不适合，White et al.（2014）研究发现学术独董任命会因公司异质性而产生不同的市场反应；另一方面，已有基于中国的研究发现独董社会声望没有对独董产生有效声誉约束，反而因明星独董公众形象成为高管不作为、少作为以及其他机会主义行为的“挡箭牌”（罗进辉等，2014），使用独董社会知名度并不是独董声誉约束的恰当度量。随着资源限制理论在独董激励中的应用，学者们发现人们在面对多任务时，会权衡成本和收益并在多个任务之间分配精力和时间，即同一独董在不同公司受到的声誉约束是不同的。因此部分研究开始从独董激励机制发挥作用的实质出发，探索独董声誉的恰当度量。公司规模能够反映公司对独董的声誉激励，规模越大激励程度越高（Fama 和 Jensen，1983）。一方面规模更大的公司业务可能更复杂，因监督失败带来声誉受损的可能性越大，另一方面规模越大给独董带来的知名度越大，越可能帮助其获得新职位和更高薪酬。基于此，Masulis 和 Mobbs（2014）分析认为多席位任职的独董会按照公司规模带来的相对声誉大小分配投入的工作精力，并首次使用公司规模相对于独董任职所有公司总规模的比例衡量独董在该公司的相对声誉激励水平。之后国内外学者们基于该方法均发现独董声誉激励促进独董监督职能发挥的证据。因此，鉴于 Masulis 和 Mobbs（2014）提出的方法能够在同时考虑多席位任职和公司个体差异情况下较好地刻画独董声誉，这为本书在充分考虑中国上市公司独董多席位任职的实际背景下衡量独董声誉激励水平提供了重要参考。

3 理论基础与逻辑框架

股东与 CEO 之间的委托代理问题引发股东对 CEO 薪酬激励的需要，这是本书研究的出发点。首先，最优契约理论和管理者权力理论为理解薪酬契约有效性内涵，以及论证运气薪酬与才能薪酬对 CEO 薪酬契约有效性的解构提供理论支持。其次，薪酬委员会的职责是在股东授权下制定和执行 CEO 薪酬契约，充当监督人的角色，因此形成“委托人（股东）—监督人（薪酬委员会）—代理人（CEO）”的三层次委托代理模型。三层次委托代理模型为正确理解薪酬委员会同时作为监督人和代理人的本质提供理论指导，也为论证薪酬委员会监督作用发挥的前提是“独立于 CEO 并受到恰当激励以降低其与 CEO 合谋的可能性”提供支持。再次，薪酬委员会引入独董以增强独立性，而当 CEO 与独董之间存在关联时则很难保障该独董不受 CEO 的影响。社会心理学中社会关联相关理论为寻找 CEO 与独董之间的社会关联，解释不同维度关联对独董独立性的影响提供理论指导。最后，恰当的激励机制是促使独董将有限精力和时间投入到监督 CEO 薪酬契约工作的内在动力，资源限制理论为本书解释独董多席位任职时精力和时间如何分配的问题提供指导，为恰当论证和度量独董薪酬激励与声誉激励提供依据。

基于此，本章首先阐述最优契约理论、管理者权力理论、三层次委托代理模型、社会关联相关理论以及资源限制理论，然后在这些理论基础上形成本书的逻辑框架。

3.1 理论基础

3.1.1 最优契约理论

最优契约理论是高管激励研究中主流的代理理论观点，它来自学者对缓解股东与以CEO为代表的管理者之间委托代理问题的思考，内生于委托代理理论，因此理解最优契约理论必须先从了解委托代理理论开始。Berle和Means（1932）在著作《现代公司与私有产权》中开创性地提出了现代公司的典型特征，即股权高度分散以及由此导致的所有权和控制权相分离，最早注意到股东和CEO之间存在委托代理关系，然而他们并未对CEO的代理行为进行深入分析。20世纪50年代至60年代，学者们开始深入研究股东与CEO之间利益不一致导致的代理行为，并为企业中如何激励CEO基于股东利益最大化行事进行了说明（Marris，1964）。然而不足的是，这一时期的研究以委托人和代理人之间信息对称为基本假设前提，与现实企业中的委托代理情况存在比较大的差距。后续的研究开始将信息不对称引入委托代理问题的研究模型，Jensen和Meckling（1976）在前人研究的基础上对企业中的委托代理问题进行了系统性分析，并提出了现代公司制中经典的委托代理理论。委托代理理论将企业所有者和CEO抽象成委托人和代理人，并认为存在以下3个基本假设：一是代理人具有经济人的性质，会追求自身利益最大化；二是代理人具有不易被观察到的私人特征；三是委托人不直接参与企业经营，委托人和代理人之间存在信息不对称。

在企业的委托代理关系中，委托人希望代理人基于企业利益目标行事，并且可以获取代理人行为以及其他因素的一切相关信息。但由于代理人的经济人性质，其在作出行为选择之前，会仔细权衡其所选择的行为对应的投入和产出，并据以判断产生的收益是否与其所作出的努力相匹配，同时委托人和代理人的利益可能相互冲突，出现代理人为追求自身利益最大化做出损害委托人利益的“败德行为”。此外，由于委托人和代理人之间存在信息不对称，且代理人往往掌握了更多的企业经营信息，委托人难以判断企业经营成果是由于代理人努力工作的结果还是由其他非控因素（例如行业兴衰、经济周期等）导致的。因此，在委托代理关系中，委托人不得不为代理人的行为后果承担责任和风险，并由此导致“逆向选择”问题。基于此，要缓解委托代理冲突，就需要委托人考虑如何根据观察到的相关信息对代理人进行合理奖惩，以激励代理人采取对委托人有利的行动。换言之，委托代理理论的核心问题在于分析信息不对称情况下的代理人激励机制，即在委托代理框架下寻求针对代理人的最优激励策略，使 CEO 克服懒惰、风险厌恶等心理为增加股东财富而努力。因此，能够促进 CEO 从事公司价值创造活动是判断薪酬契约是否有效的基本标准。

最优契约理论认为股东与 CEO 之间的所有代理问题都可以得到协调和解决，并假定 CEO 愿意与股东签订最优薪酬激励契约。现代公司制度中，股东选举出的董事会下设薪酬委员会具体负责高管的业绩考核与激励，最优契约理论把董事会看作股东的一致行动人，在与 CEO 的薪酬谈判中能够进行公平议价，制定出使股东和 CEO 利益趋同的薪酬激励契约。因此，最优契约的核心问题演变成如何设计最优契约，什么样的激励条件是最有效的激励。早期的理论研究发现，在委托人无法观测代理人行动的情形下，将剩余价值分配与公司经营绩效挂钩是满足代理人参与激励约束相容的最有效方式（Hölmstrom，1979；Jensen 和 Murphy，1990）。由此，最优契约理论的基本思想转化为在设计高管薪酬契约时将高管薪酬与公司业绩关联起来，公司业绩增长得越多，高管薪酬也将越多，通过薪酬—业绩敏感性的使用将股东利益与高管利益有机结合起来，以达到高管与股东双方合作与利益共赢（Jensen 和 Murphy，1990）。因此，最优契约理论认为若想降低 CEO 谋私利行为的风险，制定出高管薪酬与公司业绩相结合的薪酬契约是最合适的方法。

但是该理论忽视了一点，薪酬委员会和所有者之间本身就存在很严重的代理问题，两者并不是完全一致的行动人，薪酬委员会可能会受到 CEO 的影响或者与 CEO 形成合谋。企业业绩包含着强烈的“噪音”，这既有客观因素如宏观和行业因素等运气因素对企业业绩的影响，也有主观因素如

CEO 对业绩的盈余操纵和对业绩考核指标选择的操纵，并不能真实地反应 CEO 的贡献度，此时按照企业业绩付薪会使 CEO 获得非自身才能与努力工作的薪酬，加剧激励契约风险，加重委托代理问题。正因如此，最优契约理论的适用性遭到许多人的质疑，管理者权力理论开始引起学术界的关注。

3.1.2 管理者权力理论

管理者权力理论并不认同高管薪酬契约设计可以作为解决代理问题的有效方式，认为薪酬契约设定程序本身就是一种代理问题。Bebchuk et al.（2002）在论证管理者权力理论时，指出最优契约理论成立至少具备三项条件之一：市场的有效约束、股东行使权力的法律保障以及薪酬委员会的有效谈判，然而这三个条件现实中都无法有效实现。首先，市场约束方面的无效。劳动力市场的力量在迫使 CEO 或其他高管离任时更可能基于公司整体表现而非高管薪酬高低，相反地，通常高管在当前公司的高额薪酬会成为其在新公司获得薪酬溢价的有利条件，类似的经验证据表明来自控制权市场的收购威胁也不能限制高管薪酬增长。其次，股东行使权利的法律保障方面的无效。由于股东将自己权利授予董事会，法律会严格限制股东直接代表公司诉讼的权力，通常先由股东向董事会提出调查问题的请求，再由董事会采取纠正措施；如果董事会认为已采取的措施适当，而股东继续要求对高管薪酬事项进行诉讼，法院则很可能终止诉讼。最后，薪酬委员会在代表股东进行薪酬谈判时并不总是有效的。CEO 能够影响董事任命甚至决定董事薪酬，或董事与 CEO 因社会关联产生偏爱，导致这些独董减弱对 CEO 薪酬契约的监督，同时薪酬委员会也可能缺乏足够的激励去限制 CEO 薪酬。由于市场力量和法律约束没有对高管薪酬施加严格限制，那么非市场因素包括 CEO 相对于薪酬委员会的权力则是 CEO 薪酬的重要决定因素（Core et al.，1999）。

基于这些分析，Bebchuk et al.（2002）、Bebchuk 和 Fried（2003）等提出的管理者权力理论认为，现实中薪酬委员会与 CEO 之间的关系远远超过最优契约理论的预期，薪酬委员会在与 CEO 进行薪酬谈判时可能受 CEO

控制或与其合谋，此时 CEO 可能会利用自身权力自定薪酬以攫取私利。该理论主要包括三个方面的内容：一是在高管薪酬契约设计过程中，薪酬委员会不可能对其进行完全控制，高管对其薪酬的制定具有影响的动机与能力；二是高管薪酬可能会成为委托代理问题的一部分，而不是必然减轻委托代理问题；三是高管可能不按业绩付薪，而是运用权力进行寻租。然而针对非业绩付薪可能引致公众关注进而带来“愤怒成本”，管理者权力理论提出 CEO 有动机采取手段使薪酬自利行为合法化。我国学者谢德仁等（2012）对管理者权力理论的内涵进行扩展，提出“薪酬辩护假说”，即 CEO 在获得高额薪酬的同时采用引入薪酬顾问或其他通行薪酬治理规范以显示“程序合法化”，从而通过操纵薪酬—业绩敏感性来显示“结果正当性”。因此，在管理者权力理论下，CEO 可能通过直接降低薪酬与业绩的相关性获得超额薪酬，也可能通过将操纵业绩、运气成分业绩纳入付薪契约或者在薪酬契约中加入对自己更有利的业绩指标，在达到提高公众观测到的薪酬—业绩敏感性以进行“薪酬辩护”的同时，获得诸如运气薪酬等超过自己才能业绩的噪音薪酬。因此，管理者权力理论为正确理解 CEO 薪酬契约有效性的内涵，以及分析无效薪酬激励产生的原因提供理论指导。

3.1.3 三层次委托代理模型

传统股东—CEO 委托代理理论认为作为监督人的薪酬委员会能够像股东一样思考，但却忽略其同时也是股东代理人的事实，将股东与薪酬委员会之间的委托代理关系纳入考量范围才能打开如何实现有效薪酬契约的“黑箱”。因此，必须将股东与 CEO 之间两层次委托代理关系拓展至包含股东—薪酬委员会—CEO 的三层次委托代理关系，具体分析薪酬委员会特征对 CEO 薪酬契约有效性的影响。

公司作为契约的结点是具有重叠或嵌套各类委托代理关系的网络（Tirole，1986），传统委托代理模型将公司治理层面契约简化为股东与高管之间委托代理关系，但不利于解释激励契约中的合谋现象。Tirole（1986）进一步将监督人纳入委托代理模型形成“委托人—监督人—代理人”三层次委托代理模型。在这个模型中，代理人作为经营管理者，通过付出委托人无法观测的努力和其他外生力量影响委托人能够获得的收益，委托人将监督代理人的职责授予监督人，监督人能够搜集更多代理人信息以帮助委托人控制和激励代理人，但监督人可以基于自身利益选择是否将搜集到的信息向委托人报告。当委托人与监督人目标冲突时，委托人需要采取恰当措施激励其为委托人利益行事，否则监督人有可能通过隐性约定与代理人合谋。基于三层次代理模型的分析框架，本书重新审视股东、薪酬委员会与管理者之间的契约关系，认为他们之间构成"委托人（股东）—监督人（薪酬委员会）—代理人（高管）"的垂直三层次委托代理关系，即股东雇佣薪酬委员会作为监督人具体负责制定和执行高管薪酬契约，以激励高管为股东利益行事。从监督人层面看，这个模型运行良好的基础至少包括三个方面：一是监督人能够获得所需的相关信息，这一点由于薪酬委员会作为董事会常设机构可能问题并不严重；二是监督人不受代理人的影响，即薪酬委员会能够独立于高管，为此各国监管机构和最佳实践规范都建议薪酬委员会中引入独董甚至全由独董构成来实现；三是监督人获得充分的激励以保持与委托人利益的一致性，因此薪酬委员会成员特别是独董的激励机制至关重要。基于以上分析，三层次委托代理模型为本书分别从薪酬委员会中独董独立性和独董激励两个方面论证薪酬委员会监督作用的发挥提供理论支持。

3.1.4 社会关联相关理论

在三层次委托代理模型下，作为监督人的薪酬委员会为站在股东（委托人）利益立场，必须在制定和执行 CEO 薪酬契约时独立于 CEO。虽然实践中各国监管机构和最佳实践规范都建议薪酬委员会中引入独董甚至全由独董构成，但是形式上的合规多是依附于制度神话的解决方案（Meyer 和 Rowan，1977），由合法任职资格独董的数量和比例衡量的形式独立性无法反映出董事会或专业委员会真正的独立性（李维安等，2017）。现有文献使用独董比例反映的薪酬委员会形式独立性并没有在监督 CEO 薪酬契约方面得到一致结论，必须从独董异质性假设出发考察独董的实质独立性。独董的实质独立性体现为独董个体在思想和态度上的独立（Baelden 和 Berghe，2005；仲伟周和段海艳，2008），而这种实质性独立需要考虑独董所处的社会环境和心理反应。独董并非处于社会真空中，作为社会成员，其生活、行为与发展都处于特定社会关系、制度与规则之中（Little，2012），必须考虑其所处的社会环境和心理反应对行为的影响（Westphal 和 Zajac，2013），而与 CEO 之间的社会关联是独董监督 CEO 时面临的关键社会环境。来自社会心理学的社会关联相关理论，为寻找影响独董监督职能发挥的关键社会环境提供指导。

（1）相似吸引规范

社会心理学家早期观察到具有相似特征的主体之间会产生相互吸引，互动也更为频繁，更容易产生分类聚集。Lazarsfeld 和 Merton（1954）使用"homophily"（同质性）一词代替主体之间的相似性，并以谚语"Birds of a feather flock together"来形容这一现象，类似于中国谚语"物以类聚，人以群分"，可见相似特征聚集现象存在于不同文化中。Byrne et al.（1966）和 Byrne et al.（1986）使用相似吸引规范（Similar attraction paradigm）解释社会中人们倾向于被与自己相似的人或物所吸引并给予友好评价这一广泛存在的行为规范。人口统计学相似性是其中重要的分支，Tsui 和 O' Reilly（1989）在一项包括 272 对上下级被试的社会心理学实验中发现，人口统计学上的差异性导致上级给予下级更低的绩效评价，而下级也认为上级更加不具有亲和力。McPherson et al.（2001）进一步将相似性分为两类，一类是人口统计学上的相似性，另一类是价值观和文化信仰上的相似性，并指出相似性使人们产生相互偏爱和支持的行为。由于后一种相似性无法显性测量，研究中使用相同地区来源、共同兴趣爱好、共同学习和工作以及其他诸如参军等相似私人经历来度量，因为这些特征能够在一定程度上反映人们价值观和文化信仰的形成（Hwang 和 Kim，2009）。同时由于这类相似性的刻画基于私人的生活环境以及参与的社会活动，研究中通常将这类相似性产生的关联称为社会关系（social ties），以区别基于人口统计学相似性产生的关联。基于多项调查的研究表明社会关系的存在能够促进人们的合作与支持，Uzzi（1996）对服装业的田野调查发现，当与自己有社会关系的合作伙伴需要订单以应对生存危机时，即使这部分订单发给其他客户能够获得商业折扣，CEO 也会选择帮助自己的合作伙伴，研究认为社会关系促进“行动者之间自愿、无义务地交换资产和服务”。Uzzi（1999）另外一项对芝加哥银行的调查研究表明，银行中负责公司信贷的关系经理（RMs）更可能以更低利率发放贷款给具有社会关系的公司，因为这类经理认为具有社会关系的借款人更愿意积极回应他们的询问，从而给予借款人更多信任。Ingram 和 Roberts（2000）通过对悉尼酒店行业的调查发现，当酒店经理和竞争对手的管理层具有私人友谊时，酒店收益（即每间房收入）会大幅增长，而这种增长并非通过串通或价格操纵导致，而是通过协作、信息交换以及缓解竞争带来的。为与主流研究保持一致并同时使用两类相似性描述独董与 CEO 之间的社会关联，本书将基于人口统计学相似性产生的关联称为相似性关联，基于私人生活环境以及参与社会活动产生的关联称为私人关联。此外，社会心理学在因相似性产生偏爱和支持的解释中还包括自我归类理论和内隐自我中心效应。

（2）自我归类理论

自我归类理论是以相似吸引规范为基础发展而来的。该理论强调自我的心理系统或心理过程的认知成分，认为自我概念是个体有关自我的一组认知表征，以自我分类的形式存在。自我分类是一种等级系统，每一等级的抽象程度不同，该类别包含的程度也不同（Turner，1987）。在社会自我概念中，至少存在着三种层次的自我分类：一是自我的最高水平——人类，即建立在一个人对人类的认同基础之上，是与其他的生存方式相比，与人类种群的其他成员共有的一般特征。二是内群体—外群体分类的中间水平，建立在内群体成员之间相似、内群体成员和外群体成员之间差异的基础之上，例如性别、国籍、种族等。三是个人自我分类的最低水平，建立在自己作为唯一的基础之上，以与群体内部他人的比较为基础。Tsui et al.（1992）的心理学实验研究发现个体行为会受到由于性别、教育、种族等“内群体—外群体”社会分类的显著影响。在上市公司独董和 CEO 构成的群体中，不同个体也会基于人口特征的相似性进行自我归类，把自己与他人联系起来，从而增强彼此之间的契合度和认同感，具体表现为决策过程中更倾向于尊重对方的看法而不是提出反对意见（Zhu et al.，2014）。因此，当独董与CEO之间存在人口统计学上的相似性时，独董对CEO的监督就很难保证客观、公正，这种独董—CEO相似性关联成为“妨碍其进行独立客观判断的关系”，削弱独董相对于CEO的实质独立性。

（3）内隐自我中心效应

社会心理学研究表明，社会中大多数人会对自己做出更积极的评价，表现出自我尊重，同时在对同自我相关的事物做评价时也容易表现出积极的态度（Greenwald和Banaji，1995；Pelham et al.，2002；蔡华俭，2003）。Pelham et al.（2002）把这种偏好与自己相关的事物的心理表现称为内隐自我中心效应，并通过调查研究证明内隐自我中心显著影响人们的日常决策行为，且这种影响是一种非理性的无意识现象。比如，人们在毫无其他关联的情况下面对一个陌生的名单，总是会首先注意到和自己姓名相近的人，也称名字效应。当然，在处理诸如履行独董职责这类涉及经济和法律后果的判断时，名字效应的无意识现象会被理智所矫正。但是面对社会中普遍存在着的诸如同事、校友、老乡与会员等相互连接的价值认同类社会关系时，基于这些关系形成的关联则很可能使个体行为表现出内隐自我中心效应。特别是在我国，传统宗族、“门派”和地域文化在人们生活中发挥着重要的作用，更容易形成文化认同的校友关系、老乡关系。因此，基于内隐自我中心效应，当独董与CEO之间存在诸如校友、老乡、曾经同事等私人关系时，独董就会形成对CEO的偏好心理，降低客观公正评价的可能性，这种独董—CEO私人关联成为“妨碍其进行独立客观判断的关系”，削弱独董相对于CEO的实质独立性。

（4）互惠规范

独董与CEO之间因人口统计学、价值观与文化信仰的相似性而导致的相互之间的偏爱与信任是一种潜意识的行为（Hwang和Kim，2009），而社会生活中还存在另外一种基于互惠规范而产生的有意识资源交换。社会交换理论认为在社会交换活动中，诸如服务、信息、地位等社会属性的商品也能像物质商品一样用于交换，并且在交换过程中遵循互惠规范（Gouldner，1960）。Gouldner（1960）认为互惠规范是指各方在交换过程中一系列被大家所认可的准则，即一方为另一方提供帮助或给予其某种资源时，后者有义务回报给予过其帮助的人，并指出互惠规范存在于每个人的社会关系中，这种现象在人类社会的各种文化中普遍存在。接受他人给予自己利益后回报对方的人际交往规范在西方文化背景下可表述为“You scratch my back and I’ ll scratch yours（你帮我挠背的话我也会帮你挠背）”。在中国，“投桃报李”“礼尚往来”一直是人际交往的规范，“滴水之情，涌泉相报”甚至成为了道德典范。当 CEO 帮助独董获得席位之后，独董遵循互惠规范更有可能向 CEO 提供支持和合作，降低客观公正评价的可能性，这种独董—CEO 任职关联成为了“妨碍其进行独立客观判断的关系”，削弱独董相对于 CEO 的实质独立性。

3.1.5 资源限制理论

Kahneman（1973）在《注意力与努力》中提出资源限制理论，又被称为资源分配理论或有限容量理论。他认为人的注意力（或称“关注”）是一种有限的认知资源，个体在同时进行多项任务时会受到认知资源有限性的约束，需要将有限的认知资源在不同任务之间进行配置，个体会按照任务的重要程度进行认知资源分配，优先选择自己认为更重要的任务。早期该理论被应用于心理学实验的解释中（Muraven et al.，1998），之后被应用于公司金融领域（Barber 和 Odean，2008；Hirshleifer et al.，2009）。Barber 和 Odean（2008）发现个人投资者只考虑购买那些最先吸引他们关注的股票。Hirshleifer et al.（2009）基于资源限制论提出“投资者分心假说”，认为投资者的关注有限会导致市场反应不足，他们发现无关新闻会占用投资者有限关注，进而限制市场对与公司价值相关的新闻的市场反应。进一步地，Hirshleifer et al.（2011）发现在投资者注意力受到约束的情况下，会对不同的盈余收益成分分配不同的注意力，从而导致市场反应的差异，同时出于注意力投入与成本的权衡，并不是所有投资者都关注盈余收益。俞庆进和张兵（2012）以百度搜索指数衡量投资者关注度，通过百度指数和创业板股票市场表现出的相关性，发现在新兴市场中投资者有限关注也会影响股票的市场交易活动。陆蓉和杨康（2019）认为个人投资者有限关注可能是造成市场反应异象的主要原因。同样地，资源限制理论也被用于解释大股东持有多个公司投资组合时的资源分配问题，Akamah et al.（2021）研究发现当股东同时投资多个公司时，会将有限的精力和时间分配到规模更大的公司中，因为这些公司对股东来说更重要。因此，资源限制理论为本书解释独董多席位任职时精力和时间如何分配的问题提供理论指导，为恰当论证和度量独董薪酬激励与声誉激励提供依据。

3.2 薪酬委员会独董—CEO关联、独董激励与CEO薪酬契约有效性的逻辑框架

在三层次委托代理模型下，本书站在薪酬委员会角度研究薪酬委员会独董社会独立性反映的监督立场、独董激励反映的监督意愿如何影响CEO薪酬契约有效性，具体包括CEO薪酬契约的解构和治理。首先，针对CEO普遍获得运气薪酬这一现象，基于薪酬契约理论和管理者权力理论，以CEO薪酬契约有效性的本质内涵是激励CEO从事公司价值创造活动为指导，在公司技术创新背景下考察运气薪酬与才能薪酬对CEO薪酬契约有效性的解构，以完善薪酬契约有效性的内涵，为治理CEO薪酬契约提供方向，是后续研究独董—CEO关联和独董激励对CEO薪酬契约有效性影响的基础。其次，考虑到独董与CEO之间的社会关联可能会影响独董监督CEO时的社会独立性，基于三层次委托代理模型和社会关联相关理论，分别考察薪酬委员会独董与CEO之间相似性关联、私人关联和任职关联对CEO薪酬契约有效性的影响，以论证独董社会独立性在监督CEO薪酬契约中的作用。最后，考虑到独董监督CEO薪酬契约不仅需要独董具有独立的行动立场，还需要具有充分的监督意愿，本书基于三层次委托代理模型和资源限制理论，考察独董激励机制对CEO薪酬契约有效性的影响，并同时论证独董社会独立性和独董激励机制是否能够共同提高独董监督水平，促进薪

酬契约有效性的提升，保障薪酬委员会的高质量监督。具体分为以下三部分，第一部分为 CEO 薪酬契约有效性的解构，后两部分为薪酬委员会独董对 CEO 薪酬契约的治理。

首先，本书认为激励作为代理人的 CEO 从事公司价值创造活动进而增加股东财富是 CEO 薪酬契约有效性的本质内涵。在最优契约理论和管理者权力理论的共同指导下，CEO 薪酬契约有效性不仅体现为 CEO 薪酬—业绩敏感性，其基于业绩付薪条款获得的业绩薪酬还应反映 CEO 真实才能和努力程度。CEO 倾向于将不能反映其真实才能和努力程度的业绩部分加入薪酬契约条款，从而进行经济抽租。虽然主流观点认为将运气业绩归为付薪业绩是 CEO 经济抽租的一种方式，但是仍有研究认为 CEO 基于运气业绩获得的运气薪酬有助于保留人才和鼓励 CEO 实施探索战略。鉴于运气薪酬与薪酬契约有效性的关系还存在争议，有必要基于 CEO 薪酬契约有效性的本质内涵，进行运气薪酬与才能薪酬对 CEO 薪酬契约有效性的解构，这对普遍存在运气薪酬的中国上市公司尤为重要。有效的激励机制应该能够激励 CEO 克服风险厌恶心理为增加股东财富而努力（Jensen 和 Meckling，1976），能够促进 CEO 从事公司价值创造活动是判断 CEO 薪酬契约有效性的基本标准。技术创新是公司价值创造和保持长远竞争优势的关键（Moshirian et al.，2021），然而由于技术创新具有高风险和长期性特征，CEO 作为风险规避的理性人，具有规避风险投资项目的内在动机，因此设计有效的薪酬激励机制以促进 CEO 发挥才能、努力工作并积极承担风险在公司创新活动中十分重要（方军雄等，2016）。可见，能否促进公司技术创新为从运气薪酬和才能薪酬解构 CEO 薪酬契约有效性提供了研究视角。

因此，本书提出的第一层面问题是，CEO 基于运气业绩获得的运气薪酬是否是无效激励，表现为阻碍其从事技术创新活动？CEO 基于才能业绩获得的才能薪酬激励效果如何，是否能够促进技术创新？如果确实存在影响，其作用机制是什么？运气薪酬和才能薪酬是否最终影响到公司价值呢？由此，本书通过研究运气薪酬和才能薪酬对技术创新和公司价值的影响，提供运气薪酬与才能薪酬对 CEO 薪酬契约有效性解构的经验证据，为后续薪酬委员会监督 CEO 薪酬契约提供方向。

其次，在三层次委托代理模型下，薪酬委员会（监督人）为时刻站在股东（委托人）利益立场上，必须在制定和执行 CEO 薪酬契约时独立于 CEO（代理人）。虽然各国监管机构和最佳实践规范都规定或建议薪酬委员会中引入独董甚至全由独董构成，但由合法任职资格独董的数量和比例衡量的形式独立性无法反映出薪酬委员会的实质独立性（李维安等，2017）。现实中，独董所处的社会环境及心理反应影响着独董的思想和态度，导致不同独董的实质独立性存在差异，而与 CEO 之间的社会关联是独董监督 CEO 时面临的关键社会环境。虽然社会环境具有复杂性，但社会心理学中的社会关联相关理论为寻找影响独董监督职能发挥的关键社会环境提供指导。基于相似吸引规范、自我归类理论和内隐自我中心效应，现有研究发现独董与 CEO 在人口统计学上的相似性（独董—CEO 相似性关联）和他们基于价值认同的相似性（独董—CEO 私人关联）会导致独董对 CEO 产生偏爱与支持行为，从而削弱独立性；基于互惠规范理论，现有研究证明独董会因自己的任职受到 CEO 帮助或提名（独董—CEO 任职关联）产生对 CEO 的支持性行为以回报 CEO。因此，本书提出的第二层面问题是，当只考虑形式独立性时薪酬委员会独立性是否没有影响 CEO 薪酬契约有效性？当考虑社会独立性时薪酬委员会中独董—CEO 关联是否降低 CEO 薪酬契约有效性，具体如何影响薪酬—运气业绩敏感性与薪酬—才能业绩敏感性？由于独董—CEO 关联对独董独立性的影响是独董出于潜意识的偏爱或基于冷静思考后的回报（Clark 和 Mils，1993；Hwang 和 Kim，2009），那么这些关联是否只是 CEO 权力的反映呢？如果不是，它们在影响 CEO 薪酬契约有效性上是替代还是互补呢？由于主任独董负责召集薪酬委员会成员并牵头发挥对 CEO 薪酬契约的监督作用，非主任独董的监督职能发挥有可能会受到主任独董的影响。因此，有必要进一步考察薪酬委员会的主任独董相较于非主任独董，其独董—CEO 关联对 CEO 薪酬契约有效性的影响是否更重要，以证明抓住主任独董这一“关键少数”的必要性。

最后，在三层次委托代理模型下，作为监督人的薪酬委员会成员本身也是股东的代理人，作为理性经济人的他们出于自己利益考虑同样会出现逆向选择和道德风险问题，因此恰当的激励机制是促使他们将更多的精力和时间投入到监督 CEO 薪酬契约工作中的内在动力。独董作为薪酬委员会的主要成员是重要的激励对象，独董激励机制包括薪酬激励和声誉激励两个重要部分。独董通常由学者和特定领域的专家构成，具有资源的稀缺性，因此资本市场中独董兼任现象比较普遍。根据资源限制理论，个人关注是一种有限的认知资源，人们在同时进行多项任务时会受到认知资源限制，此时人们会按照任务的重要性程度分配时间、精力等认知资源，优先选择自己认为更重要的任务。同样地，独董会把自己有限的关注（时间和精力）按照任职公司的重要性进行分配，基于理性经济人假设，独董将以不同公司带来的相对激励大小（回报）作为衡量重要性的依据。因此，在测度独董薪酬激励和声誉激励大小时应该考虑独董多席位任职的现实情况，保证每个公司层面度量的激励程度都能恰当反映独董感知的该公司的重要性。因此，本书提出的第三层面问题是，在考虑独董多席位任职可能性的情况下，使用相对指标衡量的独董薪酬激励和声誉激励是否能够提高 CEO 薪酬契约有效性？作为独董激励的两个重要维度独董薪酬激励和声誉激励之间的关系如何，是否起到互补作用？此外，高监督水平的独董应该具备高独立性（即低独董—CEO 关联）和充分激励两个条件，其中独立性为独董监督 CEO 薪酬契约提供坚定的行动立场，激励机制为独董积极履职提供行动意愿和动力保障，独董独立性和充分激励之间应该存在着互补关系而非替代关系。因此，本书将进一步考察排除独董—CEO 社会关联后的独董社会独立性和独董激励是否共同提高 CEO 薪酬契约有效性。同时，进一步考察 CEO 权力和是否为主任独董如何调节高监督水平的独董对 CEO 契约有效性的影响。

基于以上三个方面的逻辑分析，本书形成如下整体逻辑框架，列示于图 3 -1。

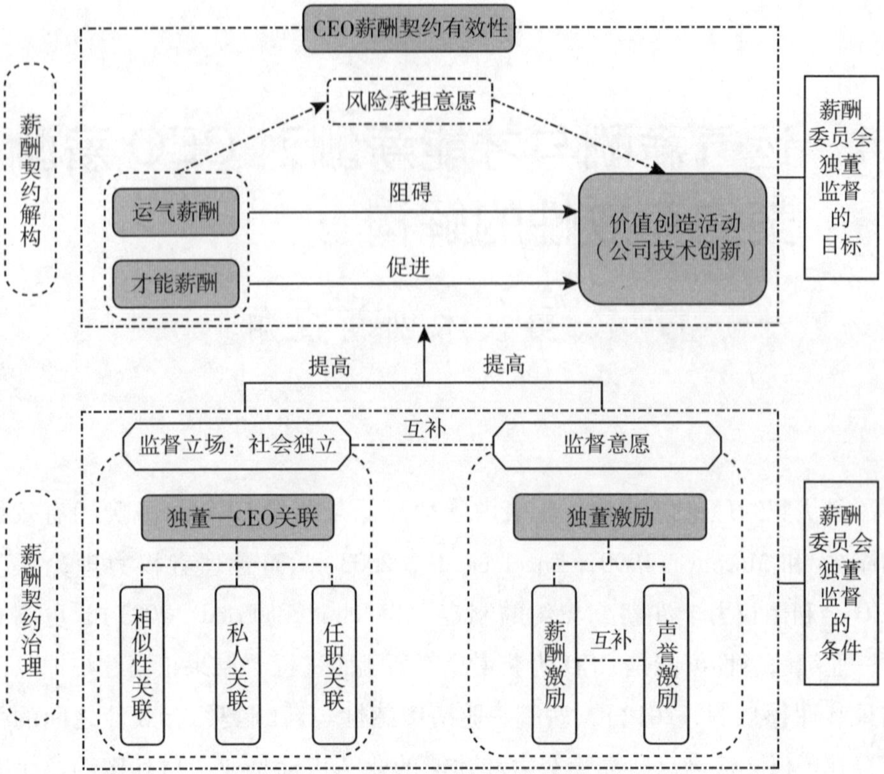

图 3-1　本书的理论逻辑框架

4 运气薪酬与才能薪酬对 CEO 薪酬契约有效性的解构

——基于公司技术创新视角

最优契约理论以薪酬—业绩敏感性高低来衡量 CEO 薪酬契约有效性（Jensen 和 Murphy，1990；Engel et al.，2003），而管理者权力理论认为 CEO 会利用权力干涉薪酬契约的制定（Bebchuk 和 Fried，2003），更高薪酬—业绩敏感性可能是 CEO 为获得超额薪酬而进行"结果正当性辩护"的结果（谢德仁等，2012），薪酬—业绩敏感性与薪酬契约有效性之间的关系存在争议。恰当反映高管努力和才能的业绩指标是业绩付薪契约产生有效激励的关键（Bushman 和 Smith，2001），学者们开始关注业绩指标的异质性在激励契约中的作用（吴世农等，2010），高管凭借运气业绩获得薪酬是其中一个重要的研究分支（Bertrand 和 Mullainathan，2001）。

现有文献发现，将公司业绩分解为运气业绩和才能业绩后，CEO 不但因才能业绩获得薪酬而且会因运气业绩获得薪酬，具有薪酬—运气业绩敏感性（Bertrand 和 Mullainathan，2001；邓晓岚等，2015），并且成为 CEO 为超额薪酬辩护的工具（罗进辉等，2018），CEO 基于运气业绩而获得运气薪酬的现象在中国上市公司中普遍存在（杨青等，2014；邓晓岚等，2015；贾凡胜，2018；Shang et al.，2020）。虽然主流观点认为将运气业绩归为付薪业绩是 CEO 经济抽租的一种方式，但是仍有研究认为运气薪酬有助于保留人才（Oyer，2004；Liu et al.，2021）和鼓励 CEO 实施探索战略（Gopalan et al.，2010），因此有必要基于 CEO 薪酬契约有效性的本质内涵，从运气薪酬和才能薪酬的经济后果考察二者是否提供有效激励，以运气薪酬与才能薪酬对CEO薪酬契约有效性进行解构，这对普遍存在运气薪酬的中国上市公司尤为重要。有效的激励机制应该能够激励CEO克服风险厌恶心理为增加股东财富而努力（Jensen和Meckling，1976），能够促进CEO从事公司价值创造活动是判断CEO薪酬契约有效性的基本标准。然而目前的研究并没有进一步给出CEO薪酬契约中基于运气业绩的薪酬（即运气薪酬）和基于才能业绩的薪酬（即才能薪酬）如何影响公司价值创造的证据。由于未来会计业绩（ROA或ROE）本身可能包含运气成分，不是价值创造的恰当度量。公司创新是价值创造和保持长远竞争优势的关键（Moshirian et al.，2021），创新产出可以作为价值创造活动的度量。创新具有高风险和长期性特征，CEO作为风险规避的理性人，具有规避风险投资项目的内在动机，设计恰当的薪酬激励机制以促进CEO积极承担风险、发挥才能在公司创新活动中十分重要（方军雄等，2016）。因此，能否促进公司技术创新为从运气薪酬和才能薪酬解构CEO薪酬契约有效性提供了研究视角。

基于此，本章提出以下具体问题：从公司技术创新这一价值创造活动的角度看，CEO基于运气业绩获得的薪酬支付是否降低了CEO薪酬契约有效性？CEO基于才能业绩获得的薪酬支付是否提高了CEO薪酬契约有效性？这种影响是通过何种路径产生的？本章重点分析并检验运气薪酬与才能薪酬对CEO从事公司创新活动的影响，建立计量模型，以2007~2018年A股非金融公司为样本进行实证研究：首先，验证样本期间上市公司CEO薪酬契约中是否存在运气支付，这是本章后续研究的基础；其次，研究运气薪酬和才能薪酬对公司创新的影响，以检验CEO薪酬契约是否有效；再次，检验CEO风险承担意愿是否是运气薪酬和才能薪酬影响公司创新的中介路径；最后，为进一步证明运气薪酬、才能薪酬与CEO薪酬契约有效性的关系，考察运气薪酬与才能薪酬是否影响公司价值。

4.1 理论分析与研究假设

4.1.1 公司技术创新视角下运气薪酬与 CEO 薪酬契约有效性

创新是公司获得竞争优势的源泉，是公司价值创造的关键（Moshirian et al.，2021），然而相较于常规性生产经营和投资决策，公司创新具有高风险性、特质性和长期性特征，恰当的 CEO 激励机制对促进公司创新十分重要（李春涛和宋敏，2010；Lin et al.，2011；方军雄等，2016）。在委托代理框架下，出于维护各自利益的考虑，公司股东与 CEO 在面对创新决策时会有不同的选择。首先，基于风险分散视角。股东通常可以通过建立多元化资本组合分散特质风险对个人财富的影响（解维敏，2018），因此会更积极地捕捉投资机会，推动公司创新活动；而 CEO 个人财富与其所在公司投资决策密切相关，只能通过公司内部的投资项目进行风险分散，受资源禀赋的影响难以进行有效的风险分散。因此，作为理性经济人，CEO 具有抵制创新投资的动机。其次，基于创新特质性视角。熊彼特创新理论认为创新的本质是建立一种新的生产函数，以一种从未出现过的生产要素组合和生产条件来生产产品或提供劳务（Lin，2011）。这种创新的特质性使公司获得排他的竞争优势，为赚取超额收益提供保障，股东有动机推进创新活动；然而创新的特质性对于 CEO 来说，意味着不同创新项目之间相较于常规的生产经营和投资决策没有更多的可借鉴性，必须进行更多的探索与经验积累，通常伴随较高的失败几率，CEO 出于规避风险考虑不愿意从事创新活动。最后，基于创新长期性视角。根据公司持续经营假设，股东财富来源于未来持续现金流的折现，股东更关注公司的成长性和长远利益。创新一般需要经过研究和开发两个阶段，需要在短期内投入较多的资源，目的是在未来获取更多的现金流入，因此创新的长期性决定它是为公司长远利益服务的（陈华东，2016），股东出于更长的决策视野会积极推动公司创新。相较于公司整个存续期间，CEO 在公司任职时间有限，出于职业生涯规划考虑，CEO 通常不愿意投资周期较长的项目，特别是创新活动收益的滞后性和结果的不确定，很可能导致前期成本和失败风险由 CEO 承担而收益由继任者享受（张兆国等，2014），为规避风险 CEO 更愿意将资源配置于其他周期更短、风险更小的投资项目，从而减少创新投资（Holmstrom，1989）。所有权与经营权分离的情况下，股东根据自己风险偏好设定目标，而董事会或薪酬委员会通过设计有效的薪酬契约激励 CEO 选择匹配的战略（Xue，2007）。因此，为实现股东通过创新获得竞争优势的目标，必须设计恰当的薪酬激励机制，激励 CEO 主动承担风险以推动公司创新。

有效契约理论认为按业绩付薪能够将 CEO 个人利益与股东财富增长紧密联系起来，激励 CEO 积极采取增加股东财富的行为（Jensen 和 Murphy，1990；Engel et al.，2003）。其中隐含的逻辑是，作为给付薪酬条件的业绩不仅要能够衡量股东财富的增加，还要反映 CEO 才能和精力的付出，由此每单位业绩给付薪酬越多意味着给 CEO 付出的单位定价越高，越能激励其努力工作推动业绩提升，最终促进股东财富的增长。因此，有效契约理论成立的前提是衡量业绩的指标必须能够有效地反映 CEO 的管理才能与努力程度（Bushman 和 Smith，2001），CEO 不应该因努力和才能以外的因素获得薪酬。然而现有文献发现，上市公司业绩可以分解为由高管才能和努力程度决定的才能业绩以及不能由高管控制的运气因素决定的运气业绩两部分，CEO 薪酬与运气业绩之间存在显著的敏感性（Bertrand 和 Mullainathan，2001；邓晓岚等，2015），这种基于运气业绩获得的薪酬即运气薪酬。管理者权力理论认为运气薪酬是 CEO 影响薪酬契约制定的结果，Bertrand 和 Mullainathan（2001）发现高管薪酬对石油价格、汇率变动和行业业绩等运气因素存在显著敏感性，且治理状况差的公司运气薪酬更严重。CEO 薪酬契约中包含更多的运气薪酬，意味着 CEO 薪酬变化受到不可控因素波动的影响越大，即使 CEO 仅通过行业运气或市场走势也能获得更多的回报，致使基于这部分业绩给付的薪酬并不能激励 CEO 采取积极的行动以创造公司价值，反而会降低 CEO 主动承担风险的意愿。已有研究发现 CEO 会主动选择股权激励的时机以获得市场走势带来的运气薪酬（Bebchuk et al.，2010；Ongsakul et al.，2022），这种运气薪酬的获得会降低 CEO 投资高风险、长期限项目的动机，表现出公司创新水平更低（Koo 和 Kim，2019）。

值得注意的是，部分文献从劳动力市场和战略决策假说对运气薪酬无效质疑（Oyer，2004；Gopalan et al.，2010）。劳动力市场假说认为公司进行运气薪酬支付是为了留住经理人市场中具有更高才能的高管。Oyer（2004）建立理论模型认为高管外部就业机会取决于行业和市场业绩，劳动力市场中人才会流向报酬更高的岗位，并且重新寻找高管或重新签订合同对公司来说成本高昂，因此公司为留住有才能的高管需要给予行业运气的薪酬溢价。Liu et al.（2021）研究发现，具有更多社会网络关系的 CEO 获得更多的运气薪酬，并认为具有社会网络关系的 CEO 能为公司带来更多信息和资源，而为 CEO 支付运气薪酬有助于公司留住这些 CEO，并促使其为公司价值创造付出自身资源，董事会定期支付运气薪酬可能是最优薪酬契约。战略决策假说认为高管获得运气支付能够激励他们在不同行业或领域做出最具潜力战略选择。Gopalan et al.（2010）认为当考虑到 CEO 战略决策会影响公司获得更多行业业绩可能性时，高管运气薪酬则成为有效薪酬契约的组成部分。他们分析指出，由于 CEO 能够通过资本预算决定公司在具体行业的新增投资，而是否新增投资取决于 CEO 对该行业前景的判断，因此将行业业绩（即可观测的运气）作为薪酬支付的依据有利于激励 CEO 选择更具潜力的投资方向。可见，为 CEO 支付运气薪酬无论出于保留高才能高管还是激励高管进行领域探索，均可能为 CEO 提供更高水平的激励，从而对创新产生积极影响。

由此，本书提出以下两个对立假设：

假设 4.1a：在其他条件不变的情况下，CEO 获得的运气薪酬越多，提供的薪酬激励水平越低，公司创新水平越低。

假设 4.1b：在其他条件不变的情况下，CEO 获得的运气薪酬越多，提供的薪酬激励水平越高，公司创新水平越高。

4.1.2 公司技术创新视角下才能薪酬与 CEO 薪酬契约有效性

在委托代理框架下，按才能业绩付薪能否为 CEO 提供恰当的激励以促进创新战略的实施尚没有一致的结论。根据有效契约理论，如果找到合适的业绩指标来反映 CEO 的管理才能和努力程度，那么以此作为给付薪酬的标准能够有效地激励 CEO 按照股东的利益行事（Bushman 和 Smith，2001），这种基于才能业绩而获得的薪酬即才能薪酬，CEO 薪酬—才能业绩敏感性越高意味着才能业绩每变化一个单位获得的才能薪酬越多。已有研究发现基于公司业绩付薪的薪酬有助于 CEO 提高投资决策效率以创造公司价值（Jensen 和 Murphy，1990）。权小峰等（2010）以公司业绩排除盈余管理后的部分表示经理人努力结果的才能业绩，并将与此部分业绩挂钩的薪酬称为激励薪酬，发现激励薪酬越高公司 Tobin – Q 越高。创新是获得长期价值增长的驱动力（Kogan et al.，2017），提高 CEO 风险承担意愿是激励 CEO 从事创新投资的内在逻辑，更高的薪酬—才能业绩敏感性促使 CEO 更愿意承担风险（方军雄等，2016）。薪酬—业绩敏感性是薪酬波动与业绩波动的比值，反映公司承担风险（业绩波动）传至 CEO 承担风险（薪酬波动）的联动性，高敏感性意味着薪酬变动与业绩变动具有更强联动性，是回报与努力之间对应性的体现。假设两者的相关系数为 a，本期进行创新投入导致当期业绩下降 1%，此时导致薪酬相应下降 a%，但如果后续创新成功（只有成功才能真正创造价值）将会使公司获得排他的竞争优势，为赚取超额收益提供保障，那么业绩会因技术提高显著上升。同时前期创新投入导致业绩下降到一个较低的水平，此时业绩上升的百分比会更大，比如可能是 5% 或更高，那么薪酬自然也会相应提高 5a% 或更高，可见 a 越高 CEO 将获得的风险报酬越大。因此从这一过程看，努力与回报之间更高的联动性会提高 CEO 技术创新意愿，即 CEO 因才能获得的薪酬越多，越能激励其积极参与价值创造活动，公司创新水平越高。李春涛和宋敏（2010）和 Lin 等（2011）基于世界银行对中国 18 个城市的部分制造业公司调查数据的研究表明，在薪酬契约中无论是基于销售收入的薪酬支付条款还是基于利润的薪酬支付条款均促进了公司创新。方军雄等（2016）以1999~2014年A股非金融上市公司为样本，发现薪酬—业绩敏感性越高公司创新水平越高，并认为提高CEO风险承担意愿是薪酬契约发挥作用的内在原因。

然而，也有文献发现才能业绩付薪会导致CEO进行短视决策进而损害公司价值。创新前期投入大、且成功率低，按照现行财务会计准则的规定，创新活动的研究阶段支出应计入当期损益，如果创新研发最终失败也会将已经资本化的支出转入当期损益，导致创新活动会对短期会计业绩产生不利影响。当按照当期经营业绩付薪时，CEO为获得更高的薪酬会削减创新投资以降低对当期经营业绩的不利影响（Cheng，2004）。解维敏（2018）认为业绩付薪导致经理人短视决策，降低公司创新并且对需要投入资金更多的创新活动表现出更强的抑制性。Xue（2007）发现，当公司获得新技术可以通过"购买"和"研发"两种战略实现时，基于短期业绩的付薪越多CEO越倾向于选择"购买"战略，以规避"研发"战略带来的高度不确定性。激励CEO进行创新研发活动必须在激励方案中设计允许甚至奖励早期失败的条款并对长期成功给予相应的回报（Manso，2011；Francis et al.，2020），因此在薪酬契约中加入权益薪酬（如限制性股票、期权）等与长期业绩相关激励能够起到促进公司创新的作用（Sheikh，2012；Mao和Zhang，2018）。中国上市公司实施股权激励计划比重较低，据德勤咨询发布的《2018~2019年度中国A股上市公司高管薪酬与长期激励调研报告》，2006~2018年仅有累计1406个公司年度公布股权激励计划。因此，学者们重点关注薪酬契约中加入具备"薪酬黏性"的短期业绩条款以实现对早期失败的容忍和提高CEO风险承担意愿（步丹璐和文彩虹，2013；徐悦等，2018）。薪酬黏性是指业绩上升时的薪酬—业绩敏感性相较于业绩下降时更大（方军雄，2009），具备"重奖轻罚"的特征，徐悦等（2018）研究发现薪酬黏性能够促进公司创新投资水平，并且在业绩下降时如果能够给予薪酬略微增长的"奖劣"更能体现"容忍失败"的作用，提高创新效率。这种"重奖轻罚"和"奖劣"的作用意味着在业绩下降时更高的薪酬—才能业绩敏感性不利于公司创新。

基于以上分析，本书提出以下两个对立假设：

假设4.2a：在其他条件不变的情况下，CEO获得的才能薪酬越多，提供的薪酬激励水平越高，公司创新水平越高。

假设4.2b：在其他条件不变的情况下，CEO获得的才能薪酬越多，提供的薪酬激励水平越低，公司创新水平越低。

4.2 研究设计

4.2.1 样本选择与数据来源

2020年初疫情对经济社会产生巨大冲击，沪深交易所官网双双发布《关于支持上市公司做好2019年年度报告审计与披露工作的通知》，规定上市公司可以最迟至2020年6月30日披露2019年年报，可能会影响上市公司经营管理以及董事会监督职能的发挥。为规避2019年上市公司数据可能给研究设计带来不确定性的影响，本书以2007~2018年中国A股上市公司为初始样本，并进行以下样本筛选：（1）删除金融类行业公司；（2）删去在交易所非正常交易公司年度；（3）删除CEO薪酬过低（小于1万元人民币）的公司年度；（4）为保证CEO获得薪酬与会计期间的对应性，删除CEO任职不足一年的公司年度；（5）删除指标变量缺失的样本，最终本章共得到18245个公司年度样本观测值。公司特征数据和CEO个人特征数据均来自国泰安（CSMAR）数据库，CEO个人特征缺失的数据用Wind数据库进行补充，专利申请和授权数据来源于CNRDS数据库。本书对所有连续变量进行1%和99%分位的缩尾处理，具体统计分析采用Stata16.0软件。

4.2.2 变量定义

（1）才能业绩与运气业绩

本书借鉴Bertrand和Mullainathan（2001）、Garvey和Milbourn（2006）

以及邓晓岚等（2015）的做法，建立模型（4－1），先估算公司业绩中的运气业绩，然后将总业绩扣除运气业绩得到才能业绩。

$$Perf_{it} = \alpha Select\_Perf_{it} + \beta Year + \varepsilon_{it} \quad (4-1)$$

$$Luck_{it} = \hat{\alpha} Select\_Perf_{it} + \hat{\beta} Year \quad (4-2)$$

在模型（4－1）中，Perf 代表公司 i 的业绩，通过将净利润除以总资产得到 ROA 表示。Select_Perf 表示除本公司以外的行业内其他公司的 ROA 加权平均计算得到的行业平均业绩。行业平均业绩的变化是各种经济因素对该行业综合作用的结果，将本公司的业绩排除在外计算得出行业平均业绩，可视为不可控的运气。Year 代表年份虚拟变量，控制当年的整体宏观经济形势。对模型（4－1）进行回归计算出 α、β 的估计值并代入方程（4－2），由方程（4－2）估计得出 Luck，表示运气因素所产生的运气业绩。Perf 与 Luck 的差值则代表了公司层面和管理者层面由管理者才能带来的才能业绩，记为 Skill。

（2）CEO 薪酬

CEO 薪酬虽然包括货币薪酬和权益薪酬两部分，但是目前我国股权激励并不普遍，并且所占比重也比较小（方军雄，2011；邓晓岚等，2015），因此本书借鉴邓晓岚等（2015）的做法，采用货币薪酬来衡量 CEO 的薪酬记为 CEOPay。为了消除规模的影响，并方便计算敏感性，取自然对数，记为 LnCEOPay。在稳健性测试部分，同时考虑 CEO 权益薪酬部分，以期末 CEO 持有股份市场价值表示，即 CEO 薪酬为货币薪酬与权益薪酬之和，为消除规模影响并方便计算敏感性，取自然对数，记为 LnCEOPay2。

（3）运气薪酬与才能薪酬

本书将 CEO 薪酬中基于运气业绩获得的薪酬称为运气薪酬，基于才能业绩获得的薪酬称为才能薪酬，前者是薪酬—运气业绩敏感性与运气业绩决定的部分，后者是薪酬—才能业绩敏感性与才能业绩决定的部分。本书借鉴已有研究（Hwang 和 Kim，2009；唐松和孙铮，2014）的思路，建立薪酬决定模型（4－3），提取由运气业绩和才能业绩决定部分并分别除以 CEO 薪酬（LnCEOPay），用以衡量运气薪酬（LuckPay）和才能薪酬

(SkillPay)。具体如下：

$$LnCEOPay_{i,t} = \alpha_0 + \alpha_1 Luck_{i,t} + \alpha_2 Skill_{i,t} + \beta Control1_{i,t} + \varepsilon_{it} \tag{4-3}$$

$$LuckPay_{i,t} = \hat{\alpha}_1 Luck_{i,t} / LnCEOPay_{i,t} \tag{4-4}$$

$$SkillPay_{i,t} = \hat{\alpha}_2 Skill_{i,t} / LnCEOPay_{i,t} \tag{4-5}$$

其中，$Control1_{i,t}$表示影响CEO薪酬的控制变量，借鉴已有研究（Hwang和Kim，2009；唐松和孙铮，2014；邓晓岚等，2015），包括：①公司财务特征变量：公司规模（Size）、资产负债率（Lev）、公司成长性（MTB）、公司风险（Volatility）；②公司治理特征变量：董事长与CEO是否两职合一（Dual）、董事会规模（NBoard）、董事会独董占比（Indd）、第一大股东持股比例（LShare）、CEO持股比例（CEOHold）；③CEO个人特征，任期（CEOTenure）、年龄（CEOAge）；④其他虚拟变量：行业（Industry）、年度（Year）、东部地区（East）、产权（State）。具体变量定义见表4-1。

此外，在稳健性测试部分，本书还借鉴Brick等（2006）和朱滔（2015）的做法使用模型作差法，衡量运气薪酬和才能薪酬；使用方军雄等（2006）时间序列滚动回归方法，提取薪酬—运气业绩敏感性和薪酬—才能业绩敏感性，以衡量运气薪酬和才能薪酬。具体在稳健性测试部分作进一步介绍。

（4）公司技术创新

公司技术创新衡量指标通常有创新投入和创新产出两类，前者通常使用R&D投入，后者使用专利指标。创新产出被广泛认为是度量公司创新的最直接和最准确指标（姚立杰和周颖，2018；解维敏，2018；李庆华等，2021），本章借鉴姚立杰和周颖（2018）、李庆华等（2021）的做法，采用专利申请数作为衡量创新水平的主要指标，而将专利授权数作为衡量创新水平的辅助指标用于稳健性检验部分。其中，关于专利申请数的度量，考虑创新产出成果的延后性以及避免反向因果的内生性问题，本章首先采用下一年的专利申请数加1之后取自然对数，记为LnPatent1；其次考虑到专利类型中的发明专利、实用新型专利和外观设计专利在创新程度和经济价值等方面的贡献不同，参考张振刚等（2016）的做法，分别将下一年的发明专利、实用新型专利和外观设计专利的申请数量权重赋值为0.5、0.3、0.2，然后求加权平均后的专利申请总数，再加1之后取自然对数，记为 LnPatent2。

4.2.3 模型设定

为了检验运气薪酬及才能薪酬对公司创新的影响，本书参考现有研究（姚立杰和周颖，2018；李庆华等，2021），建立模型（4－6），具体如下：

$$LnPatent_{i,t+1} = \alpha_0 + \alpha_1 X_{i,t} + \beta Control2_{it} + \varepsilon_{it} \tag{4-6}$$

其中，$LnPatent_{i,t+1}$表示公司下一年创新水平，包括 LnPatent1 和 LnPatent2 两个变量；$X_{i,t}$表示公司当年运气薪酬（LuckPay）或才能薪酬（SkillPay）；$Control2_{i,t}$表示控制变量，包括，①公司当年的财务特征：公司规模（Size）、资产负债率（Lev）、公司成长性（MTB）、自由现金流量（CF）、公司年龄（FirmAge）、固定资产密集度（PPE）；②公司治理特征：第一大股东持股比例（LShare）、董事长与 CEO 是否两职合一（Dual）、CEO 持股比例（CEOHold）、董事会规模（NBoard）、董事会独董占比（Indd）③其他虚拟变量：行业（Industry）、年度（Year）、产权（State）。具体定义见表4－1。

表4－1　　变量定义表

变量名称	变量符号	变量定义或计算
CEO 薪酬	LnCEOPay	上市公司当年 CEO 货币薪酬的自然对数
运气业绩	Luck	上市公司当年业绩的运气部分，具体定义见式（4－2）
才能业绩	Skill	上市公司当年业绩的才能部分，为总资产净利率减去 Luck
运气薪酬	LuckPay	CEO 薪酬中由运气业绩决定的部分，具体见式（4－4）
才能薪酬	SkillPay	CEO 薪酬中由才能业绩决定的部分，具体见式（4－5）
公司技术创新	LnPatent1	（下一年专利申请数＋1）的自然对数
	LnPatent2	（下一年不同类型专利申请数的加权平均值＋1）的自然对数，发明专利、实用新型专利和外观设计专利权重分别为：0.5、0.3、0.2

续表

变量名称	变量符号	变量定义或计算
公司规模	Size	总资产账面价值取自然对数
资产负债率	Lev	负债账面价值与总资产账面价值之比
公司成长性	MTB	市账比，（权益市场价值+负债账面价值）/总资产账面价值
公司风险	Volatility	公司当年12个月的月度股票收益率标准差
两职合一	Dual	当董事长与总经理两职合一时取1，否取0
董事会规模	NBoard	董事人数取自然对数
独董比例	Indd	独董占董事会总人数比例
大股东持股	LShare	第一大股东的持股数/总股数
CEO持股比例	CEOHold	CEO持股数/总股数
CEO任期	CEOTenure	截至当年末CEO任职期限，以年表示并取自然对数
CEO年龄	CEOAge	截至当年末CEO年龄，并取自然对数
产权性质	State	如果最终控制人性质为国有，赋值为1，否则为0
东部地区	East	按照公司注册地划分为东部地区，取值1，否则取值0
自由现金流	CF	研发投入前自由现金流①/总资产
公司成立年限	FirmAge	公司成立年限的自然对数（精确到月）
固定资产密集度	PPE	固定资产/总资产
行业虚拟变量	Industry	依据2012年证监会行业分类，制造业细分为二级分类，共计21个行业，故设20个虚拟变量
年度虚拟变量	Year	2007~2018年度，故设11个虚拟变量

① 考虑到经营活动现金流量净额首先应该满足购建固定资产等维持经营管理的投资活动所需现金，同时研发投入费用化支出计入经营活动现金流出，而资本化支出计入投资活动中购建固定资产、无形资产和其他长期资产支付的现金流出，因此研发投入前自由现金流为公司经营活动产生的现金流量净额减去购建固定资产、无形资产和其他长期资产支付的现金加上研发投入金额。

4.3 实证检验与分析

4.3.1 变量描述性统计结果分析

表4－2为本章实证检验中主要变量描述性统计结果。从 CEO 薪酬（CEOPay）看，最大值为457.07万元，最小值为6.83万元，均值为72.63万元，而标准差达到69.39，说明样本期间不同公司年度 CEO 薪酬两极分化严重，且个体差异较大。从运气业绩（Luck）看，均值为0.032，最大值为0.065，最小值为0.001，说明上市公司存在运气业绩且不同公司直接差距较大；从能力业绩（Skill）看，均值为0.003①，标准差为0.054，最大值为0.147，最小值为－0.237，说明上市公司的 CEO 才能业绩的极好和极差的差距很大，且个体差异也很大，也凸显出 CEO 才能对于公司经营的重要性。从公司创新看，两个指标 LnPatent1 和 LnPatent2 均值分别为2.542和1.797，标准差分别为1.820和1.580，表明样本期间不同公司之间的创新水平差距很大。

表4－2　　　　主要变量描述性统计结果

变量	观测值	均值	标准差	最大值	中位数	最小值
CEOPay②	18245	72.63	69.39	457.07	53.70	6.83
Luck	18245	0.032	0.013	0.065	0.030	0.001
Skill	18245	0.003	0.054	0.147	0.002	－0.237
LnPatent1	18245	2.542	1.820	6.994	2.708	0
LnPatent2	18245	1.797	1.580	6.168	1.609	0
Size	18245	22.06	1.227	25.80	21.90	19.76

① 本书对所有连续变量进行上下1%分位上的缩尾处理，因此 Skill 的均值没有取到0，但很接近于0。

② 为了便于统计，这里使用 CEO 年度薪酬并以万元为单位，与其他连续变量一致在上下1%分位上进行缩尾处理。如果不进行缩尾处理，样本观测值中 CEO 最大薪酬为3296万元，最低薪酬为1万元。

续表

变量	观测值	均值	标准差	最大值	中位数	最小值
Lev	18245	0.429	0.205	0.892	0.424	0.051
MTB	18245	2.564	1.741	10.46	2.009	0.868
Volatility	18245	0.135	0.066	0.427	0.120	0.044
Dual	18245	0.270	0.444	1	0	0
NBoard	18245	2.147	0.198	2.708	2.197	1.609
Indd	18245	0.372	0.0520	0.571	0.333	0.333
LShare	18245	34.98	14.80	74.09	33.22	8.720
CEOHold	18245	0.0480	0.111	0.517	0	0
CEOAge	18245	3.881	0.133	4.174	3.892	3.497
CEOTenure	18245	1.376	0.653	2.683	1.394	0.030
East	18245	0.692	0.462	1	1	0
State	18245	0.398	0.489	1	0	0
FirmAge	18245	2.693	0.400	3.401	2.773	1.386
CF	18245	0.006	0.083	0.225	0.009	-0.237
PPE	18245	0.223	0.163	0.715	0.190	0.002

4.3.2 CEO 薪酬契约中运气薪酬的存在性

本章研究核心是从公司创新角度检验 CEO 薪酬契约中存在的基于运气业绩的支付（即运气薪酬）和基于才能业绩的支付（即才能业绩）是否影响 CEO 薪酬契约有效性，因此前提是验证样本期间上市公司是否存在薪酬—运气业绩敏感性和薪酬—才能业绩敏感性，即运气薪酬和才能薪酬是否存在。因此，本章首先对模型（4-3）进行 OLS 回归，并采用逐步加入控制变量回归方法，以检验运气薪酬和才能薪酬是否稳健存在，表 4-3 为回归结果。

从表 4-3 的列（1）至列（3）可以看出，运气业绩的回归系数均显著为正，才能业绩的回归系数也均显著为正，且均在 1% 水平上显著，表明样本期间 CEO 薪酬契约存在薪酬—运气业绩敏感性和薪酬—才能业绩敏感性，即 CEO 薪酬契约中存在基于运气业绩的支付和基于才能业绩的支付；同时从回归系数看，薪酬对运气业绩的敏感性相较于对才能业绩的敏感性更高，与已有研究类似（邓晓岚等，2015）。从控制变量来看。财务特征方面：公司规模（Size）、成长性（MTB）更高的公司中 CEO 获得更高的薪酬，而财务风险（Lev）和股票收益波动（Volatility）更高的公司中 CEO 获得更低的薪酬；公司治理特征方面：两职合一（Dual）与董事会规模（NBoard）更大的公司中 CEO 获得更高薪酬，这与管理者权力理论相一致，但董事会中独董比例（Indd）并没有显著影响 CEO 薪酬，很有可能是独董比例仅表征形式独立性，第一大股东持股比例（LShare）越大的公司 CEO 薪酬越低，与大股东监督效应一致，而 CEO 持股比例（CEOHold）与 CEO 薪酬契约负相关则体现 CEO 持股后与股东之间存在利益趋同效应。

表 4-3　　CEO 薪酬契约中运气薪酬的存在性

变量	(1)	(2)	(3)
	LnCEOPay	LnCEOPay	LnCEOPay
Luck	4.136*** (3.84)	4.356*** (4.26)	4.097*** (4.11)
Skill	3.261*** (30.19)	2.616*** (22.13)	2.670*** (22.82)
Size	—	0.257*** (41.76)	0.258*** (40.45)
Lev	—	-0.178*** (-5.19)	-0.129*** (-3.78)
MTB	—	0.039*** (9.08)	0.041*** (9.52)
Volatility	—	-0.327*** (-3.19)	-0.312*** (-3.08)
Dual	—	—	0.104*** (7.72)

续表

变量	(1)	(2)	(3)
	LnCEOPay	LnCEOPay	LnCEOPay
NBoard	—	—	0. 146 *** (4. 76)
Indd	—	—	0. 074 (0. 68)
LShare	—	—	-0. 004 *** (-11. 82)
CEOHold	—	—	-0. 401 *** (-7. 71)
CEOAge	—	—	0. 253 *** (6. 29)
CEOTenure	—	—	-0. 003 (-0. 38)
East	—	—	0. 216 *** (19. 48)
State	—	—	-0. 037 *** (-2. 95)
Industry	控制	控制	控制
Year	控制	控制	控制
_cons	12. 643 *** (40. 53)	6. 807 *** (19. 38)	5. 524 *** (14. 78)
N	18245	18245	18245
Adj_R^2	0. 149	0. 256	0. 285
F	86. 691	146. 380	140. 352

注：表中括号内数字为 t 值；系数上标 ***、**、* 分别表示在 1%、5%、10% 水平上显著，后文同。

4.3.3 公司创新视角下运气薪酬与才能薪酬对 CEO 薪酬契约有效性的解构

为检验假设 4. 1a 和假设 4. 1b、假设 4. 2a 和假设 4. 2b，本书以运气薪酬 LuckPay、才能薪酬 SkillPay 为解释变量，以公司创新 LnPatent1 和 LnPatent2 作为被解释变量对模型（4 - 6）进行 OLS 回归，表 4 - 4 为回归结果。

首先，表 4 - 4 的列（1）和列（2）为运气薪酬对公司创新影响的回归结果。LuckPay 回归系数均在 1% 水平上显著为负，表明 CEO 薪酬契约中基于运气业绩获得的支付越多，公司创新水平越低，支持假设 4. 1a，拒绝假设 4. 1b。该结果表明，当 CEO 薪酬更多由行业运气或市场走势决定时，即公司运气业绩带来的 CEO 运气薪酬越多会诱导 CEO 不作为，出于风险规避的考量 CEO 更不愿意主动寻求高风险的投资项目，从而阻碍公司创新。因此，从创新角度看，CEO 薪酬契约中存在运气支付无法激励 CEO 积极采取行动以创造公司价值，说明基于运气业绩支付薪酬会削弱 CEO 薪酬契约有效性。

其次，表 4 - 4 的列（3）和列（4）为才能薪酬对公司创新影响的回归结果。SkillPay 的系数均在 1% 水平上显著为正，表明 CEO 薪酬契约中基于才能业绩获得的薪酬支付越多，公司创新水平越高，支持假设 4. 2a，拒绝假设 4. 2b。该结果表明，当 CEO 薪酬更多由自身努力成果决定时，即公司才能业绩带来的 CEO 才能薪酬越多能够有效激励 CEO 按照股东利益行事，积极从事价值创造活动，这也回应 Bushman 和 Smith（2001）所指出的，有效的薪酬契约中应该以能够客观、敏感地反映 CEO 管理才能和努力程度的指标作为给付薪酬标准的论断。因此，从创新角度看，依据才能业绩支付的薪酬契约是有效的 CEO 薪酬契约。此外，表 4 - 4 的列（5）和列（6）同时考虑了运气薪酬（LuckPay）和才能薪酬（SkillPay）对公司创新影响的回归结果。可以看出，LuckPay 的系数均显著为负，SkillPay 的系数均显著为正，进一步支持假设 4. 1a 和假设 4. 2a。

表4-4　运气薪酬与才能薪酬对公司创新的影响

变量	(1)	(2)	(3)	(4)	(5)	(6)
	LnPatent1	LnPatent2	LnPatent1	LnPatent2	LnPatent1	LnPatent2
LuckPay	-34.890*** (-5.55)	-27.350*** (-5.06)	—	—	-27.391*** (-4.36)	-22.008*** (-4.07)
SkillPay	—	—	13.225*** (12.02)	9.466*** (9.79)	12.725*** (11.53)	9.065*** (9.36)
CF	1.205*** (9.73)	1.143*** (10.12)	0.856*** (6.72)	0.893*** (7.71)	0.862*** (6.77)	0.898*** (7.75)
Size	0.609*** (49.22)	0.574*** (49.11)	0.575*** (44.73)	0.549*** (45.19)	0.570*** (44.21)	0.546*** (44.76)
Lev	-0.338*** (-5.36)	-0.368*** (-6.65)	-0.055 (-0.83)	-0.167*** (-2.80)	-0.058 (-0.87)	-0.169*** (-2.85)
MTB	0.035*** (4.67)	0.062*** (9.08)	0.016** (2.10)	0.049*** (6.97)	0.017** (2.17)	0.049*** (7.03)
FirmAge	-0.301*** (-10.32)	-0.247*** (-9.19)	-0.295*** (-10.12)	-0.242*** (-9.03)	-0.297*** (-10.18)	-0.244*** (-9.07)
PPE	-1.108*** (-14.41)	-0.990*** (-14.52)	-1.018*** (-13.23)	-0.926*** (-13.55)	-1.011*** (-13.14)	-0.921*** (-13.47)
LShare	-0.002*** (-3.25)	-0.004*** (-6.05)	-0.003*** (-4.49)	-0.005*** (-7.00)	-0.003*** (-4.40)	-0.005*** (-6.93)
NBoard	0.271*** (4.17)	0.262*** (4.38)	0.267*** (4.10)	0.259*** (4.33)	0.265*** (4.07)	0.258*** (4.30)
Dual	0.010 (0.37)	0.021 (0.86)	0.015 (0.58)	0.024 (1.01)	0.014 (0.54)	0.024 (0.98)
CEOHold	0.589*** (5.45)	0.469*** (4.60)	0.526*** (4.87)	0.424*** (4.15)	0.530*** (4.91)	0.427*** (4.19)
Indd	0.741*** (3.26)	0.825*** (3.90)	0.863*** (3.80)	0.911*** (4.30)	0.860*** (3.78)	0.909*** (4.29)

续表

变量	(1)	(2)	(3)	(4)	(5)	(6)
	LnPatent1	LnPatent2	LnPatent1	LnPatent2	LnPatent1	LnPatent2
State	0.025 (1.01)	0.121*** (5.39)	0.047* (1.92)	0.136*** (6.08)	0.048** (1.98)	0.137*** (6.14)
Industry	控制	控制	控制	控制	控制	控制
Year	控制	控制	控制	控制	控制	控制
_cons	-10.241*** (-14.73)	-10.506*** (-14.40)	-10.489*** (-15.08)	-10.756*** (-14.72)	-9.686*** (-13.33)	-10.111*** (-13.41)
N	18245	18245	18245	18245	18245	18245
Adj_R^2	0.484	0.423	0.487	0.425	0.488	0.425
F	434.142	330.285	436.039	332.096	427.194	324.911

4.3.4 作用机制：CEO风险承担意愿

正如本章理论分析指出，所有权与经营权分离的情况下，股东根据自己风险偏好设定目标，而董事会或薪酬委员会通过设计有效的薪酬契约激励CEO选择匹配的战略（Xue，2007）。公司创新是一项重大的投资决策，由于创新具有高风险性，为实现股东设定的通过创新获得竞争优势的目标，必须设计恰当的薪酬激励机制，激励CEO主动承担风险以推动公司创新。因此，本书认为存在“CEO薪酬契约——CEO风险承担意愿——公司创新”的作用路径。为检验CEO薪酬契约中运气薪酬与才能薪酬对公司创新的影响机制，本书通过中介效应检验模型（温忠麟和叶宝娟，2014）来验证CEO风险承担意愿是否发挥中介作用，为此寻找恰当度量CEO风险承担意愿的变量是机制检验的关键。

高管风险承担意愿是高管面临不确定性时的决策态度和倾向，是高管彰显才能和甘愿冒风险的主观愿望，它是一种心理倾向。高管具有这种心理倾向是其从事高风险活动、承担高风险责任的内在动因，而进行高风险活动后带来的公司未来盈余价值或现金流入的不确定性则为风险承担水平。因此，公司业绩波动更适合衡量公司实际风险承担水平，而非 CEO 对待不确定性时决策态度和行为倾向的直接刻画（李庆华等，2021）。实际上，影响风险承担水平的因素，除了决策者的风险承担意愿，还包括诸如宏观经济政策（林朝颖等，2015）、法律环境（Acharya et al.，2011）、产权性质（Boubakri et al.，2013）以及公司治理等因素。因此，高的风险承担水平并不必然反映进行决策的高管具有更高的风险承担意愿，要刻画高管风险承担意愿，需要从行为的角度建立指标。从这个层面看，目前还没有特别恰当的指标度量风险承担意愿，现有研究（董保宝，2014）尝试使用问卷调查的量表度量，但是这种方法无法进行大样本研究，因此针对本章的研究还需要探索适宜的度量指标。高阶理论指出 CEO 特质会影响公司战略选择，公司战略选择在很大程度上由高管心理偏好和行为倾向决定。如果 CEO 选择的战略定位使公司面临高的不确定性，则意味着高管主动接受的风险程度越高，风险承担意愿越强（袁蓉丽等，2019）。已有研究发现公司战略越激进，公司将承担的风险越大（张先治和柳志南，2017）。因此，本书认为使用战略激进程度可以捕捉 CEO 的风险承担意愿。

本书参考已有研究（Bentley et al.，2013；孙健等，2016；刘行，2016）构建公司战略激进度变量。该变量关注公司六个维度的资源配置情况：（1）研发支出占销售收入的比重，该指标反映公司开发新产品的倾向，值越大说明越敢于探索和进入新领域；（2）员工人数与销售收入的比值，该指标反映公司日常生产产品、提供劳务的组织效率，值越大说明组织效率越低，相较于防御型公司，探索型公司更加注重新市场的开拓，对日常生产经营的组织效率要求较低；（3）销售收入的历史增长率，该指标反映公司成长速度，值越大说明成长速度越快，相对于保守地依赖内部缓慢积累而成长的防御型公司来说，探索型公司的不断进取使其快速成长；（4）销售费用和管理费用占销售收入的比重，该指标反映公司市场营销方面的支出程度，值越大说明公司开拓新产品、新市场的力度越大，相对于更注重成本节约的防御型公司来说，探索型公司更愿意投入大量资金挖掘市场机遇；（5）员工人数波动性，该指标反映公司的组织稳定性，值越大说明组织越不稳定，由于探索型公司经常面临项目的更新换代，旧员工的淘汰和新员工的进入使得组织稳定性较弱，而防御型公司由于项目更新速度慢使得组织相对稳定；（6）固定资产占总资产的比重，该指标反映公司的资本密集度，值越大说明以机器设备等为代表的资本密集度越高，防御型公司一般会固化经营流程，强调机器等资本的作用，而探索型公司更注重组织的灵活性，强调人的作用，因此探索型公司资本密集度较低。由于本章度量战略激进度是为捕捉影响公司创新的 CEO 风险承担意愿，因此度量指标中不应再包含研发投入强度这一维度以避免含义的重合，剩余 5 个维度指标均取过去 5 年的均值，其中员工人数波动性用过去 5 年员工人数标准差除以员工人数平均值衡量。此外，对前 4 个指标在“行业—年度内”按大小五等分并对应赋值，最低组赋值为 0，以此类推，最高组赋值为 4；对最后一个维度指标（固定资产占总资产的比重）则五等分后做相反赋值，即最高赋值为 0，直至最低组赋值为 4。最后，对每个公司—年度观测值，将 5 个维度赋值变量相加即得到战略激进度指标，记为 Strat，其取值越高表示战略越激进，也意味着 CEO 愿意承担的风险越高。在得到风险承担意愿的代理变量后，本章通过中介效应检验模型（温忠麟和叶宝娟，2014）来验证 CEO 风险承担意愿是否发挥中介作用，回归结果如表 4－5 和表 4－6 所示。

表 4－5 为运气薪酬对公司创新影响的机制检验结果。首先，从表 4－5 的列（2）和列（5）来看，运气薪酬（LuckPay）的回归系数在 5% 水平上显著为负，表明 CEO 薪酬契约中获得更多运气薪酬时，更不愿意采取激进型战略，意味着 CEO 风险承担意愿更低；其次，从表 4－5 的列（3）和列（6）来看，战略激进度（Strat）的回归系数均在 1% 水平上显著为正，说明 CEO 风险承担意愿能够促进公司创新，同时运气薪酬（LuckPay）的回归系数在 1% 水平上显著为负，但系数绝对值大小相较于表 4－5 的列（1）和列（4）有所降低，即 36. 529 小于 37. 937，26. 280 小于 27. 473。基于此，根据温忠麟和叶宝娟（2014）的观点，战略激进度（Strat）所捕捉的 CEO 风险承担意愿在运气薪酬影响公司创新过程中发挥着部分中介的作用。最后，本章对上述结果进行 Sobel 检验，从表 4－5 列示的中介效应检验统计量 Sobel－Z 值可以看出，分别为－1. 988 和－1. 980，绝对值大于临

界值0.97，进一步说明中介效应显著存在。

表4-5　运气薪酬对公司创新影响的机制检验：CEO 风险承担意愿

变量	(1)	(2)	(3)	(4)	(5)	(6)
	LnPatent1	Strat	LnPatent1	LnPatent2	Strat	LnPatent2
LuckPay	-37.937*** (-4.74)	-34.344** (-2.03)	-36.529*** (-4.58)	-27.473*** (-3.73)	-34.344** (-2.03)	-26.280*** (-3.58)
Strat	—	—	0.041*** (9.37)	—	—	0.035*** (8.61)
CF	1.265*** (8.45)	-0.742** (-2.35)	1.296*** (8.68)	1.177*** (8.54)	-0.742** (-2.35)	1.203*** (8.75)
Size	0.664*** (45.70)	0.009 (0.30)	0.663*** (45.84)	0.616*** (46.09)	0.009 (0.30)	0.616*** (46.21)
Lev	-0.414*** (-5.32)	0.023 (0.14)	-0.415*** (-5.35)	-0.471*** (-6.57)	0.023 (0.14)	-0.472*** (-6.60)
MTB	0.048*** (4.51)	0.218*** (9.79)	0.039*** (3.66)	0.073*** (7.52)	0.218*** (9.79)	0.066*** (6.74)
FirmAge	-0.392*** (-8.32)	-0.706*** (-7.10)	-0.363*** (-7.72)	-0.345*** (-7.95)	-0.706*** (-7.10)	-0.320*** (-7.40)
PPE	-1.162*** (-12.96)	-7.440*** (-39.35)	-0.857*** (-9.01)	-1.063*** (-12.88)	-7.440*** (-39.35)	-0.805*** (-9.19)
LShare	-0.004*** (-4.56)	-0.012*** (-6.08)	-0.004*** (-4.04)	-0.005*** (-6.05)	-0.012*** (-6.08)	-0.005*** (-5.58)
NBoard	0.188** (2.42)	-0.127 (-0.77)	0.193** (2.50)	0.206*** (2.89)	-0.127 (-0.77)	0.211*** (2.96)
Dual	-0.019 (-0.54)	0.051 (0.69)	-0.021 (-0.60)	0.018 (0.55)	0.051 (0.69)	0.016 (0.50)
CEOHold	0.932*** (4.35)	4.390*** (9.72)	0.752*** (3.51)	0.919*** (4.66)	4.390*** (9.72)	0.767*** (3.89)

续表

变量	(1)	(2)	(3)	(4)	(5)	(6)
	LnPatent1	Strat	LnPatent1	LnPatent2	Strat	LnPatent2
Indd	0. 365 (1. 32)	0. 814 (1. 40)	0. 332 (1. 20)	0. 574 ** (2. 25)	0. 814 (1. 40)	0. 545 ** (2. 15)
State	0. 100 *** (3. 38)	-0. 823 *** (-13. 22)	0. 134 *** (4. 51)	0. 170 *** (6. 25)	-0. 823 *** (-13. 22)	0. 199 *** (7. 28)
Industry	控制	控制	控制	控制	控制	控制
Year	控制	控制	控制	控制	控制	控制
_cons	-11. 232 *** (-10. 80)	25. 864 *** (11. 79)	-12. 293 *** (-11. 79)	-11. 083 *** (-11. 58)	25. 864 *** (11. 79)	-11. 981 *** (-12. 48)
N	11676	11676	11676	11676	11676	11676
Sobel -Z	—	-1. 988	—	—	-1. 980	—
Adj_R^2	0. 514	0. 306	0. 518	0. 460	0. 306	0. 463
F	269. 888	113. 040	267. 981	216. 799	113. 040	215. 099

表4 -6 为才能薪酬对公司创新影响的机制检验结果。首先，从表4 -6 的列（2）和列（5）来看，才能薪酬（SkillPay）的回归系数在 1% 水平上显著为正，表明 CEO 薪酬契约中获得更多才能薪酬时，更愿意采取激进型战略，意味着 CEO 风险承担意愿更高；其次，从表4 -6 的列（3）和列（6）来看，战略激进度（Strat）的回归系数均在 1% 水平上显著为正，说明 CEO 风险承担意愿能够促进公司创新，同时才能薪酬（SkillPay）的回归系数仍在 1% 水平上显著为正，但系数大小相较于表4 -6 的列（1）和列（4）有所降低，即 12. 461 小于 13. 019，9. 031 小于 9. 505。基于此，根据温忠麟和叶宝娟（2014）的观点，战略激进度（Strat）所捕捉的 CEO 风险承担意愿在才能薪酬影响公司创新过程中发挥着部分中介的作用。最后，本书对上述结果进行 Sobel 检验，从表4 -6 列示的中介效应检验统计量 Sobel -Z 值可以看出，分别为 4. 434 和 4. 344，大于临界值 0. 97，进一步说明中介效应显著存在。

表 4-6 才能薪酬对公司创新影响的机制检验：CEO 风险承担意愿

变量	(1)	(2)	(3)	(4)	(5)	(6)
	LnPatent1	Strat	LnPatent1	LnPatent2	Strat	LnPatent2
SkillPay	13.019*** (9.91)	14.136*** (5.09)	12.461*** (9.51)	9.505*** (7.85)	14.136*** (5.09)	9.031*** (7.47)
Strat	—	—	0.039*** (9.02)	—	—	0.034*** (8.33)
CF	0.902*** (5.85)	-1.140*** (-3.50)	0.947*** (6.16)	0.912*** (6.42)	-1.140*** (-3.50)	0.950*** (6.71)
Size	0.624*** (41.10)	-0.036 (-1.11)	0.625*** (41.33)	0.587*** (41.96)	-0.036 (-1.11)	0.588*** (42.17)
Lev	-0.113 (-1.35)	0.352** (1.99)	-0.127 (-1.52)	-0.251*** (-3.25)	0.352** (1.99)	-0.262*** (-3.41)
MTB	0.033*** (3.09)	0.202*** (8.98)	0.025** (2.34)	0.062*** (6.36)	0.202*** (8.98)	0.056*** (5.67)
FirmAge	-0.394*** (-8.40)	-0.710*** (-7.15)	-0.366*** (-7.81)	-0.347*** (-8.01)	-0.710*** (-7.15)	-0.323*** (-7.47)
PPE	-1.058*** (-11.74)	-7.324*** (-38.44)	-0.770*** (-8.07)	-0.987*** (-11.89)	-7.324*** (-38.44)	-0.741*** (-8.43)
LShare	-0.005*** (-5.41)	-0.013*** (-6.50)	-0.005*** (-4.87)	-0.006*** (-6.72)	-0.013*** (-6.50)	-0.005*** (-6.22)
NBoard	0.190** (2.46)	-0.125 (-0.76)	0.195** (2.53)	0.208*** (2.91)	-0.125 (-0.76)	0.212*** (2.98)
Dual	-0.014 (-0.40)	0.056 (0.76)	-0.016 (-0.46)	0.021 (0.66)	0.056 (0.76)	0.020 (0.61)
CEOHold	0.885*** (4.15)	4.342*** (9.63)	0.714*** (3.34)	0.885*** (4.50)	4.342*** (9.63)	0.739*** (3.75)
Indd	0.510* (1.85)	0.973* (1.67)	0.472* (1.71)	0.679*** (2.67)	0.973* (1.67)	0.647** (2.55)
State	0.115*** (3.89)	-0.807*** (-12.95)	0.147*** (4.95)	0.181*** (6.66)	-0.807*** (-12.95)	0.208*** (7.62)
Industry	控制	控制	控制	控制	控制	控制

续表

变量	(1)	(2)	(3)	(4)	(5)	(6)
	LnPatent1	Strat	LnPatent1	LnPatent2	Strat	LnPatent2
Year	控制	控制	控制	控制	控制	控制
_cons	-11.028*** (-10.69)	26.202*** (12.02)	-12.061*** (-11.66)	-10.930*** (-11.50)	26.202*** (12.02)	-11.810*** (-12.39)
N	11676	11676	11676	11676	11676	11676
Sobel-Z	—	4.434	—	—	4.344	—
Adj_R^2	0.518	0.308	0.521	0.462	0.308	0.465
F	273.287	113.725	271.054	218.726	113.725	216.809

4.4 稳健性检验

4.4.1 指标敏感性测试

（1）改变运气薪酬和才能薪酬的度量方式

方法一是借鉴现有研究（Brick et al.，2006；朱滔，2015）的做法，使用模型作差法衡量运气薪酬和才能薪酬。第一步，仅放入控制变量对模型（4-3）进行回归，得到 CEO 薪酬的预测值 LnCEOPay_hat1；第二步，在放入控制变量的同时，分别单独加入运气业绩（Luck）和才能业绩（Skill），对模型（4-3）进行回归，得到 CEO 薪酬的预测值 LnCEOPay_hat2，LnCEOPay_hat3；第三步，以 LnCEOPay_hat2 减去 LnCEOPay_hat1，表示能由运气业绩解释的 CEO 薪酬，记为 LuckPay2；以 LnCEOPay_hat3 减去 LnCEOPay_hat1，表示能由才能业绩解释的 CEO 薪酬，记为 SkillPay2。将重新定义的运气薪酬（LuckPay2）和才能薪酬（SkillPay2）同时放入模型（4-6）进行回归，结果如表 4-7 的列（1）和列（2）所示。可以看出，运气薪酬（LuckPay2）与公司创新两个指标之间相关系数均显著为负，而才能薪酬（SkillPay2）与公司创新两个指标之间相关系数均显著为正，与本章前文主回归结果一致，支持假设4.1a和假设4.2a。

方法二是使用时间序列滚动回归方法，提取每个公司年度的薪酬—运气业绩敏感性和薪酬—才能业绩敏感性，以衡量运气薪酬和才能薪酬。参考方军雄等（2016）的做法，首先根据模型（4－7）对每个公司进行以8年为滚动期的滚动回归，提取不同公司年度的运气业绩和才能业绩的回归系数来衡量运气薪酬（LuckPay3）和才能薪酬（SkillPay3），公式如下：

$$LnCEOPay_t = \alpha_0 + \alpha_1 Luck_t + \alpha_2 Skill_t + \alpha_3 LnSale_t + \alpha_4 Lev_t + \varepsilon \qquad (4-7)$$

$$LuckPay\ 3_{i,t} = \hat{\alpha}_1 \qquad (4-8)$$

$$SkillPay\ 3_{i,t} = \hat{\alpha}_2 \qquad (4-9)$$

其中，LnSale为营业收入的自然对数。在回归中由于用到过去t－7至t年的数据，模型（4－7）使用2000～2018年数据，其中CEO薪酬披露数不全导致数据缺失的年份，CEOPay使用薪酬最高前三名高管的平均薪酬替代。同时，滚动回归期限（8年）的限制导致很多公司年度无法计算出LuckPay3和SkillPay3，最终获得有效样本9362个。将重新定义的运气薪酬（LuckPay3）和能力薪酬（SkillPay3）同时放入模型（4－6）进行回归，结果如表4－7的列（3）和列（4）所示。可以看出，运气薪酬（LuckPay3）与公司创新两个指标之间相关系数均显著为负，而才能薪酬（SkillPay3）与公司创新两个指标之间相关系数均显著为正，与本章前文主回归结果一致，支持本章假设4.1a和假设4.2a。

方法三是对CEO薪酬同时考虑货币薪酬和权益薪酬。其中，CEO权益薪酬部分以期末CEO持有股份市场价值表示，即CEO薪酬为货币薪酬与权益薪酬之和，为消除规模影响并方便计算敏感性，取自然对数，记为LnCEOPay2。然后通过模型（4－3）、模型（4－4）和模型（4－5）计算得到运气薪酬LuckPay4和才能薪酬SkillPay4，将重新定义的运气薪酬和才能薪酬同时放入模型（4－6）进行回归，结果如表4－7的列（5）和列（6）所示。可以看出，运气薪酬（LuckPay4）与公司创新两个指标之间相关系数均显著为负，而才能薪酬（SkillPay4）与公司创新两个指标之间相关系数均显著为正，与本章前文主回归结果一致，支持本章假设4.1a和假设4.2a。

表 4 – 7　　　　稳健性检验：改变解释变量度量

变量	(1)	(2)	(3)	(4)	(5)	(6)
	LnPatent1	LnPatent2	LnPatent1	LnPatent2	LnPatent1	LnPatent2
LuckPay2	−27.827*** (−4.55)	−22.709*** (−4.04)	—	—	—	—
SkillPay2	13.335*** (11.71)	9.412*** (8.99)	—	—	—	—
LuckPay3	—	—	−0.004** (−2.35)	−0.004** (−2.25)	—	—
SkillPay3	—	—	0.007*** (2.97)	0.005** (2.52)	—	—
LuckPay4	—	—	—	—	−32.909*** (−8.44)	−25.770*** (−7.18)
SkillPay4	—	—	—	—	6.618*** (11.12)	4.728*** (8.64)
CF	0.864*** (6.87)	0.902*** (7.80)	1.458*** (8.74)	1.189*** (7.87)	0.892*** (7.12)	0.919*** (7.97)
Size	0.615*** (53.59)	0.578*** (54.73)	0.639*** (40.33)	0.589*** (41.03)	0.565*** (47.36)	0.542*** (49.35)
Lev	−0.377*** (−6.15)	−0.396*** (−7.02)	−0.387*** (−4.67)	−0.448*** (−5.98)	−0.046 (−0.70)	−0.157*** (−2.61)
MTB	0.039*** (5.23)	0.065*** (9.50)	0.014 (1.23)	0.045*** (4.37)	0.019** (2.48)	0.050*** (7.27)
FirmAge	−0.295*** (−10.28)	−0.243*** (−9.20)	−0.448*** (−8.25)	−0.374*** (−7.62)	−0.268*** (−9.28)	−0.221*** (−8.33)
PPE	−1.008*** (−13.73)	−0.919*** (−13.62)	−1.120*** (−11.56)	−1.022*** (−11.65)	−0.998*** (−13.61)	−0.910*** (−13.50)
LShare	−0.002*** (−3.24)	−0.004*** (−6.10)	−0.003*** (−3.11)	−0.004*** (−4.38)	−0.002*** (−3.46)	−0.004*** (−6.14)

续表

变量	(1)	(2)	(3)	(4)	(5)	(6)
	LnPatent1	LnPatent2	LnPatent1	LnPatent2	LnPatent1	LnPatent2
NBoard	0.268*** (4.33)	0.260*** (4.57)	0.296*** (3.44)	0.300*** (3.84)	0.264*** (4.27)	0.257*** (4.52)
Dual	0.008 (0.31)	0.020 (0.83)	-0.050 (-1.30)	-0.026 (-0.75)	0.016 (0.62)	0.026 (1.08)
CEOHold	0.583*** (5.40)	0.465*** (4.68)	1.269*** (5.01)	1.078*** (4.70)	0.198* (1.70)	0.164 (1.53)
Indd	0.728*** (3.33)	0.816*** (4.06)	0.245 (0.80)	0.526* (1.90)	0.894*** (4.09)	0.936*** (4.65)
State	0.025 (1.04)	0.121*** (5.44)	0.088*** (2.69)	0.127*** (4.28)	0.079*** (3.22)	0.162*** (7.16)
Industry	控制	控制	控制	控制	控制	控制
Year	控制	控制	控制	控制	控制	控制
_cons	-9.635*** (-19.43)	-8.695*** (-21.38)	-11.148*** (-14.61)	-11.710*** (-16.95)	-9.365*** (-17.58)	-9.870*** (-20.14)
N	18245	18245	9362	9362	18245	18245
Adj_R^2	0.488	0.425	0.531	0.482	0.489	0.426
F	370.355	288.203	231.552	189.987	372.397	289.576

(2) 改变公司创新的度量方式

本章采用年度之后的第二年和第三年的专利申请数加1后取自然对数（FLnPatent1、F2LnPatent1）作为替代变量，重新对模型（4-6）进行回归。此外，本章还采用专利授权数作为替代变量进行回归，考虑到反向因果的内生性问题以及当年申请专利可能在未来获得授权批准，因此本章借鉴李庆华等（2021）的做法并结合数据可得性，分别使用未来1~3年授权的专利数加1后取自然对数进行衡量，记为LnGrant、FLnGrant、F2LnGrant。具体回归结果如表4-8所示，可以看出替换公司创新的度量指标后，运气薪酬仍然与公司创新显著负相关，而才能薪酬也始终与公司创新显著正相关，支持本章假设4.1a和假设4.2a。

表4-8　　稳健性检验：改变被解释变量度量

变量	(1)	(2)	(3)	(4)	(5)
	FLnPatent1	F2LnPatent	LnGrant	FLnGrant	F2LnGrant
LuckPay	-45.438*** (-5.98)	-35.064*** (-4.16)	-23.095*** (-3.76)	-35.224*** (-4.28)	-23.221** (-2.54)
SkillPay	13.453*** (10.36)	12.404*** (8.76)	7.080*** (6.89)	12.672*** (9.18)	12.229*** (8.19)
CF	0.825*** (6.31)	0.968*** (6.82)	0.963*** (8.61)	0.797*** (5.84)	0.794*** (5.37)
Size	0.574*** (41.94)	0.574*** (37.98)	0.560*** (49.19)	0.533*** (36.60)	0.535*** (34.04)
Lev	-0.139* (-1.88)	-0.179** (-2.19)	-0.112* (-1.79)	-0.080 (-1.02)	-0.119 (-1.39)
MTB	0.016* (1.92)	0.022** (2.42)	0.012* (1.70)	0.007 (0.85)	0.022** (2.27)
FirmAge	-0.239*** (-8.00)	-0.239*** (-7.43)	-0.259*** (-10.03)	-0.220*** (-7.20)	-0.229*** (-6.99)
PPE	-0.977*** (-12.06)	-0.919*** (-10.36)	-0.966*** (-13.98)	-0.928*** (-10.86)	-0.838*** (-9.01)
LShare	-0.003*** (-3.60)	-0.003*** (-3.71)	-0.002** (-2.45)	-0.002** (-2.32)	-0.002*** (-2.63)
NBoard	0.344*** (4.96)	0.325*** (4.30)	0.251*** (4.24)	0.357*** (4.88)	0.302*** (3.83)
Dual	0.009 (0.30)	-0.007 (-0.22)	0.017 (0.70)	0.006 (0.21)	0.001 (0.02)
CEOHold	0.635*** (5.11)	0.692*** (4.94)	0.363*** (3.52)	0.500*** (3.79)	0.551*** (3.75)

续表

变量	(1)	(2)	(3)	(4)	(5)
	FLnPatent1	F2LnPatent	LnGrant	FLnGrant	F2LnGrant
Indd	1.246*** (5.07)	1.336*** (4.96)	0.819*** (3.92)	1.547*** (5.99)	1.410*** (5.02)
State	0.029 (1.08)	0.055* (1.85)	-0.015 (-0.63)	0.000 (0.00)	0.008 (0.25)
Industry	控制	控制	控制	控制	控制
Year	控制	控制	控制	控制	控制
_cons	-9.607*** (-13.17)	-12.031*** (-11.45)	-10.307*** (-19.83)	-11.450*** (-11.62)	-9.401*** (-19.73)
N	15487	13274	18245	12637	10830
Adj_R^2	0.476	0.465	0.483	0.464	0.456
F	306.634	256.981	363.795	243.661	216.895

4.4.2 对回归偏差的考虑

由于公司创新指标是非负数，导致采用 OLS 回归结果可能有偏（方军雄等，2016），因此本章采用 Tobit 回归方法对模型（4-6）进行重新估计，结果如表 4-9 所示。可以看出，改变估计方法后无论是运气薪酬（LuckPay），还是才能薪酬（SkillPay），其回归系数的符号和显著性均与主检验保持一致，支持本章假设 4.1a 和假设 4.2a。

表 4-9　　　　稳健性检验：Tobit 回归模型

变量	(1)	(2)
	LnPatent1	LnPatent2
LuckPay	-27.619*** (-4.51)	-22.108*** (-3.90)

续表

变量	(1)	(2)
	LnPatent1	LnPatent2
SkillPay	12. 634*** (11. 73)	8. 846*** (8. 88)
CF	0. 785*** (6. 62)	0. 817*** (7. 44)
Size	0. 592*** (49. 08)	0. 572*** (51. 19)
Lev	-0. 077 (-1. 17)	-0. 192*** (-3. 14)
MTB	0. 021*** (2. 71)	0. 054*** (7. 59)
FirmAge	-0. 270*** (-9. 84)	-0. 220*** (-8. 69)
PPE	-1. 021*** (-13. 96)	-0. 934*** (-13. 80)
LShare	-0. 003*** (-4. 37)	-0. 005*** (-7. 00)
NBoard	0. 266*** (4. 24)	0. 262*** (4. 53)
Dual	0. 020 (0. 77)	0. 028 (1. 16)
CEOHold	0. 528*** (4. 84)	0. 431*** (4. 26)
Indd	0. 909*** (4. 11)	0. 940*** (4. 59)
State	0. 045* (1. 82)	0. 134*** (5. 90)

续表

变量	(1)	(2)
	LnPatent1	LnPatent2
Industry	控制	控制
Year	控制	控制
_cons	-10.714*** (-33.71)	-11.092*** (-37.71)
N	18245	18245
Pseudo_R^2	0.165	0.147

4.4.3 内生性检验

虽然基于指标敏感性检验角度，能够从降低关键指标测量误差的层面减少内生性对本章主回归结论的干扰，但仍可能存在因反向因果导致的内生性问题。一方面，CEO获得的运气薪酬与才能薪酬可能确实负向或正向激励CEO采取积极的价值创造行为，从而作用于公司创新；另一方面，CEO作为内部人是创新战略决策制定的重要参与者和主要执行者，相较于董事会或薪酬委员会了解更多与创新活动有关的私有信息，当创新成功可能性更大时或者市场走势更好时，会利用自己在薪酬委员会中的权力影响薪酬契约的制定以达到自利目的。为了规避反向因果带来的内生性问题，本章已在主回归中对自变量采用滞后一期处理，此处本章进一步构建工具变量，使用工具变量的两阶段回归模型进行检验。

根据前述分析，反向因果的原因是CEO可能利用自身掌控的权力影响薪酬委员会以制定出对自己更有利的薪酬条件，而薪酬—业绩敏感性是薪酬给付的标准，因此必须找到合适的工具变量满足与具体公司的薪酬给付标准相关，但受该公司影响较小的条件。行业年度内平均CEO薪酬—运气业绩敏感性和CEO薪酬—才能业绩敏感性受具体公司CEO权力的影响较小，具体公司技术创新水平影响整个行业业绩考核标准的可能性很小，但是公司在确定薪酬契约条款时同行业公司是一个重要参照标准（罗昆和杨蓉，2015）。可见用行业平均业绩给付标准作为具体公司的薪酬给付标准后计算的运气薪酬（LuckPay_IV）和才能薪酬（SkillPay_IV）能够作为运气薪酬和才能薪酬的工具变量。工具变量的具体构建步骤是：首先分行业—年度对模型（4-3）进行回归，然后分别提取 Luck 与 Skill 的系数，作为该行业年度所有公司给付薪酬的标准，最后每个公司年度按照前述给付标准分别与自己的 Luck 和 Skill 相乘，对应得到 LuckPay_IV 和 SkillPay_IV。

在构建工具变量之后，进行两阶段回归检验：第一阶段，分别用运气薪酬（LuckPay）和才能薪酬（SkillPay）对相应的工具变量 LuckPay_IV、SkillPay_IV 进行回归，回归中控制模型（4-6）的控制变量，回归结果见表4-10，可以看出所选的工具变量均与主回归中对应的解释变量显著正相关。第一阶段回归之后分别计算出模型拟合值记为 LuckPay_hat、SkillPay_hat。第二阶段，将前述拟合值加入模型（4-6）进行回归，回归结果见表4-11。从第二阶段回归结果可以看出，无论是运气薪酬（LuckPay_hat）还是才能薪酬（SkillPay_hat），其回归系数的符号和显著性均与主检验保持一致，支持本章假设 4.1a 和假设 4.2a。

表 4-10　　内生性检验：工具变量法两阶段 OLS 估计（第一阶段）①

变量	(1)	(2)
	LuckPay	SkillPay
LuckPay_IV	0.346*** (38.76)	—
SkillPay_IV	—	0.858*** (341.70)
CF	-0.000 (-1.55)	0.001*** (3.41)

① "弱工具变量"检验：具体针对 LuckPay_IV 和 Skill_IV 分别使用 ivreg2 命令回归，所报告的 Cragg-Donald Wald F 统计量均大于 10% 的临界值。

续表

变量	(1)	(2)
	LuckPay	SkillPay
Size	-0.000*** (-16.47)	0.000*** (3.85)
Lev	0.000*** (4.77)	-0.002*** (-10.49)
MTB	-0.000 (-0.63)	-0.000 (-1.41)
FirmAge	-0.000 (-1.29)	0.000*** (3.28)
PPE	0.000*** (5.50)	0.000 (0.47)
LShare	0.000 (0.98)	0.000*** (4.81)
NBoard	-0.000 (-1.32)	0.000 (0.15)
Dual	-0.000 (-1.40)	-0.000** (-2.41)
CEOHold	0.000 (0.45)	0.001*** (3.78)
Indd	0.000 (0.29)	-0.002*** (-2.73)
State	0.000*** (2.75)	0.000 (1.57)
Industry	控制	控制
Year	控制	控制
_cons	0.027*** (44.43)	0.000 (0.10)

续表

变量	(1)	(2)
	LuckPay	SkillPay
N	18245	18245
Adj_R^2	0. 859	0. 908
F	2414. 253	3904. 801

表 4 – 11　　内生性检验：工具变量法两阶段 OLS 估计（第二阶段）

变量	(1)	(2)
	LnPatent1	LnPatent2
LuckPay_hat	–31. 342 ** (–2. 14)	–41. 651 *** (–3. 13)
SkillPay_hat	6. 041 *** (6. 42)	4. 319 *** (5. 06)
CF	0. 004 (0. 05)	0. 001 (0. 02)
Size	0. 437 *** (21. 27)	0. 382 *** (20. 49)
Lev	–0. 206 *** (–2. 74)	–0. 135 ** (–1. 97)
MTB	0. 018 *** (2. 63)	0. 025 *** (3. 92)
FirmAge	0. 202 *** (2. 75)	0. 340 *** (5. 10)
PPE	0. 269 *** (2. 86)	0. 111 (1. 30)
LShare	–0. 003 ** (–2. 53)	–0. 003 *** (–2. 90)
NBoard	0. 058 (0. 75)	0. 124 * (1. 79)
Dual	0. 041 (1. 50)	0. 039 (1. 58)

续表

变量	(1)	(2)
	LnPatent1	LnPatent2
CEOHold	0.032 (0.21)	0.128 (0.93)
Indd	-0.200 (-0.84)	0.078 (0.36)
State	0.165*** (2.86)	0.206*** (3.93)
Industry	控制	控制
Year	控制	控制
_cons	-7.758*** (-13.63)	-7.692*** (-14.88)
N	18245	18245
Adj_R^2	0.082	0.074
F	107.084	103.325

4.5 进一步分析：公司价值视角

本章的研究目的是从公司创新视角，检验 CEO 基于运气业绩获得的薪酬支付和基于才能业绩获得的薪酬支付是否影响 CEO 薪酬契约有效性。其背后逻辑是在委托代理框架下，有效的激励机制应该能够激励 CEO 克服风险厌恶心理为增加股东财富而努力（Jensen 和 Meckling，1976），可见能够促进 CEO 从事公司价值创造活动是判断 CEO 薪酬契约有效性的基本标准。公司创新是价值创造和保持长远竞争优势的关键（Moshirian et al.，2021），是重要的价值创造活动，因此从公司创新视角进行分析有助于从长期价值创造活动方面来理解 CEO 薪酬契约有效性的内涵。然而，这可能忽略了特定行业或公司股东出于战略目标的考量，对技术创新的需求本身就比较低这一现实情况。因此，为更全面地考察 CEO 薪酬契约有效性，本章进一步从公司价值视角，考察CEO基于运气业绩获得的薪酬支付和基于才能业绩获得的薪酬支付是否影响CEO薪酬契约有效性。

参考权小锋等（2010）的研究，本章以Tobin Q值来表示公司长期价值，并建立模型（4－10），以检验运气薪酬与才能薪酬的价值效应，证明其对CEO薪酬契约有效性的影响。

$$FirmV = \alpha_0 + \alpha_1 LuckPay_{i,t} + \alpha_2 SkillPay_{i,t} + \alpha_3 Size_{i,t} + \alpha_4 Lev_{i,t} + \alpha_5 Growth_{i,t} + \alpha_6 CEOHold_{i,t} + \alpha_7 LShare_{i,t} + \alpha_8 Dual_{i,t} + \sum Industry + \sum Year + \varepsilon \quad (4-10)$$

其中，被解释变量FirmV分别用下一期公司价值（$TobinQ_{i,t+1}$）、未来两期平均公司价值（$\overline{TobinQ}_{i,t+1\sim t+2}$）和未来三期平均公司价值（$\overline{TobinQ}_{i,t+1\sim t+3}$）表示，Growth为销售增长率。表4－12列示模型（4－10）的回归结果，从列（1）至列（3）可以看出，运气薪酬显著负向影响公司长期价值，而才能薪酬则显著正向影响公司长期价值。研究结果表明，CEO薪酬契约中基于运气业绩的支付对公司来说是激励无效的部分，更多的运气薪酬会导致CEO产生风险规避、偷懒等损害公司价值的行为，恶化股东与CEO之间的代理冲突；CEO薪酬契约中基于才能业绩的支付对公司来说是激励有效的部分，这部分薪酬越多越能够体现按劳分配和人力资本定价的公平性，CEO更愿意发挥管理才能积极地为股东创造价值。

表4－12　进一步检验：运气薪酬与才能薪酬对公司价值的影响

变量	(1)	(2)	(3)
	$TobinQ_{i,t+1}$	$\overline{TobinQ}_{i,t+1\sim t+2}$	$\overline{TobinQ}_{i,t+1\sim t+3}$
LuckPay	－24.472** （－2.31）	－39.888*** （－3.75）	－43.418*** （－4.08）
SkillPay	18.075*** （10.36）	12.705*** （6.99）	7.826*** （4.38）
Lev	0.045 （0.40）	－0.127 （－1.15）	－0.311*** （－2.85）

续表

变量	(1)	(2)	(3)
	$TobinQ_{i,t+1}$	$\overline{TobinQ}_{i,t+1\sim t+2}$	$\overline{TobinQ}_{i,t+1\sim t+3}$
Size	-0.723 *** (-39.74)	-0.735 *** (-41.07)	-0.728 *** (-41.06)
Growth	0.003 (0.79)	0.011 (1.40)	0.013 * (1.70)
LShare	0.003 ** (2.48)	0.003 *** (2.77)	0.003 *** (2.97)
CEOHold	-0.294 (-1.59)	-0.303 (-1.64)	-0.226 (-1.22)
Dual	0.181 *** (4.05)	0.137 *** (3.12)	0.115 *** (2.64)
Industry	控制	控制	控制
Year	控制	控制	控制
_cons	18.302 *** (20.79)	19.713 *** (17.98)	19.330 *** (14.04)
N	18245	15699	13325
Adj_R^2	0.207	0.232	0.254
F	117.427	119.600	117.198

4.6　本章小结

本章基于沪深 A 股非金融上市公司 2007~2018 年数据，运用 OLS 模型、Tobit 模型和中介效应模型，使用两阶段回归将 CEO 薪酬分为基于运气业绩付薪的运气薪酬和基于才能业绩付薪的才能薪酬两部分，基于公司技术创新的视角，探究 CEO 获得的运气薪酬（才能薪酬）是否阻碍（促进）CEO 参与公司价值创造活动，并探索其中的作用机制，同时进一步考察的运气薪酬（才能薪酬）是否最终损害（提高）公司价值，以论证运气薪酬与才能薪酬对 CEO 薪酬契约有效性的解构。

研究结论表明：(1) 上市公司 CEO 薪酬契约存在薪酬—运气业绩敏感性和薪酬—才能业绩敏感性，即 CEO 薪酬契约中存在基于运气业绩支付的运气薪酬和基于才能业绩支付的才能薪酬，且薪酬对运气业绩的敏感性相较于对才能业绩的敏感性更高。(2) CEO 薪酬契约中基于运气业绩支付获得的运气薪酬越多，公司创新水平越低，表明 CEO 运气薪酬无法激励其积极主动地通过创新活动获得公司价值创造，公司基于运气业绩支付薪酬会削弱 CEO 薪酬契约有效性。(3) CEO 薪酬契约中基于才能业绩支付获得的才能薪酬越多，公司创新水平越高，表明 CEO 才能薪酬能够有效激励其积极主动地按照股东利益行事，激励其通过公司创新从事价值创造活动，公司基于才能业绩支付的薪酬契约是有效的 CEO 薪酬契约。(4) 机制检验中，本章发现 CEO 风险承担意愿是 CEO 薪酬契约中运气薪酬和才能薪酬影响公司创新的中介路径。其中，CEO 薪酬契约中获得更多的运气薪酬会带来 CEO 更不愿意积极主动承担风险，进而导致公司创新水平降低；而 CEO 薪酬契约中获得更多的才能薪酬会带来 CEO 积极主动承担风险，这种高风险承担意愿会促使 CEO 勇于创新，表现为公司创新水平提高。(5) 稳健性检验中，本章在主回归中对解释变量采用滞后一期处理以解决内生性的基础上，进一步进行了一系列的稳健性检验，包括指标敏感性测试，即改变解释变量运气薪酬和才能薪酬的度量方式、改变被解释变量公司创新的度量方式；更换回归模型，由 OLS 回归改为 Tobit 回归；采用工具变量法对内生性进行考虑。所有的稳健性检验均支持本章的假设，证明本章结论稳健存在。(6) 进一步检验中，本章从公司价值视角出发，并以 Tobin Q 值作为公司价值的衡量指标，发现 CEO 薪酬契约中的运气薪酬显著负向影响公司长期价值，而才能薪酬则显著正向影响公司长期价值，从而进一步证明 CEO 运气薪酬是薪酬激励中的无效部分，带来 CEO 风险规避、偷懒等损害公司价值的行为，而 CEO 才能薪酬是薪酬激励中的有效部分，能够激发 CEO 发挥管理才能并积极地为公司创造价值。

5 薪酬委员会独董—CEO 关联对 CEO 薪酬契约有效性的影响研究

运气薪酬是 CEO 薪酬自利的重要手段（Bertrand 和 Mullainathan, 2001；杨青等，2014），会降低 CEO 获得薪酬的激励作用。本书的第 4 章基于公司创新和公司价值的视角，也已经证明有效的 CEO 薪酬契约应该更少基于运气业绩给付薪酬，更多基于才能业绩给付薪酬。因此后续章节，将从薪酬委员会的视角考虑如何促进 CEO 薪酬契约有效性。传统股东—CEO 委托代理理论认为作为监督人的薪酬委员会能够像股东一样思考，但却忽略其同时也是股东代理人的事实，将股东与薪酬委员会之间的委托代理关系纳入考量范围才能打开如何实现有效薪酬契约的“黑箱”。根据三层次委托代理模型，股东、薪酬委员会与 CEO 之间的契约关系构成“委托人（股东）—监督人（薪酬委员会）—代理人（CEO）”的垂直三层次委托代理关系，要保障作为监督人的薪酬委员会站在股东（委托人）利益立场，必须要求其在制定和执行 CEO 薪酬契约时独立于 CEO。在薪酬委员会中引入独董是强化独立性的制度安排，然而独董“不独立”已成为独董制度的痛点，这更易于 CEO 通过运气薪酬达到薪酬自利的目的。独立性本质上应该体现为思想和态度上的独立（Baelden 和 Berghe，2005；仲伟周和段海艳，2008），因此寻找“独立”的独董必须保证其与被监督者之间没有可能妨碍其进行独立客观判断的任何关联，当独董监督 CEO 薪酬契约时必须保证其与 CEO 之间不存在相应的关联。确定薪酬给付的条件是薪酬委员会参与 CEO 薪酬契约制定的核心工作，而薪酬—业绩敏感性是薪酬给付条件的具体反映。本章将从薪酬委员会中独董与 CEO 存在的三种社会关联对独董社会独立性的影响入手，基于薪酬—运气业绩敏感性与薪酬—才能业绩敏感性的角度，考察独董制度对 CEO 薪酬契约有效性的影响。本章核心在于借鉴社会心理学中的社会关联相关理论理论论证独董—CEO 关联对独董实质独立性的影响，建立实证模型检验薪酬委员会中独董—CEO 关联是否降低 CEO 薪酬契约有效性。

5.1 理论分析与研究假设

最优契约理论认为相对于监督 CEO 行为需要付出的额外监督成本，建立有效的激励契约可能是最佳的途径（Jensen 和 Murphy，1990）。该理论认为，经营业绩是 CEO 行为的最终反映，也是所有者利益实现的体现，建立按照业绩给付 CEO 薪酬的契约，是所有者与 CEO 利益趋同并最终实现所有者利益最大化的重要激励机制，CEO 薪酬与业绩之间的关联性越强则薪酬契约越有效。同时，CEO 薪酬应该是管理者才能和努力结果的增函数，这意味着在有效 CEO 薪酬契约中薪酬不但应该与业绩存在高度相关性，而且与诸如行业环境等 CEO 不可控制的可观测因素不相关（Bertrand 和 Mullainathan，2001；杨青等，2014），否则就会加剧激励契约的风险，付出更大的代价（Hölmstrom，1979）。在最优契约理论的指导下，所有者需要做的重要工作是制定出有效的薪酬激励契约，而鉴于薪酬制定需要特殊的知识与能力，所有者将薪酬契约制定的权力赋予董事会。为规范薪酬契约，完善的公司治理机制下董事会将经理人薪酬问题的监督权授予专门的薪酬委员会，具体负责对以 CEO 为代表的经理人进行考核与激励（Conyon 和 He，2004）。

然而现实中最优契约理论无法解释高管薪酬的所有问题和现象，非业绩付薪和薪酬倒挂以及运气薪酬等常常发生。由此学者们开始关注管理者权力理论。该理论认为 CEO 可能具有影响董事会的权力，干预薪酬契约的制定从而抽取“租金”（Bebchuk et al.，2002），使薪酬契约本身成为代理成本的一部分（Bebchuk 和 Fried，2003）。上市公司业绩可以分解为由高管才能和努力程度决定的才能业绩以及不能由高管控制的运气因素决定的运气业绩两部分（邓晓岚等，2015），有效薪酬只应该按照才能业绩进行付薪，而不应该为运气业绩付薪。管理者权力理论将运气薪酬视为一种典型的抽租行为，认为经理人利用权力使其薪酬超过在最优契约下的最优水平，从而构成经济租，具体表现为经理人可凭市场经济的整体上升而得到奖赏，获得运气薪酬。Bertrand 和 Mullainathan（2001）发现高管薪酬对石油价格、汇率变动和行业业绩等运气因素存在显著敏感性，且治理状况差的公司“运气”薪酬更严重，证明了管理者权力是高管获得运气薪酬的原因。之后国外很多学者均发现 CEO 能够利用管理者权力影响薪酬契约，获得与运气相关的薪酬（Garvey 和 Milbourn，2006；Hoffmann 和 Pfeil，2010）。我国学者也发现上市公司高管获得了运气薪酬的证据，并且在国有企业中运气薪酬现象更加突出（沈艺峰和李培功，2010；杨青等，2014；邓晓岚等，2015；Shang et al.，2020）。因此，保障薪酬委员会独立于 CEO 是能否制定出有效薪酬契约的重要前提。

理论上，独董与公司没有直接的利益往来，且受到声誉机制的制约，其行为更少受到 CEO 的影响（John 和 Senbet，1998），因此很多公司把独董引入董事会下设的薪酬委员会以提升 CEO 薪酬契约有效性。包括我国在内的很多国家都出台相关法律法规，规定上市公司的薪酬委员会中独董占多数，甚至全部为独董。然而学者们并没有得到独董提高薪酬契约有效性的一致性结论（杨蕾和卢锐，2009；Capezio et al.，2011；孙烨和孟佳娃，2013）。面对这一现象，很可能的原因是单纯地增加独董的规模和比例并不意味着独立性的必然增加（王斌，2006；Coles et al.，2014）。独董个体并不是同质的，不同独董的独立性并不相同。独董的独立性本质上应该体现为思想和态度上的独立（Baelden 和 Berghe，2005；仲伟周和段海艳，2008），必须排除可能妨碍独董进行独立客观判断的任何关联才能使其做到实质性独立，比如当独董监督 CEO 时必须保证其与 CEO 之间不存在相应的关联。很多国家和地区在规范独董的独立性时都对需要排除的关联进行了规定，我国证监会 2001 年颁布的《关于在上市公司建立独立董事制度的指导意见》中也进行了关联关系排除的规定。其中，保证独董独立于 CEO

的条款仅仅排除了两类关系：一是经济关系，为上市公司或者其附属企业提供财务、法律、咨询等服务的人员；二是家庭关系，在上市公司或者其附属企业任职的人员及其直系亲属（配偶、父母、子女等）、主要社会关系（兄弟姐妹、岳父母、儿媳女婿、兄弟姐妹的配偶、配偶的兄弟姐妹等）。然而实际生活中，独董还会存在其他“妨碍其进行独立客观判断的关系”，如果不能够识别和排除这些关系必然会削弱独董的实质独立性。

以相似吸引规范为基础的自我分类理论认为人们会基于相互之间诸如性别、年龄、国籍与种族等人口统计学特征的相似性进行自我分类，并形成类别内部认同感从而做出有偏的价值判断（Turner，1987）。Tsui 等（1992）的心理学实验研究发现个体行为会受到由于性别、教育、种族等社会分类的影响。在上市公司独董和 CEO 构成的群体中，不同个体也会基于人口特征的相似性进行自我归类，把自己与他人联系起来，从而增强彼此之间的契合度和认同感，具体表现为决策过程中更倾向于尊重对方的看法而不是提出反对意见（Zhu et al.，2014）。因此，当独董与 CEO 之间存在人口统计学上的相似性时，独董对 CEO 的监督就很难保证客观、公正，这种独董—CEO 相似性关联成为了“妨碍其进行独立客观判断的关系”。Westphal 和 Zajac（1995）从年龄、学历、职称等人口统计学特征的相似性角度，考察了 CEO 与董事之间相似性对董事会监督的影响，发现人口统计学相似性增加了董事对 CEO 的认同感，从而给予 CEO 更慷慨的薪酬（Westphal 和 Zajac，1995b）。基于这一理论，我国也有学者发现 CEO 与董事之间的人口统计学相似性降低了 CEO 因违规而被解聘的可能性（李维安等，2017）。因此，本书认为独董—CEO 相似性关联削弱了独董相对于 CEO 的独立性，并结合前文有关薪酬契约制定的论述，提出以下假设：

假设 5.1：薪酬委员会中独董—CEO 相似性关联越严重，CEO 薪酬契约有效性越低。具体表现为薪酬的才能业绩敏感性下降，而薪酬的运气业绩敏感性上升。

相似吸引规范的研究中还有另外一类基于价值观和文化信仰上相似性产生的关联（McPherson et al.，2001），研究中使用相同地区来源、共同兴趣爱好、共同学习和工作以及其他诸如参军等相似私人经历来度量，因为这些特征能够一定程度上反映人们价值观和文化信仰的形成（Hwang 和 Kim，2009）。同时由于这类相似性的刻画基于私人的生活环境以及参与的社会活动，研究中通常将这类相似性产生的关联称为社会关系（social ties），以区别基于人口统计学相似性产生的关联。为与主流研究保持一致并同时使用两类相似性描述独董与 CEO 之间的社会关联，本书将基于人口统计学相似性产生的关联称为相似性关联，基于私人生活环境以及参与社会活动产生的关联称为私人关联。社会心理学在因价值观相似性产生偏爱和支持的解释中还可以应用内隐自我中心效应。

社会心理学研究表明，社会中大多数人会对自己做出更积极的评价，表现出自我尊重，同时在对同自我相关的事物做评价时也容易表现出积极的态度（Greenwald 和 Banaji，1995；Pelham et al.，2002；蔡华俭，2003）。Pelham 等（2002）把这种偏好与自己相关的事物的心理表现称为内隐自我中心效应，并通过调查研究证明内隐自我中心显著影响人们的日常决策行为，且这种影响是一种非理性的无意识现象。由于社会中普遍存在着诸如同事、校友、老乡与会员等相互连接的关系，那么基于这些关系形成的关联则很可能使个体行为表现出内隐自我中心效应。特别是在我国，传统宗族、"门派"和地域文化在人们生活中发挥着重要的作用，更容易形成文化认同的校友关系、老乡关系。因此，基于内隐自我中心效应，当独董与 CEO 之间存在诸如校友、老乡、曾经同事等私人关系时，独董就会形成对 CEO 的偏好心理，降低客观公正评价的可能性，这种独董—CEO 私人关联成为了"妨碍其进行独立客观判断的关系"。英国特许注册会计师公会 ACCA 在有关安然事件的意见书中，指出"独立非执行董事的独立性是另外一个问题，以前的执行董事可以成为独董的制度安排存在明显的缺陷……"（于小旺等，2002）。Hwang 和 Kim（2009）从 CEO—董事之间私人关系的角度重新定义了外部董事的独立性并构建了度量指标，发现具有更少私人关系的董事会能够降低 CEO 薪酬水平并伴随着更高的薪酬业绩敏感性和离职业绩敏感性。Fracassi 和 Tate（2012）从当前共同外部任职、以前共同任职经历、校友、组织会员四个方面定义了董事与 CEO 之间的私人关联，发现这些关联确实毁损了公司价值。我国也有学者发现只有扣除独董与 CEO

私人关联后的独董比例才能显著提升 CEO 更替—绩效敏感性（刘诚和杨继东，2013），董事与 CEO 之间的“老乡”关系会显著提高公司违规倾向，同时降低违规后被稽查出的概率（陆瑶和胡江燕，2016）。因此，本书认为独董—CEO 私人关联削弱了独董相对于 CEO 的独立性，并结合前文有关薪酬契约制定的论述，提出以下假设：

假设 5.2：薪酬委员会中独董—CEO 私人关联越严重，CEO 薪酬契约有效性越低。具体表现为薪酬的才能业绩敏感性下降，而薪酬的运气业绩敏感性上升。

社会交换理论认为在社会交换活动中，诸如服务、信息、地位等社会属性的商品也能像物质商品一样用于交换，并且在交换的过程中遵循互惠规范（Gouldner，1960）。Gouldner（1960）认为互惠规范是指一方为另一方提供帮助或给予另一方某种资源时，后者有义务回报给予过其帮助的人，并指出互惠规范存在于每一个人的社会关系中，且这种现象在人类社会的各种文化中普遍存在。在中国，“投桃报李”“礼尚往来”一直是人际交往的规范，“滴水之情，涌泉相报”甚至成为了道德典范。当 CEO 帮助独董获得席位之后，独董遵循互惠规范更有可能向 CEO 提供支持性和合作行为，降低客观公正评价的可能性，这种独董—CEO 任职关联成为了“妨碍其进行独立客观判断的关系”。Core 等（1999）研究发现 CEO 提名的董事产生任职关联会削弱该董事监督能力，提高 CEO 薪酬水平。同时还有学者发现这种基于提名形成的任职关联会增加公司舞弊的风险（Khanna et al.，2015）。我国也有部分学者的研究发现，任职时间早于董事长任职时间的独董更有可能对管理层决策提出质疑，其独立性更强（叶康涛等，2011），如果独董的任职时间早于现任董事长，则辞职公告的市场反应较差（沈维涛和叶小杰，2012）。因此，本书认为独董—CEO 任职关联削弱了独董相对于 CEO 的独立性，并结合前文有关薪酬契约制定的论述，提出以下假设：

假设 5.3：薪酬委员会中独董—CEO 任职关联越严重，CEO 薪酬契约有效性越低。具体表现为薪酬的才能业绩敏感性下降，而薪酬的运气业绩敏感性上升。

5.2 研究设计

5.2.1 样本选择与数据来源

2020 年初疫情对经济社会产生巨大冲击，沪深交易所均发布了《关于支持上市公司做好 2019 年年度报告审计与披露工作的通知》，规定上市公司可以最迟至 2020 年 6 月 30 日披露 2019 年年报，这可能会影响上市公司经营管理以及董事会监督职能的发挥。为规避 2019 年上市公司数据可能给研究设计带来不确定性的影响，本书以 2007 ~ 2018 年中国 A 股上市公司为初始样本，并进行以下样本筛选：（1）删除金融类行业公司；（2）删除在交易所非正常交易公司年度；（3）删除 CEO 薪酬过低（小于 1 万元人民币）的公司年度；（4）为保证 CEO 获得薪酬与会计期间的对应性，删除 CEO 任职不足一年的公司年度；（5）删除指标变量缺失的样本，最终为 19555 个公司年度样本观测值。公司特征数据和薪酬委员会数据以及 CEO 与独董个人特征数据均来自国泰安（CSMAR）数据库，CEO 和独董个人特征缺失的数据首先利用 Wind 数据库进行补充，仍有缺失的通过手工查找年报、阅读个人简历和网络搜索补充。实践中上市公司的薪酬委员会在具体名称上可能有不同的表述，本书将“薪酬委员会”“预算与考核委员会”等都归为薪酬委员会。本书对所有连续变量进行 1% 和 99% 分位的缩尾处理，具体统计分析采用 Stata16. 0 软件。

5.2.2 变量定义

本章有关才能业绩（Skill）、运气业绩（Luck）、CEO 薪酬（LnCEO-Pay）及控制变量与第 4 章相同，在不理解阅读的情况下不再重复定义。

（1）CEO 薪酬契约有效性

最优契约理论认为公司股东只愿意为由 CEO 自身才能和努力带来的业

绩支付薪酬，CEO 薪酬应该是管理者才能和努力的结果，即才能业绩的增函数，而与诸如行业环境等 CEO 不可控制的可观测因素不相关（Bertrand 和 Mullainathan，2001；杨青等，2014），否则就会加剧激励契约的风险，付出更大的代价（Hölmstrom，1979）。管理者权力理论指出 CEO 会影响薪酬契约的制定，尽可能获取各种“运气因子”带来的业绩增长，从而得到与运气业绩相关的薪酬，降低了 CEO 薪酬契约的有效性。本书的第 4 章已经基于公司创新和公司价值的视角，证明有效的 CEO 薪酬契约应该更少基于运气业绩给付薪酬，更多基于才能业绩给付薪酬，因此 CEO 薪酬契约有效性可以从两方面反映：（1）具有更高的 CEO 薪酬—才能业绩敏感性；（2）具有更低的 CEO 薪酬—运气业绩敏感性。

本书参照邓晓岚等（2015）的做法，通过建立回归模型，以 CEO 薪酬（LnCEOPay）为因变量，以才能业绩（Skill）和运气业绩（Luck）作为自变量，并控制其他决定 CEO 薪酬的变量，以回归得出的才能业绩和运气业绩的系数大小来分别刻画 CEO 薪酬—才能业绩敏感性和 CEO 薪酬—运气业绩敏感性。

（2）薪酬委员会独董—CEO 关联

本书关注三类薪酬委员会独董—CEO 关联：

①薪酬委员会独董—CEO 相似性关联。用来刻画独董与 CEO 在人口统计学特征上的相似性，借鉴已有研究（Westphal 和 Zajac，1995；李维安等，2017），考虑到数据的可获得性和准确性，本书仅选择年龄和学历两个维度的相似性。首先从独董层面进行定义：年龄相似性，当独董与 CEO 年龄相差一个标准差以内，赋值为 1，否则为 0，记为 SimiAge；学历相似性，按照学历是否为硕士及以上将学历分为高低两类，当独董与 CEO 学历分类相同时，取 1，否则取 0，记做 SimiEdu。此外，同时考虑前述两个维度定义人口特征相似性 SimiFile，当 SimiAge 和 SimeEdu 同时为 0 时取 0，否则取 1。其次从公司层面进行定义：在考量薪酬委员会中独董和 CEO 相似性关联的程度时，使用拥有具体关联独董占薪酬委员会成员总数比例来计量，分别记为 SimiAge_R（年龄相似性关联）和 SimiEdu_R（学历相似性关联）以及 SimiFile_R（人口特征相似性关联）。

②薪酬委员会独董—CEO私人关联。用以刻画独董与CEO之间是否存在私人关系，借鉴已有研究（陆瑶和胡江燕，2016；刘诚等，2012；李维安等，2017）并考虑数据可得性，本书选择老乡关联（相同籍贯）、校友关联（相同毕业院校）这两个维度的私人关系。目前高管和独董的籍贯和毕业院校并不属于上市公司强制披露事项，虽经手工检索仍有不少缺失值，因此必须控制缺失值对回归结果的影响。借鉴李瑶和胡江燕（2016）的做法，具体定义如下：

老乡关系，记作Homie，当独董与CEO的籍贯相同时，赋值为1，否则为0，其中独董或CEO籍贯缺失时视为非老乡关系；同时定义独董籍贯数据缺失变量，记为HomieMiss，当独董籍贯缺失时取1，否则取0。需要说明的是，无论是独董还是CEO户籍资料缺失都比较多，本书通过搜索阅读简历将能够识别的、居住或生活时间在三年以上的地方等同于“家乡”，同时该“家乡”不是上市公司所在地的省份。从公司层面进行定义时，本书考量薪酬委员会中老乡关系带来的关联程度，以存在老乡关系独董占薪酬委员会成员总数比例来计量，记为Homie_R（老乡关联）；同时类似地定义独董老乡关联数据缺失程度变量，记为HomieMiss_R，并且当CEO户籍数据缺失时HomieMiss_R取1。

校友关系，记作School，当独董与CEO毕业院校一致时，赋值为1，否则为0，其中独董或CEO毕业院校缺失时视为非校友关系；同时定义独董毕业院校数据缺失变量，记为SchoolMiss，当独董毕业院校缺失时取1，否则取0。需要说明的是，有些独董的母校与CEO的母校不一致，但却在CEO母校担任（过）教师，也把他们认定为校友（刘诚等，2012）。从公司层面进行定义时，本书考量薪酬委员会中校友关系带来的关联程度，以存在校友关系独董占薪酬委员会成员总数比例来计量，记为School_R（校友关联）；同时类似地定义独董校友关联数据缺失程度变量，记为SchoolMiss_R，并且当CEO毕业院校数据缺失时SchoolMiss_R取1。

私人关系，记作PrivTie，当Homie和School同时为0时取0，否则取1；同时定义独董私人关系数据缺失变量，记为PrivTieMiss，当HomieMiss和SchoolMiss同时为0时取0，否则取1。从公司层面进行定义时，本书考量薪酬委员会中私人关系带来的关联程度，以存在私人关系独董占薪酬委员会成员总数比例来计量，记为 PrivTie_R（私人关联），同时类似地定义独董私人关联数据缺失程度变量，记为 PrivTieMiss_R，并且当 CEO 户籍和毕业院校数据同时缺失时 PrivTieMiss_R 取 1。

③薪酬委员会独董—CEO 任职关联。用来刻画因独董由 CEO（建议）提名而存在的独董与 CEO 之间的关系。由于上市公司并没有被强制要求披露独董是由谁来提名的，本书无法直接度量 CEO 是否（建议）提名了独董，但是现有研究还是在度量方式上做了很多有益的尝试。如现有文献中经常将独董在 CEO 任期内入职视作 CEO（建议）提名了独董（Core et al.，1999；Khanna et al.，2015；李小玉等，2017b）。

本书也借鉴这种做法，并结合我国证监会 2001《关于在上市公司建立独董制度的指导意见》中有关“董事会、监事会、单独或者合并持有上市公司已发行股份 1% 以上的股东可以提出独董候选人”的规定，认为当同时满足如下条件时，CEO（建议）提名了独董，形成独董—CEO 任职关联，赋值为 1，否则为 0，记作 Appoint：①独董至少在 CEO 入职之后半年才入职；②独董入职时 CEO 是董事会成员或持有 1% 以上的股权。从公司层面进行定义时，本书考量薪酬委员会中独董—CEO 任职关联的程度，使用拥有具体关联独董占薪酬委员会成员总数比例来计量，记为 Appoint_R（任职关联）。

（3）控制变量

参考已有研究（Hwang 和 Kim，2009；唐松和孙铮，2014；邓晓岚等，2015），控制以下影响 CEO 薪酬契约有效性的变量：①公司财务特征变量：公司规模（Size）、资产负债率（Lev）、公司成长性（MTB）、公司风险（Volatility）；②公司治理特征变量：董事长与 CEO 是否两职合一（Dual）、董事会规模（NBoard）、董事会独董占比（Indd）、第一大股东持股比例（LShare）、CEO 持股比例（CEOHold）；③CEO 个人特征，任期（CEOTenure）、年龄（CEOAge）；④其他虚拟变量：行业（Industry）、年度（Year）、东部地区（East）、产权（State）。具体变量定义如表 5 - 1 所示：

表 5 -1　　　　　　变量定义表

变量名称		变量符号	变量定义或计算
CEO 薪酬		LnCEOPay	上市公司当年 CEO 货币薪酬的自然对数
运气业绩		Luck	上市公司当年业绩的运气部分，具体定义见式（4 -2）
才能业绩		Skill	上市公司当年业绩的才能部分，为总资产净利率减去 Luck
独董—CEO 社会关联	年龄相似性关联	SimiAge_R	薪酬委员会中拥有独董—CEO 年龄相似性的独董占全部委员比例，其中独董—CEO 年龄相似性（SimiAge）见上文
	学历相似性关联	SimiEdu_R	薪酬委员会中拥有独董—CEO 学历相似性的独董占全部委员比例，其中独董—CEO 学历相似性（SimiEdu）见上文
	人口特征相似性关联	SimiFile_R	薪酬委员会中拥有独董—CEO 人口特征相似性的独董占全部委员比例，其中独董—CEO 人口特征相似性（SimiFile）见上文
	老乡关联	Homie_R	薪酬委员会中拥有独董—CEO 老乡关系的独董占全部委员比例，其中独董—CEO 老乡关系（Homie）见上文
	校友关联	School_R	薪酬委员会中拥有独董—CEO 校友关系的独董占全部委员比例，其中独董—CEO 校友关系（School）见上文
	私人关联	PrivTie_R	薪酬委员会中拥有独董—CEO 私人关系的独董占全部委员比例，其中独董—CEO 私人关系（PrivTie）见上文
	任职关联	Appoint_R	薪酬委员会中拥有独董—CEO 任职关联的独董占全部委员比例，其中独董—CEO 任职关联（Appoint）见上文
公司规模		Size	总资产账面价值取自然对数
资产负债率		Lev	负债账面价值与总资产账面价值之比
公司成长性		MTB	市账比，（权益市场价值 + 负债账面价值）/总资产账面价值
公司风险		Volatility	公司当年 12 个月的月度股票收益率标准差
两职合一		Dual	当董事长与总经理两职合一时取 1，否取 0

续表

变量名称	变量符号	变量定义或计算
董事会规模	NBoard	董事人数取自然对数
独董比例	Indd	独董占董事会总人数比例
大股东持股	LShare	第一大股东的持股数/总股数
CEO 持股比例	CEOHold	CEO 持股数/总股数
CEO 任期	CEOTenure	截至当年末 CEO 任职期限，以年表示并取自然对数
CEO 年龄	CEOAge	截至当年末 CEO 年龄，并取自然对数
产权性质	State	如果最终控制人性质为国有，赋值为1，否则为0
东部地区	East	按照公司注册地划分为东部地区，取值1，否则取值0
行业虚拟变量	Industry	依据2012年证监会行业分类，制造业细分为二级分类，共计21个行业，故设20个虚拟变量
年度虚拟变量	Year	2007~2018年度，故设11个虚拟变量
老乡关联数据缺失	HomieMiss_R	薪酬委员会中户籍数据缺失的独董占全部委员的比例，其中独董籍贯数据缺失（HomieMiss）见上文
校友关联数据缺失	SchoolMiss_R	薪酬委员会中毕业院校数据缺失的独董占全部委员的比例，其中独董毕业院校数据缺失（SchoolMiss）见上文
私人关联数据缺失	PrivTieMiss_R	薪酬委员会中私人关系数据缺失的独董占全部委员的比例，其中独董私人关系数据缺失（PrivTieMiss）见上文

5.2.3 模型设定

本书参考已有研究（Hwang 和 Kim，2009；唐松和孙铮，2014；邓晓岚等，2015），为了检验薪酬委员会中独董—CEO关联情况对CEO薪酬契约有效性的影响，考察CEO薪酬—运气业绩敏感性和CEO薪酬—才能业绩敏感性的变化，建立模型（5-1）：

$$LnCEOPay_{i,t} = \alpha_0 + \alpha_1 Luck_{i,t} + \alpha_2 Skill_{i,t} + \alpha_3 Guanlian_{it} + \alpha_4 Guanlian_{it} \times Luck_{it} + \alpha_5 Guanlian_{it} \times Skill_{i,t} + \beta Control + \varepsilon_{it} \quad (5-1)$$

其中，$LnCEOPay_{i,t}$为 i 公司第 t 年的 CEO 薪酬自然对数；$Luck_{i,t}$为 i 公

司第 t 年的运气业绩；$Skill_{i,t}$为 i 公司第 t 年的才能业绩；*Control* 为控制变量。

$Guanlian_{it}$为 i 公司第 t 年薪酬委员会中三种社会关联的不同维度变量，具体为：①独董—CEO 相似性关联，$SimiAge\_R_{it}$、$SimiEdu\_R_{it}$、$SimiFile\_R_{it}$；②独董—CEO 私人关联，$Homie\_R_{it}$、$School_R_{it}$和 $PrivTie\_R_{it}$；③独董—CEO 任职关联，$Appoint\_R_{it}$。

本书将薪酬委员会中三种不同维度的独董—CEO 关联变量分别带入模型（5－1），通过考察交叉项 $Guanlian_{i,t} \times Luck_{i,t}$回归系数 α_4和交叉项 $Guanlian_{i,t} \times Skill_{i,t}$回归系数 α_5的显著性和正负号，来验证假设 5.1、假设 5.2 和假设 5.3。当假设成立时，α_4显著为正，α_5显著为负。

5.3 实证检验与分析

5.3.1 变量描述性统计结果分析

表 5－2 为本章实证检验中主要变量描述性统计结果。从 CEO 薪酬（CEOPay）看，最大值为 459.94 万元，最小值为 6.5 万元，均值为 72.21 万元，而标准差达到 69.80，说明样本期间不同公司年度 CEO 薪酬两级分化严重，且个体差异较大。从运气业绩（Luck）看，均值为 0.032，最大值为 0.065，最小值为 0.001，说明上市公司存在运气业绩且不同公司直接差距较大；从能力业绩（Skill）看，均值为 0.001①，标准差为 0.055，最大值为 0.147，最小值为－0.237，说明上市公司的 CEO 才能业绩的极好和极差的差距很大，且个体差异也很大，也凸显出 CEO 才能对于公司经营的重要性。

薪酬委员会的独董—CEO 社会关联方面。①独董—CEO 相似性关联：

① 本书对所有连续变量进行上下 1% 分位上的缩尾处理，因此 Skill 的均值没有取到 0，但很接近于 0。

从年龄相似性关联（SimiAge_R）看，均值为0.352，说明平均来说具有独董—CEO年龄相似性的独董占薪酬委员会成员总数的35.2%，标准差0.258接近于均值，说明不同公司年度间差异较大；从学历相似性关联（SimiEdu_R）看，存在与SimiAge_R相近的统计特征；从人口特征相似性关联（SimiFile_R）看，均值为0.516，说明平均而言具有独董—CEO年龄相似性或学历相似性的独董占薪酬委员会成员总数的51.6%，同时具有独董—CEO年龄相似性与学历相似性的比例约占19.4%（19.4% =35.2% +35.8% -51.6%）。②独董—CEO私人关联：从独董—CEO老乡关联（Homie_R）看，平均而言具有独董—CEO老乡关系的独董占薪酬委员会成员总数的7.3%，标准差为0.185，说明不同公司年度之间差异很大，而相应地，老乡关联数据缺失（HomieMiss_R）的均值表明，平均而言缺少户籍资料的独董占薪酬委员会成员总数的61.7%；从独董—CEO校友关联（School_R）看，平均而言具有独董—CEO校友关系的独董占薪酬委员会成员总数的2.4%，标准差为0.094，表明不同公司年度之间差异很大，而相应地，校友关联数据缺失（SchoolMiss_R）的均值表明，平均而言缺少毕业院校数据的独董占薪酬委员会成员总数的57.5%；从独董—CEO私人关联（PrivTie_R）看，平均而言具有独董—CEO老乡关系或校友关系的独董占薪酬委员会成员总数的9.3%，同时具有这两种关联独董的平均比例仅占0.4%（0.4% =7.3% +2.4% -9.3%），而相应地，私人关联数据缺失（PrivTieMiss_R）的均值表明，平均而言同时缺少毕业院校和户籍数据的独董占薪酬委员会成员总数的36.9%。③独董—CEO任职关联：Appoint_R的均值为0.342，表明平均而言拥有独董—CEO任职关联的独董占薪酬委员会成员总数的34.2%，标准差为0.310，说明不同公司年度间差异较大。

表5-2　　主要变量描述性统计结果

变量	观测值	均值	标准差	最大值	中位数	最小值
CEOPay[①]	19555	72.21	69.80	459.94	53.00	6.50
Luck	19555	0.032	0.013	0.065	0.030	0.001
Skill	19555	0.001	0.055	0.147	0.001	-0.237

续表

变量	观测值	均值	标准差	最大值	中位数	最小值
SimiAge_R	19555	0.352	0.258	1	0.333	0
SimiEdu_R	19555	0.358	0.268	1	0.333	0
SimiFile_R	19555	0.516	0.229	1	0.600	0
Homie_R	19555	0.073	0.185	1	0	0
HomieMiss_R	19555	0.617	0.473	1	1	0
School_R	19555	0.024	0.094	1	0	0
SchoolMiss_R	19555	0.575	0.479	1	1	0
PrivTie_R	19555	0.093	0.198	1	0	0
PrivTieMiss_R	19555	0.369	0.474	1	0	0
Appoint_R	19555	0.342	0.310	1	0.333	0
Size	19555	22.06	1.234	25.80	21.90	19.76
Lev	19555	0.436	0.207	0.892	0.432	0.051
MTB	19555	2.555	1.753	10.46	1.997	0.868
Volatility	19555	0.135	0.066	0.427	0.120	0.044
Dual	19555	0.264	0.441	1	0	0
NBoard	19555	2.148	0.199	2.708	2.197	1.609
Indd	19555	0.372	0.052	0.571	0.333	0.333
LShare	19555	35.02	14.87	74.09	33.22	8.720
CEOHold	19555	0.045	0.108	0.517	0	0
CEOAge	19555	3.881	0.133	4.174	3.892	3.497
CEOTenure	19555	1.371	0.653	2.683	1.390	0.030
East	19555	0.687	0.464	1	1	0
State	19555	0.412	0.492	1	0	0

注：①为了便于统计，这里使用 CEO 年度薪酬并以万元为单位，与其他连续变量一致在上下 1% 分位上进行缩尾处理。如果不进行缩尾处理，样本观测值中 CEO 最大薪酬为 3296 万元，最低薪酬为 1 万元。

控制变量方面。公司成长机会（MTB），均值为 2.555，中位数 1.997，均大于 1，标准差为 1.753，表明平均而言中国上市公司具有较高的成长机会，但不同公司年度间差异较大。从两职合一（Dual）看，平均而言26.4%的公司年度存在董事长与CEO两职合一。董事会独董比例（Indd），均值为0.372，中位数0.333，考虑到人的不可分割性，平均而言样本期间上市公司董事会独董构成刚刚达到证监会2001年颁布的《关于在上市公司建立独立董事制度的指导意见》的要求，同时标准差仅为0.052，表明不同公司年度间变动不大，不考虑独董实质独立性差异情况下董事会独董比例呈现趋同性，不能反映董事会真正独立性（李维安等，2017）。

5.3.2 薪酬委员会形式独立的监督效应

本章研究核心是基于薪酬—运气业绩敏感性和薪酬—才能业绩敏感性的角度，检验薪酬委员会中独董与CEO存在社会关联是否降低CEO薪酬有效性，并且认为在不考虑独董社会关联的情况下，薪酬委员会中独董构成并不能代表独立性。因此为检验本章假设，首先应该验证样本期间上市公司存在薪酬—运气业绩敏感性和薪酬—才能业绩敏感性，其次应该证明薪酬委员会形式独立性不能对CEO薪酬契约有效性产生影响，表5-3为检验结果。

从表5-3的列（1）可以看出，运气业绩之前的回归系数为3.856，才能业绩前回归系数为2.641，且均在1%水平上显著，表明样本期间CEO薪酬契约存在薪酬—运气业绩敏感性和薪酬—才能业绩敏感性，并且薪酬对运气业绩的敏感性相较于对才能业绩的敏感性更高，与已有研究类似（邓晓岚等，2015）。从控制变量来看。财务特征方面：公司规模（Size）、成长性（MTB）更高的公司中CEO获得更高的薪酬，而财务风险（Lev）和股票收益波动（Volatility）更高的公司中CEO获得更低的薪酬；公司治理特征方面：两职合一（Dual）与董事会规模（NBoard）更大的公司中CEO获得更高薪酬，这与管理者权力理论相一致，但董事会中独董比例并没有显著影响CEO薪酬，很有可能是独董比例仅表征形式独立性，第一大股东持股比例（LShare）越大的公司CEO薪酬越低，与大股东监督效应一致，而CEO持股比例（CEOHold）与CEO薪酬契约负相关则体现CEO持股后与股东之间的利益趋同效应。为证明薪酬委员会形式独立性不能对

CEO 薪酬契约有效性产生影响，本书构建薪酬委员会中独董占比变量 SalIndd，以及其与运气业绩和才能业绩的交乘项 SalIndd × Luck、SalIndd × Skill，带入模型（3）进行回归。从表 5－3 列（2）可以看出无论是 SalIndd × Luck 还是 SalIndd × Skill 系数均不显著，且 t 值很小，表明以独董比例仅辨识薪酬委员会的形式独立性，并没有带来监督效应，要探讨独董为薪酬委员会监督带来的独立性必须考虑独董个体差异，即考虑影响独董实质独立的社会关联。

表 5－3　　运气薪酬存在性及薪酬委员会形式独立的监督效应

变量	(1)	(2)
	LnCEOPay	LnCEOPay
Luck	3.856*** (4.05)	3.848*** (4.05)
Skill	2.641*** (23.88)	2.646*** (26.68)
SalIndd	—	0.123*** (3.07)
SalIndd × Luck	—	−2.691 (−0.88)
SalIndd × Skill	—	0.469 (0.66)
Size	0.258*** (42.21)	0.257*** (44.75)
Lev	−0.116*** (−3.52)	−0.113*** (−3.62)
MTB	0.039*** (9.58)	0.039*** (10.58)
Volatility	−0.291*** (−2.99)	−0.294*** (−3.15)

续表

变量	(1)	(2)
	LnCEOPay	LnCEOPay
Dual	0.103*** (7.86)	0.102*** (8.04)
NBoard	0.139*** (4.74)	0.139*** (4.67)
Indd	0.014 (0.13)	-0.024 (-0.22)
LShare	-0.004*** (-11.98)	-0.004*** (-12.26)
CEOHold	-0.397*** (-7.73)	-0.396*** (-7.47)
CEOAge	0.253*** (6.50)	0.252*** (6.61)
CEOTenure	0.000 (0.05)	0.001 (0.10)
East	0.221*** (20.62)	0.220*** (20.87)
State	-0.044*** (-3.63)	-0.047*** (-4.05)
Industry	控制	控制
Year	控制	控制
_cons	5.619*** (16.90)	5.580*** (15.91)
N	19555	19555
Adj_R^2	0.296	0.296
F	159.264	162.464

注：表中括号内数字为 t 值；系数上表中，***、**、* 分别表示在 1%、5%、10% 水平上显著，后文同。

5.3.3 薪酬委员会独董—CEO相似性关联与CEO薪酬契约有效性

为检验假设5.1，验证薪酬委员会中独董—CEO相似性关联对CEO薪酬契约有效性的影响，以独董—CEO相似性关联（SimiAge_R、SimiEdu_R、SimiFile_R）及其与Luck和Skill交乘项作为核心解释变量，带入模型（5-1）进行回归，结果如表5-4所示。首先，表5-4的列（1）展示了独董与CEO之间年龄相似性关联对CEO薪酬契约有效性的影响，可以看出交乘项SimiAge_R×Luck系数显著为正、SimiAge_R×Skill系数显著为负，表明独董—CEO年龄相似性提高了CEO薪酬—运气业绩敏感性，同时降低了CEO薪酬—才能业绩敏感性，支持假设5.1。其次，表5-4的列（2）展示了独董与CEO之间学历相似性关联对CEO薪酬契约有效性的影响，可以看出交乘项SimiEdu_R×Luck的系数显著为正，表明独董—CEO年龄相似性提高CEO薪酬—运气业绩敏感性，部分支持假设5.1。最后，综合考虑这两种关联情况下，表5-4的列（3）展示了独董与CEO之间存在年龄或学历方面人口统计特征相似性对CEO薪酬契约有效性的影响，可以看出交乘项SimiFile_R×Luck的系数显著为正、SimiFile_R×Skill的系数显著为负，表明独董—CEO人口特征相似性关联提高了CEO薪酬—运气业绩敏感性，同时降低了CEO薪酬—才能业绩敏感性，支持假设5.1。

综上可以推断，当薪酬委员会中独董与CEO之间存在人口统计特征相似性时，独董可能会基于这些特征将自己与CEO进行归类，从而增强彼此之间的契合度和认同感，具体表现为在制定CEO薪酬契约的决策过程中更倾向于尊重CEO的看法而不是提出反对意见，无法客观、公正地对CEO进行监督，降低CEO薪酬契约有效性，使CEO薪酬契约表现为更高的薪酬—运气业绩敏感性或更低的薪酬—才能业绩敏感性。

表 5-4　　薪酬委员会独董—CEO 相似性关联与 CEO 薪酬契约有效性

变量	(1)	(2)	(3)
	LnCEOPay	LnCEOPay	LnCEOPay
Luck	3.838*** (4.04)	3.864*** (4.07)	3.856*** (4.06)
Skill	2.640*** (26.62)	2.646*** (26.70)	2.637*** (26.60)
SimiAge_R	0.036* (1.95)	—	—
SimiEdu_R	—	0.097*** (5.54)	—
SimiFile_R	—	—	0.017 (1.15)
SimiAge_R × Luck	2.790** (1.98)	—	—
SimiAge_R × Skill	-0.858*** (-2.63)	—	—
SimiEdu_R × Luck	—	2.379* (1.75)	—
SimiEdu_R × Skill	—	0.398 (1.26)	—
SimiFile_R × Luck	—	—	3.027*** (2.59)
SimiFile_R × Skill	—	—	-0.479* (-1.77)
Size	0.258*** (44.92)	0.257*** (44.81)	0.258*** (44.87)
Lev	-0.115*** (-3.68)	-0.115*** (-3.67)	-0.116*** (-3.71)
MTB	0.039*** (10.59)	0.039*** (10.60)	0.039*** (10.60)

续表

变量	(1)	(2)	(3)
	LnCEOPay	LnCEOPay	LnCEOPay
Volatility	-0. 293*** (-3. 14)	-0. 287*** (-3. 08)	-0. 293*** (-3. 15)
Dual	0. 103*** (8. 09)	0. 101*** (7. 96)	0. 103*** (8. 09)
NBoard	0. 140*** (4. 73)	0. 138*** (4. 64)	0. 141*** (4. 74)
Indd	0. 009 (0. 09)	-0. 007 (-0. 07)	0. 017 (0. 16)
LShare	-0. 004*** (-12. 18)	-0. 004*** (-12. 23)	-0. 004*** (-12. 25)
CEOHold	-0. 397*** (-7. 48)	-0. 395*** (-7. 44)	-0. 395*** (-7. 44)
CEOAge	0. 247*** (6. 45)	0. 258*** (6. 77)	0. 253*** (6. 62)
CEOTenure	0. 000 (0. 06)	-0. 001 (-0. 07)	0. 001 (0. 07)
East	0. 222*** (21. 06)	0. 220*** (20. 87)	0. 222*** (21. 04)
State	-0. 045*** (-3. 85)	-0. 047*** (-4. 04)	-0. 045*** (-3. 81)
Industry	控制	控制	控制
Year	控制	控制	控制
_cons	5. 637*** (16. 09)	5. 586*** (15. 95)	5. 612*** (16. 01)
N	19555	19555	19555
Adj_R^2	0. 297	0. 297	0. 296
F	162. 626	163. 140	162. 537

5.3.4 薪酬委员会独董—CEO 私人关联与 CEO 薪酬契约有效性

为检验假设5.2，验证薪酬委员会中独董—CEO 私人关联对 CEO 薪酬契约有效性的影响，以独董—CEO 私人关联（Homie_R、School_R、PrivTie_R）及其与 Luck 和 Skill 交乘项作为核心解释变量，带入模型（5 - 1）进行回归，同时分别控制老乡关联数据缺失（HomieMiss_R）、校友关联数据缺失（SchoolMiss_R）与私人关联数据缺失（PrivTieMiss_R），结果如表5 - 5所示。首先，表5 - 5 的列（1）展示了独董与 CEO 之间老乡关联对 CEO 薪酬契约有效性的影响，可以看出交乘项 Homie_R × Luck 的系数显著为正、Homie_R × Skill 的系数显著为负，表明独董—CEO 老乡关联提高了 CEO 薪酬—运气业绩敏感性，同时降低了 CEO 薪酬—才能业绩敏感性，支持假设5.2。其次，表5 - 5 的列（2）展示了独董与 CEO 之间校友关联对 CEO 薪酬契约有效性的影响，可以看出交乘项 School_R × Luck 的系数显著为正，表明独董—CEO 校友关系提高了 CEO 薪酬—运气业绩敏感性，部分支持假设5.2。最后，综合考虑老乡和校友这两种关联情况下，表5 - 5 的列（3）展示了独董与 CEO 之间籍贯或毕业院校方面相似性对 CEO 薪酬契约有效性的影响，可以看出交乘项 PrivTie_R × Luck 的系数显著为正、PrivTie_R × Skill 的系数显著为负，表明独董—CEO 私人关联提高了 CEO 薪酬—运气业绩敏感性，同时降低了 CEO 薪酬—才能业绩敏感性，支持假设5.2。

综上可以推断，当薪酬委员会中独董与 CEO 之间存在校友、老乡等私人关系时会有共同文化认同和价值认同，出于对自我的尊重，独董可能会在心理上偏向于积极评价与 CEO 相关的决策，表现出内隐自我中心效应。具体表现为在制定 CEO 薪酬契约的决策过程中倾向于认同 CEO 对其利益的维护，尊重 CEO 的看法而不是提出反对意见，降低客观、公正评价 CEO 的可能性，削弱 CEO 薪酬契约有效性，使 CEO 薪酬契约表现为更高的薪酬—运气业绩敏感性或更低的薪酬—才能业绩敏感性。

表5-5 薪酬委员会独董—CEO私人关联与CEO薪酬契约有效性

变量	(1)	(2)	(3)
	LnCEOPay	LnCEOPay	LnCEOPay
Luck	3.848*** (4.05)	3.773*** (3.98)	3.829*** (4.04)
Skill	2.652*** (26.75)	2.639*** (26.66)	2.653*** (23.97)
Homie_R	-0.129*** (-6.42)	—	—
School_R	—	0.044 (0.76)	—
PrivTie_R	—	—	-0.161*** (-6.01)
Homie_R × Luck	2.397* (1.84)	—	—
Homie_R × Skill	-0.905*** (-2.95)	—	—
School_R × Luck	—	8.465* (1.83)	—
School_R × Skill	—	0.056 (0.05)	—
PrivTie_R × Luck	—	—	4.213** (2.16)
PrivTie_R × Skill	—	—	-0.969** (-2.10)
Size	0.256*** (44.44)	0.251*** (43.43)	0.252*** (41.14)
Lev	-0.115*** (-3.69)	-0.106*** (-3.39)	-0.107*** (-3.25)

续表

变量	(1)	(2)	(3)
	LnCEOPay	LnCEOPay	LnCEOPay
MTB	0. 038 *** (10. 09)	0. 037 *** (10. 00)	0. 037 *** (9. 01)
Volatility	-0. 293 *** (-3. 14)	-0. 285 *** (-3. 06)	-0. 298 *** (-3. 07)
Dual	0. 104 *** (8. 14)	0. 097 *** (7. 66)	0. 102 *** (7. 82)
NBoard	0. 140 *** (4. 71)	0. 138 *** (4. 66)	0. 139 *** (4. 74)
Indd	0. 006 (0. 06)	-0. 020 (-0. 19)	-0. 002 (-0. 02)
LShare	-0. 004 *** (-12. 27)	-0. 004 *** (-12. 06)	-0. 004 *** (-11. 92)
CEOHold	-0. 414 *** (-7. 79)	-0. 412 *** (-7. 78)	-0. 415 *** (-8. 06)
CEOAge	0. 251 *** (6. 59)	0. 281 *** (7. 37)	0. 267 *** (6. 87)
CEOTenure	0. 002 (0. 24)	-0. 003 (-0. 37)	0. 000 (0. 06)
East	0. 221 *** (20. 99)	0. 220 *** (20. 92)	0. 221 *** (20. 71)
State	-0. 043 *** (-3. 71)	-0. 040 *** (-3. 42)	-0. 038 *** (-3. 12)
HomieMiss_R	-0. 063 *** (-5. 32)	—	—
SchoolMiss_R	—	-0. 103 *** (-9. 88)	—

续表

变量	(1)	(2)	(3)
	LnCEOPay	LnCEOPay	LnCEOPay
PrivTieMiss_R	—	—	-0.119*** (-11.20)
Industry	控制	控制	控制
Year	控制	控制	控制
_cons	5.737*** (16.36)	5.743*** (16.42)	5.770*** (18.37)
N	19555	19555	19555
Adj_R^2	0.298	0.300	0.301
F	160.574	162.161	150.125

5.3.5 薪酬委员会独董—CEO任职关联与CEO薪酬契约有效性

为检验假设5.3，验证薪酬委员会中独董—CEO任职关联对CEO薪酬契约有效性的影响，以独董—CEO任职关联（Appoint_R）及其与Luck和Skill交乘项作为核心解释变量，带入模型（5-1）进行回归，结果如表5-6所示。表5-6的列（1）展示了独董与CEO之间任职关联对CEO薪酬契约有效性的影响，可以看出交乘项 Appoint_R × Luck 的系数显著为正、Appoint_R × Skill 的系数显著为负，表明独董—CEO任职关联提高了CEO薪酬—运气业绩敏感性，同时降低了CEO薪酬—才能业绩敏感性，支持假设5.3。

综上可以推断，当薪酬委员会中独董职位获得受到CEO的影响时，出于互惠规范独董更有可能向CEO提供支持性和合作行为。具体表现为在制定CEO薪酬契约决策过程中倾向于维护认同CEO的利益，尊重CEO的看法而不是提出反对意见，降低客观、公正评价CEO的可能性，削弱CEO薪酬契约有效性，使CEO薪酬契约表现为更高的薪酬—运气业绩敏感性或更低的薪酬—才能业绩敏感性。

表 5 – 6　　薪酬委员会独董—CEO 任职关联与 CEO 薪酬契约有效性

变量	(1) LnCEOPay
Luck	3. 946*** (4. 15)
Skill	2. 646*** (23. 93)
Appoint_R	0. 049** (2. 56)
Appoint_R × Luck	3. 710*** (2. 99)
Appoint_R × Skill	–0. 653** (–2. 13)
Size	0. 258*** (42. 17)
Lev	–0. 113*** (–3. 44)
MTB	0. 039*** (9. 60)
Volatility	–0. 309*** (–3. 17)
Dual	0. 102*** (7. 78)
NBoard	0. 138*** (4. 69)
Indd	0. 005 (0. 04)
LShare	–0. 004*** (–12. 01)

续表

变量	(1)
	LnCEOPay
CEOHold	-0.396*** (-7.72)
CEOAge	0.254*** (6.52)
CEOTenure	-0.013 (-1.40)
East	0.220*** (20.54)
State	-0.045*** (-3.66)
Industry	控制
Year	控制
_cons	5.635*** (17.08)
N	19555
Adj_R^2	0.297
F	150.506

5.4 稳健性检验

5.4.1 排除可能的替代性解释

(1) 三种独董—CEO 社会关联是否独立存在的问题

本书将独董—CEO 相似性关联、独董—CEO 私人关联和独董—CEO 任职关联作为三种独立存在的、影响独董监督 CEO 时独立性的因素，然而已有研究发现高权力 CEO 倾向于任命对自己友好的独董（Westphal 和 Zajac，1995；刘诚等，2012）。Westphal 和 Zajac（1995）研究发现，当 CEO 能够影响独董任命时，更倾向于任命与自己在人口统计学特征上相似的独董；刘诚等（2012）研究发现 CEO 偏好于任命与自己存在校友关系、老乡关系等私人关系的独董，并且 CEO 权力越大这种偏好越明显。因此，可能本书发现的独董—CEO 任职关联的作用是由于 CEO 任命了与自己具有人口统计学相似性或私人关联的友好董事导致的。为排除这种可能，本书将独董—CEO 相似性关联、独董—CEO 私人关联和独董—CEO 任职关联放入同一个模型考察它们对 CEO 薪酬契约有效性的影响，检验是否依然能够观测到它们各自发挥的作用，结果如表 5 –7 所示。可以看出，三种独董—CEO 社会关联与运气业绩交乘项的系数均显著为正，与才能业绩交乘项系数均显著为负，表明本书论证的三种独董—CEO 社会关联均能够独自发挥作用，支持本书假设 5. 1、假设 5. 2 和假设 5. 3。

表 5 –7　　稳健性检验：三种独董—CEO 社会关联是否独立发挥作用

变量	(1)
	LnCEOPay
Luck	3. 920 *** (4. 14)
Skill	2. 655 *** (26. 86)
Appoint_R	0. 047 ** (2. 47)
SimiFile_R	0. 017 (1. 10)
PrivTie_R	–0. 164 *** (–6. 22)
Appoint_R × Luck	3. 834 *** (3. 22)

续表

变量	(1)
	LnCEOPay
Appoint_R × Skill	-0.684** (-2.48)
SimiFile_R × Luck	2.800** (2.41)
SimiFile_R × Skill	-0.485* (-1.81)
PrivTie_R × Luck	4.021** (2.13)
PrivTie_R × Skill	-0.957** (-2.18)
Size	0.251*** (43.63)
Lev	-0.104*** (-3.33)
MTB	0.037*** (10.02)
Volatility	-0.318*** (-3.42)
Dual	0.101*** (7.94)
NBoard	0.139*** (4.68)
Indd	-0.008 (-0.07)
LShare	-0.004*** (-12.21)
CEOHold	-0.412*** (-7.78)

续表

变量	(1)
	LnCEOPay
CEOAge	0.267*** (7.02)
CEOTenure	-0.013 (-1.36)
PrivTieMiss_R	0.221*** (21.02)
East	-0.039*** (-3.32)
State	-0.120*** (-11.11)
Industry	控制
Year	控制
_cons	5.782*** (16.54)
N	19555
Adj_R^2	0.302
F	146.844

（2）CEO 权力对独董—CEO 任职关联作用的干扰

本书对独董—CEO 任职关联进行衡量的一个重要条件是 CEO 早于独董入职，那么可以预见 CEO 任期越长越可能导致更多的拥有独董—CEO 任职关联的董事进入薪酬委员会。已有研究认为在任时间越长 CEO 权力越大，越有可能进行自定薪酬（权小锋等，2010），因此本书观测到的独董—CEO 任职关联指标对 CEO 薪酬契约有效性的负面影响可能是该变量表征了 CEO 权力所致。为排除 CEO 权力对独董—CEO 任职关联作用的干扰，本书借鉴 Coles et al.（2014）和 Lima et al.（2020）的做法，采用两阶段回归：第一阶段，以独董—CEO 任职关联（Appoint_R）对 CEO 任期（CEOTenure）

进行回归，并取残差，记为 Appoint_R2；第二阶段，以 Appoint_R2 度量独董—CEO 任职关联，重新对模型（5－1）进行回归，结果如表 5－8 所示。从表 5－8 的列（1）可以看出，CEO 任期越长薪酬委员会中存在独董—CEO 任职关联的独董比例越大；表 5－8 的列（2）中，解释变量 Appiont_R2 是列（1）的回归残差，从计量上排除 CEO 任期对 Appoint_R 指标的干扰，可以看出交乘项 Appoint_R2 × Luck 系数在 1% 水平上显著为正，交乘项 Appoint_R2 × Skill 系数在 5% 水平上显著为负，进一步证明本书假设 5.3。

表 5－8　　稳健性检验：CEO 权力对独董—CEO 任职关联的干扰

变量	(1)	(2)
	Appoint_R	LnCEOPay
CEOTenure	0.284*** (126.17)	0.000 (0.06)
Luck	—	3.906*** (4.11)
Skill	—	2.655*** (24.01)
Appoint_R2	—	0.048** (2.53)
Appoint_R2 × Luck	—	6.423*** (4.15)
Appoint_R2 × Skill	—	－0.883** (－2.34)
Size	—	0.257*** (42.07)
Lev	—	－0.114*** (－3.45)
MTB	—	0.039*** (9.56)

续表

变量	(1)	(2)
	Appoint_R	LnCEOPay
Volatility	—	-0.304*** (-3.12)
Dual	—	0.102*** (7.78)
NBoard	—	0.138*** (4.70)
Indd	—	0.007 (0.06)
LShare	—	-0.004*** (-12.01)
CEOHold	—	-0.399*** (-7.76)
CEOAge	—	0.254*** (6.51)
East	—	0.221*** (20.59)
State	—	-0.045*** (-3.66)
Industry	控制	控制
Year	控制	控制
_cons	0.051 (0.56)	5.642*** (17.02)
N	19555	19555
Adj_R^2	0.370	0.297
F	512.829	150.836

5.4.2 内生性检验

本书虽然通过回归发现薪酬委员会独董—CEO 社会关联降低 CEO 薪酬契约有效性，但是这种结果可能是独董—CEO 社会关联指标的内生性导致的。一方面，独董与 CEO 之间存在相似性关联、私人关联或任职关联会对 CEO 薪酬契约有效性产生负面影响；另一方面，CEO 出于自身利益考虑，为获得更多的非业绩薪酬等私有收益也可能主动影响独董的聘任，选择与自己具有社会关联的独董从而减少受到的监督（刘诚等，2012），后者的反向因果关系会对本书结论产生干扰。为解决前述可能的反向因果问题，本书借鉴 Khanna 等（2015）和陆瑶和胡江燕（2016）的思想，构建工具变量，采用工具变量的两阶段回归模型。

在样本期间，《中华人民共和国公司法》第一百二十二条规定，独立董事原则上最多在 5 家上市公司兼任独立董事，并确保有足够的时间和精力有效地履行独立董事的职责。以此为基础，本书通过以下步骤寻找工具变量：

首先，判断每位独董当年是否仍可以兼任其他公司独董，如果某位独董当前兼任席位小于 5，则该独董仍可能作为新的独董任职其他公司，从而增加 1 个独董供给。按照某公司所在省份计算相对于该公司来说，该省中除该公司外所有上市公司的独董能够提供的独董供给，求和，记为 Appoint_IV。可以看出，该变量受到上市公司影响的可能性不大，但却能够影响独董选聘时独董的可得性，因此将 Appoint_IV 作为该公司独董—CEO 任职关联（Appiont_R）的工具变量具有较好的合理性。

其次，对某公司来说，其面临的省内独董总供给量为 Appoint_IV，将这些备选中每一位独董年龄和学历特征与该公司 CEO 相应特征进行比较，保留满足本书中关于独董—CEO 年龄相似性或独董—CEO 学历相似性判断标准的独董，进行数量求和，记为 SimiFile_IV，将其作为独董—CEO 人口特征相似性关联（SimiFile_R）的工具变量。

最后，对某公司来说，其面临的省内独董总供给量为 Appoint_IV，将这些备选中每一位独董籍贯和毕业院校特征与该公司 CEO 相应特征进行比较，保留满足本书中关于独董—CEO 老乡关系或独董—CEO 校友关系判断标准的独董，进行数量求和，记为 PrivTie_IV，将其作为独董—CEO 私人关联（PrivTie_R）的工具变量。

在构建工具变量之后，进行两阶段回归检验：第一阶段，分别以独董—CEO 任职关联（Appoint_R）、独董—CEO 人口特征相似性关联（SimiFile_R）和独董—CEO 私人关联（PrivTie_R）对相应的工具变量 Appoint_IV、SimiFile_IV、PrivTie_IV 进行回归，回归中控制模型（5－1）的控制变量，回归结果见表 5－9；回归之后分别计算出模型拟合值记为 Appoint_IVhat、SimiFile_IVhat、PrivTie_IVhat。第二阶段，将前述拟合值及其与运气业绩（Luck）和才能业绩（Skill）的交乘项，分别对应组合作为核心解释变量加入模型（5－1）进行回归，回归结果见表 5－10。从第二阶段回归结果可以看出，三种独董—CEO 关联对薪酬—运气业绩敏感性和薪酬—才能业绩敏感性的影响与主回归总体上保持一致，表明研究结论具有较好的稳健性。

表 5－9　　内生性检验：工具变量法两阶段 OLS 估计（第一阶段）

变量	(1)	(2)	(3)
	SimiFile_R	PrivTie_R	Appoint_R
SimiFile_IV	0.014*** (14.35)	—	—
PrivTie_IV	—	0.060*** (52.65)	—
Appoint_IV	—	—	0.006*** (4.90)
Size	−0.002 (−0.79)	−0.005*** (−3.81)	0.012*** (4.62)
Lev	−0.024** (−2.51)	0.026*** (3.41)	−0.024* (−1.78)

续表

变量	(1)	(2)	(3)
	SimiFile_R	PrivTie_R	Appoint_R
MTB	-0.002 (-1.39)	-0.001 (-0.86)	-0.004 ** (-2.52)
Volatility	0.052 (1.63)	-0.008 (-0.30)	-0.124 *** (-2.86)
Dual	0.002 (0.36)	0.008 ** (2.30)	0.062 *** (10.60)
NBoard	-0.009 (-0.85)	-0.007 (-0.95)	0.048 *** (3.41)
Indd	0.240 *** (6.12)	0.003 (0.11)	0.132 ** (2.50)
LShare	-0.000 (-0.65)	0.000 (0.82)	-0.001 *** (-9.01)
CEOHold	-0.001 (-0.04)	-0.080 *** (-5.76)	0.070 *** (2.92)
CEOAge	0.064 *** (4.45)	-0.009 (-0.94)	0.282 *** (16.52)
CEOTenure	0.003 (1.29)	-0.001 (-0.32)	—
East	-0.022 *** (-5.16)	-0.043 *** (-16.06)	0.010 * (1.72)
State	0.031 *** (7.86)	-0.005 (-1.58)	-0.013 ** (-2.49)
PrivTieMiss_R	—	-0.014 *** (-5.28)	—
Industry	控制	控制	控制
Year	控制	控制	控制

续表

变量	(1)	(2)	(3)
	SimiFile_R	PrivTie_R	Appoint_R
_cons	0.300*** (4.00)	0.221*** (4.66)	-0.890*** (-6.10)
N	19555	19555	19555
Adj_R²	0.024	0.280	0.054
F	12.268	247.845	27.730

表5-10　内生性检验：工具变量法两阶段OLS估计（第二阶段）

变量	(1)	(2)	(3)
	LnCEOPay	LnCEOPay	LnCEOPay
Luck	4.024*** (4.25)	3.759*** (3.95)	4.582*** (4.83)
Skill	2.607*** (23.90)	2.655*** (23.89)	2.590*** (26.33)
SimiFile_IVhat	4.016*** (17.61)	—	—
PrivTie_IVhat	—	-0.041 (-0.65)	—
Appoint_IVhat	—	—	7.855*** (17.71)
SimiFile_IVhat × Luck	30.780*** (2.83)	—	—
SimiFile_IVhat × Skill	-10.368*** (-3.98)	—	—
PrivTie_IVhat × Luck	—	6.354* (1.75)	—

续表

变量	(1)	(2)	(3)
	LnCEOPay	LnCEOPay	LnCEOPay
PrivTie_IVhat × Skill	—	-1.969 ** (-2.19)	—
Appoint_IVhat × Luck	—	—	28.425 *** (5.43)
Appoint_IVhat × Skill	—	—	-2.228 * (-1.93)
Size	0.263 *** (43.60)	0.252 *** (41.05)	0.167 *** (21.64)
Lev	-0.012 (-0.36)	-0.110 *** (-3.31)	0.071 ** (2.18)
MTB	0.045 *** (11.04)	0.037 *** (8.97)	0.072 *** (17.57)
Volatility	-0.511 *** (-5.23)	-0.295 *** (-3.04)	0.659 *** (6.15)
Dual	0.090 *** (6.89)	0.101 *** (7.70)	-0.391 *** (-12.76)
NBoard	0.160 *** (5.50)	0.143 *** (4.86)	-0.252 *** (-6.86)
Indd	-1.020 *** (-8.56)	0.004 (0.04)	-1.084 *** (-8.91)
LShare	-0.004 *** (-10.87)	-0.004 *** (-11.91)	0.007 *** (9.76)
CEOHold	-0.439 *** (-8.51)	-0.414 *** (-8.04)	-0.979 *** (-15.67)

续表

变量	(1)	(2)	(3)
	LnCEOPay	LnCEOPay	LnCEOPay
CEOAge	-0.011 (-0.26)	0.269*** (6.90)	-1.957*** (-15.02)
CEOTenure	-0.016** (-2.15)	0.001 (0.14)	-0.000 (-0.06)
East	0.198*** (18.26)	0.224*** (20.87)	0.021 (1.35)
State	-0.164*** (-11.83)	-0.038*** (-3.08)	0.073*** (5.49)
HomieMiss_R	—	-0.103*** (-7.54)	—
Industry	控制	控制	控制
Year	控制	控制	控制
_cons	4.594*** (14.37)	5.738*** (17.79)	12.663*** (24.04)
N	19555	19555	19555
Adj_R^2	0.308	0.300	0.308
F	160.481	149.415	171.473

5.5 进一步分析

5.5.1 CEO权力的调节作用

前文研究薪酬委员会独董—CEO关联对CEO薪酬契约有效性的影响，主要是站在独董的角度，基于自我分类理论、内隐自我中心效应和社会交换理论的互惠规范，发现独董由于与 CEO 存在社会关联，导致 CEO 薪酬—运气业绩敏感性的上升和 CEO 薪酬—才能业绩敏感性的降低。接下来本书着重从 CEO 的角度来分析薪酬委员会独董—CEO 关联对 CEO 薪酬契约有效性的影响。

管理者权力理论认为 CEO 可能具有影响董事会的权力，干预薪酬契约的制定从而抽取“租金”（Bebchuk et al.，2002），使薪酬契约本身成为代理成本的一部分（Bebchuk 和 Fried，2003）。运气薪酬是 CEO 获得的私有收益，权力更大的 CEO 无论其是否与独董存在社会关联，均能够以自身正式权力或非正式权威直接影响薪酬委员会的薪酬制定来获得这种私有收益；而当 CEO 权力较小时，独董—CEO 关联则会使独董出于社会分类、自我尊重以及互惠规范等心理形成“妨碍其进行独立客观判断的关系”，导致 CEO 薪酬—运气业绩敏感性的上升和 CEO 薪酬—才能业绩敏感性的降低。因此，CEO 权力和独董—CEO 关联二者对 CEO 薪酬契约有效性降低的负面影响是相互替代的关系，只有 CEO 权力较小时独董—CEO 关联对 CEO 薪酬契约有效性降低的负面影响才会凸显。

基于此，本书借鉴已有研究（权小锋等，2010；刘坤鹏等，2017）选取董事长与总经理两职合一、CEO 持股、董事会规模、实际控制人的监督能力四个指标的特征值大于 1 的主成分来综合度量 CEO 权力。然后，将研究样本分为高 CEO 权力组和低 CEO 权力组，分别检验薪酬委员会独董—CEO 相似性关联、私人关联和任职关联对 CEO 薪酬契约有效性的影响，回归结果见表 5 - 11，其中列（1）至列（3）为高 CEO 权力组样本的回归结果，列（4）至列（6）为低 CEO 权力组样本的回归结果。从表 5 - 11 列（1）至列（6）的交乘项可以看出，高 CEO 权力组中独董—CEO 人口特征相似性关联、私人关联和任职关联对 CEO 薪酬契约有效性的影响均不显著，而低 CEO 权力组中独董—CEO 人口特征相似性关联、私人关联和任职关联均显著降低了 CEO 薪酬契约有效性，表现为提高 CEO 薪酬—运气业绩敏感性，同时降低 CEO 薪酬—才能业绩敏感性，与本书的推论一致。

表 5 - 11　　进一步检验：CEO 权力的调节作用

变量	高 CEO 权力			低 CEO 权力		
	(1)	(2)	(3)	(4)	(5)	(6)
	LnCEOPay	LnCEOPay	LnCEOPay	LnCEOPay	LnCEOPay	LnCEOPay
Luck	3.9242*** (2.72)	3.8611*** (2.69)	3.7549*** (2.58)	3.9676*** (3.12)	3.9402*** (3.11)	4.5248*** (3.53)
Skill	2.5202*** (17.57)	2.5428*** (17.81)	2.5304*** (16.72)	2.6617*** (19.31)	2.6582*** (19.32)	2.5727*** (18.06)
SimiFile_R	0.0135 (0.61)	—	—	0.0198 (0.95)	—	—
PrivTie_R	—	-0.1467*** (-4.08)	—	—	-0.1524*** (-4.25)	—
Appoint_R	—	—	0.0496* (1.77)	—	—	0.0231 (0.92)
SimiFile_R × Luck	2.5512 (1.52)	—	—	3.2165** (1.98)	—	—
SimiFile_R × Skill	-0.1736 (-0.46)	—	—	-0.7363* (-1.90)	—	—
PrivTie_R × Luck	—	1.0897 (0.45)	—	—	5.1153* (1.91)	—
PrivTie_R × Skill	—	-0.1113 (-0.19)	—	—	-1.8784*** (-3.12)	—
Appoint_R × Luck	—	—	1.8886 (1.04)	—	—	4.7720*** (2.69)
Appoint_R × Skill	—	—	-0.0888 (-0.21)	—	—	-1.0271** (-2.55)
Size	0.2917*** (33.14)	0.2824*** (32.05)	0.2916*** (33.11)	0.2346*** (30.52)	0.2306*** (29.90)	0.2339*** (30.44)
Lev	-0.1335*** (-2.89)	-0.1159** (-2.52)	-0.1343*** (-2.91)	-0.1174*** (-2.76)	-0.1171*** (-2.75)	-0.1132*** (-2.66)

续表

变量	高 CEO 权力			低 CEO 权力		
	(1)	(2)	(3)	(4)	(5)	(6)
	LnCEOPay	LnCEOPay	LnCEOPay	LnCEOPay	LnCEOPay	LnCEOPay
MTB	0. 0379*** (7. 27)	0. 0354*** (6. 82)	0. 0379*** (7. 26)	0. 0452*** (8. 49)	0. 0425*** (7. 98)	0. 0450*** (8. 47)
Volatility	−0. 1388 (−1. 02)	−0. 1589 (−1. 18)	−0. 1511 (−1. 11)	−0. 4391*** (−3. 42)	−0. 4208*** (−3. 29)	−0. 4477*** (−3. 49)
Dual	0. 0886*** (5. 32)	0. 0836*** (5. 04)	0. 0895*** (5. 38)	0. 1226 (1. 62)	0. 1169 (1. 55)	0. 1156 (1. 53)
NBoard	0. 1917*** (4. 26)	0. 2023*** (4. 52)	0. 1896*** (4. 21)	0. 1597*** (3. 73)	0. 1530*** (3. 58)	0. 1536*** (3. 59)
Indd	0. 1642 (1. 09)	0. 1408 (0. 94)	0. 1473 (0. 97)	−0. 0076 (−0. 05)	−0. 0112 (−0. 08)	−0. 0170 (−0. 11)
LShare	−0. 0056*** (−10. 81)	−0. 0055*** (−10. 75)	−0. 0056*** (−10. 76)	−0. 0029*** (−6. 39)	−0. 0029*** (−6. 44)	−0. 0029*** (−6. 47)
CEOHold	−0. 2576*** (−4. 49)	−0. 2835*** (−4. 96)	−0. 2604*** (−4. 53)	−0. 8557*** (−5. 00)	−0. 8882*** (−5. 20)	−0. 8546*** (−4. 98)
CEOAge	0. 2750*** (4. 83)	0. 3020*** (5. 33)	0. 2715*** (4. 78)	0. 2137*** (4. 11)	0. 2217*** (4. 28)	0. 2179*** (4. 20)
CEOTenure	0. 0007 (0. 28)	0. 0002 (0. 07)	−0. 0013 (−0. 49)	−0. 0058* (−1. 65)	−0. 0054 (−1. 54)	−0. 0075* (−1. 88)
East	0. 2232*** (13. 85)	0. 2237*** (13. 96)	0. 2225*** (13. 81)	0. 2242*** (16. 01)	0. 2230*** (15. 94)	0. 2218*** (15. 84)
State	−0. 0417** (−2. 25)	−0. 0364** (−1. 97)	−0. 0432** (−2. 33)	−0. 0459*** (−3. 02)	−0. 0398*** (−2. 61)	−0. 0459*** (−3. 02)
HomieMiss_R	—	−0. 1596*** (−10. 01)	—	—	−0. 0878*** (−6. 02)	—
Industry	控制	控制	控制	控制	控制	控制
Year	控制	控制	控制	控制	控制	控制

续表

变量	高 CEO 权力			低 CEO 权力		
	(1)	(2)	(3)	(4)	(5)	(6)
	LnCEOPay	LnCEOPay	LnCEOPay	LnCEOPay	LnCEOPay	LnCEOPay
_cons	5.0861*** (12.44)	5.2351*** (12.86)	5.1289*** (12.53)	5.6909*** (12.96)	5.8129*** (13.25)	5.6778*** (12.94)
N	8963	8963	8963	10592	10592	10592
Adj_R^2	0.304	0.312	0.305	0.295	0.298	0.296
F	79.470	80.671	79.511	88.095	87.588	88.267

5.5.2 薪酬委员会主任独董与非主任独董监督异质性

《上市公司治理准则》针对董事会下设的专门委员会规定，“……审计委员会、提名委员会、薪酬与考核委员会中独立董事应占多数并担任召集人”，因此 A 股上市公司的薪酬委员会中通常由一名独董担任主任委员，实践中可能称为“主任”“召集人”“主席”“负责人”或“牵头人”等，本书称为主任独董。由于主任独董负责召集薪酬委员会成员并牵头发挥对 CEO 薪酬契约的监督作用，非主任独董的监督职能发挥有可能会受到主任独董的影响，因此主任独董可能成为影响薪酬委员会监督质量的关键少数。可以推断，薪酬委员会的主任独董相较于非主任独董，其独董—CEO 关联对 CEO 薪酬契约有效性的影响更重要。

为证明前述推断，本书将薪酬委员会中独董区分为主任独董和非主任独董，并分别定义对应的独董—CEO 关联指标：（1）主任独董的独董—CEO 关联（CGuanlianH）。具体定义为：首先，在公司—独董层面，对每位独董将其独董—CEO 人口特征相似性（SimiFile）、独董—CEO 私人关系（PrivTie）、独董—CEO 任职关联（Appoint）三个指标加总，获得独董—CEO 关联（Guanlian）总得分，取值可能为 0、1、2、3。其次，计算公司—独董层面的高独董—CEO 关联（GuanlianH），为虚拟变量，如果 Guanlian 大于等于2，值为1，否为0①。最后，针对主任独董的高独董—CEO关联（GuanlianH）记为CGuanlianH。（2）非主任独董的独董—CEO关联（GGuanlianH_R）。具体为，薪酬委员会中高独董—CEO关联（GuanlianH取值为1）的非主任独董比例。将CGuanlianH和GGuanlianH_R指标带入模型（5-1）进行估计，结果如表5-12所示。

表5-12　进一步检验：薪酬委员会主任独董与非主任独董监督异质性

变量	(1)	(2)	(3)
	LnCEOPay	LnCEOPay	LnCEOPay
Luck	3.861*** (4.06)	3.913*** (4.12)	3.879*** (4.08)
Skill	2.641*** (23.86)	2.635*** (23.83)	2.640*** (23.85)
CGuanlianH	-0.003 (-0.27)	—	-0.007 (-0.63)
GGuanlianH_R	—	0.021 (0.81)	0.027 (0.95)
CGuanlianH × Luck	2.451*** (3.17)	—	1.785** (2.04)
CGuanlianH × Skill	-0.546*** (-2.89)	—	-0.586*** (-2.79)
GGuanlianH_R × Luck	—	5.770*** (2.93)	3.660 (1.64)
GGuanlianH_R × Skill	—	-0.485 (-1.01)	0.238 (0.45)
Size	0.258*** (42.19)	0.258*** (42.22)	0.258*** (42.20)

① 通过对独董—CEO关联（Guanlian）总得分进行描述性统计发现，均值为1.47，同时至少90%的独董取值大于等于1，说明绝大多数独董至少存在1种关联。

续表

变量	(1)	(2)	(3)
	LnCEOPay	LnCEOPay	LnCEOPay
Lev	-0.115*** (-3.50)	-0.117*** (-3.55)	-0.116*** (-3.51)
MTB	0.039*** (9.55)	0.039*** (9.61)	0.039*** (9.58)
Volatility	-0.302*** (-3.11)	-0.299*** (-3.07)	-0.306*** (-3.15)
Dual	0.103*** (7.88)	0.103*** (7.86)	0.103*** (7.86)
NBoard	0.140*** (4.78)	0.139*** (4.73)	0.140*** (4.75)
Indd	0.017 (0.17)	0.009 (0.09)	0.012 (0.12)
LShare	-0.004*** (-12.03)	-0.004*** (-11.95)	-0.004*** (-11.99)
CEOHold	-0.391*** (-7.63)	-0.395*** (-7.69)	-0.390*** (-7.60)
CEOAge	0.251*** (6.44)	0.253*** (6.48)	0.252*** (6.46)
CEOTenure	0.002 (0.22)	-0.001 (-0.17)	0.000 (0.03)
East	0.221*** (20.63)	0.221*** (20.63)	0.221*** (20.63)
State	-0.044*** (-3.62)	-0.045*** (-3.64)	-0.045*** (-3.65)
Industry	控制	控制	控制
Year	控制	控制	控制
_cons	5.638*** (17.15)	5.625*** (17.03)	5.636*** (17.15)

续表

变量	(1)	(2)	(3)
	LnCEOPay	LnCEOPay	LnCEOPay
N	19555	19555	19555
Adj_R^2	0. 297	0. 296	0. 297
F	150. 517	150. 407	142. 368

在表 5 - 12 中，列（1）只考虑主任独董的独董—CEO 关联（CGuanlianH）作用，可以看出主任独董的独董—CEO 关联越高，CEO 薪酬—运气业绩敏感性越高，CEO 薪酬—才能业绩敏感性越低；列（2）只考虑非主任独董的独董—CEO 关联（GGuanlianH_R）作用，可以看出非主任独董的独董—CEO 关联越高，CEO 薪酬—运气业绩敏感性越高，但 CEO 薪酬—才能业绩敏感性没有显著变化；列（3）同时考虑 CGuanlianH 和 GGuanlianH_R 的作用，可以看出主任独董的独董—CEO 关联同时增加 CEO 薪酬—运气业绩敏感性和降低 CEO 薪酬—才能业绩敏感性，而非主任独董的独董—CEO 关联没有显著影响 CEO 薪酬—运气业绩敏感性和 CEO 薪酬—才能业绩敏感性。综上可见，薪酬委员会的主任独董相较于非主任独董，其独董—CEO 关联对 CEO 薪酬契约有效性的影响更重要，抓住主任独董这一“关键少数”十分必要。

5.6 本章小结

本章应用管理学、经济学和社会心理学相关理论，基于薪酬委员会独董—CEO 社会关联视角，研究薪酬委员会中独董—CEO 相似性关联、私人关联和任职关联分别对 CEO 薪酬契约有效性的影响。本章以 2007 ~ 2018 年中国 A 股非金融上市公司为研究对象，通过数据库和手工搜集数据，以社会心理学为指导构建独董—CEO 相似性关联、独董—CEO 私人关联、独董—CEO 任职关联三种独董与 CEO 之间的社会关联，实证检验薪酬委员会中独董—CEO 关联对 CEO 薪酬契约有效性的影响。

研究结论表明，（1）在不考虑独董个体差异的情况下，仅以薪酬委员会中独董比例表示的薪酬委员会形式独立性并没有带来监督效应，不能对 CEO 薪酬契约有效性产生影响，说明研究影响薪酬委员会独董实质独立的社会关联如何影响 CEO 薪酬契约有效性是十分必要且重要的。（2）在薪酬委员会独董—CEO 相似性关联对 CEO 薪酬契约有效性的影响方面，无论是年龄相似性关联、学历相似性关联，还是同时考虑年龄或学历的人口特征相似性关联均降低了 CEO 薪酬契约有效性，表现为更高的薪酬—运气业绩敏感性或更低的薪酬—才能业绩敏感性。（3）在薪酬委员会独董—CEO 私人关联对 CEO 薪酬契约有效性的影响方面，无论是老乡关联、校友关联，还是同时考虑老乡或校友的私人关联均降低了 CEO 薪酬契约有效性，表现为更高的薪酬—运气业绩敏感性或更低的薪酬—才能业绩敏感性。（4）在薪酬委员会独董—CEO 任职关联对 CEO 薪酬契约有效性的影响方面，本章发现二者的任职关联降低了 CEO 薪酬契约有效性，表现为更高的薪酬—运气业绩敏感性或更低的薪酬—才能业绩敏感性。（5）本章在此基础上进行了一系列的稳健性检验，包括排除独董—CEO 任职关联对 CEO 薪酬契约有效性的影响是由于 CEO 任命了与自己具有人口特征相似性或私人关联的独董导致的，即证明了相似性关联、私人关联和任职关联的影响是相互独立存在的；排除以 CEO 任期衡量的 CEO 权力对薪酬委员会独董—CEO 任职关联作用的干扰；采用工具变量法解决可能存在的内生性问题。（6）进一步检验中，首先，本书基于管理者权力理论，分析 CEO 权力对独董—CEO 关联降低 CEO 薪酬契约有效性的异质性作用，发现只有在低 CEO 权力组独董—CEO 关联降低 CEO 薪酬契约有效性的负面影响才显著，而在高 CEO 权力组这种影响不显著，说明 CEO 权力和薪酬委员会独董—CEO 关联对 CEO 薪酬契约有效性降低的负面影响存在相互替代的关系。其次，进一步区分薪酬委员会中主任独董与非主任独董后，发现主任独董的独董—CEO 关联对 CEO 薪酬契约有效性的影响更重要，抓住主任独董这一“关键少数”十分必要。

6 薪酬委员会独董—CEO 关联、独董激励与 CEO 薪酬契约有效性

独董作为薪酬委员会中考核和制定 CEO 薪酬契约的主要成员，其自身的激励问题尚未受到足够重视，而独董有动力履行监督职能是制定激励相容的 CEO 薪酬契约的重要保障（郑志刚等，2017）。相较于 CEO，独董的外部人属性使其必须投入较多的时间和精力来应对信息不对称带来的履职风险，获得有效激励是独董愿意将有限精力和时间投入公司监督工作的内在动力，独董激励包括薪酬激励和声誉激励（Yermack，2004；黄海杰等，2016）。中国上市公司的独董并非全职工作，他们通常是自身全职工作领域的成功人士，如资深会计师、专家和学者等，作为稀缺的人力资源，独董在多个公司兼任（即多席位任职）的情况比较普遍。因此，探究薪酬激励和声誉激励对独董监督作用的影响，必须充分考虑独董多席位任职情况来恰当衡量薪酬激励与声誉激励，使之能够反映独董对其有限兼职时间与精力分配的意愿（Masulis 和 Mobbs，2014）。独董独立性为薪酬委员会监督 CEO 薪酬契约提供行动的立场，独董激励则是独董积极履行监督职责的动力，高监督水平的独董应该同时具备高独立性（低独董—CEO 关联）和充分激励两方面的特征。

本章将立足中国上市公司普遍存在独董多席位任职且独董薪酬通常既不与业绩挂钩也不支付权益薪酬的客观事实，探索以下问题：怎样的独董激励机制，包括薪酬安排和声誉约束能够反映独董投入时间和精力的意愿？独董激励机制能否促进薪酬委员会独董对 CEO 薪酬契约制定和执行的监督？同时具备独立性和充分激励两方面特征的独董是否更加有利于薪酬委

员会监督 CEO 薪酬契约？基于此，本章以 2007 ~ 2018 年中国 A 股非金融上市公司为对象，构建能够恰当反映独董分配其有限履职时间与精力意愿（Masulis 和 Mobbs，2014）的薪酬激励和声誉激励，结合本书第 5 章对独董—CEO 关联（即独董社会独立性的反向刻画）的研究，考察薪酬委员会独董—CEO 关联与独董激励对 CEO 薪酬契约有效性的影响。

6.1 理论分析与研究假设

6.1.1 薪酬委员会独董激励与 CEO 薪酬契约有效性

基于独董相较于内部董事更加维护股东利益这一假设，在公司治理机制中引入独董制度成为缓解股东与 CEO 之间委托代理问题的重要举措，股东将制定 CEO 薪酬契约的权力授权给独董占多数的薪酬委员会以提高 CEO 薪酬契约有效性。然而这里忽略的重要问题是，股东将薪酬契约制定权授权给独董后，独董作为股东的代理人有何动机去维护股东利益（谢德仁，2004）。根据三层次委托代理模型，股东、独董与 CEO 之间的契约关系构成“委托人（股东）—监督人（独董）—代理人（CEO）”的垂直三层次委托代理关系。作为监督人的独董本身也是股东的代理人，作为理性经济人的他们出于自己利益考虑同样会出现逆向选择和道德风险问题，因此恰当的激励机制是促使他们更好履职的内在动力，然而独董激励问题尚未得到足够重视（郑志刚等，2017）。Brick 等（2006）和朱滔（2015）的研究表明如何为作为监督人的董事提供有效激励是影响监督效果的重要因素。相对于 CEO，独董具有外部人属性，导致其不但搜集监督所需信息更为困难，而且面临信息不对称带来的潜在履职风险，诸如利益相关者诉讼、监管处罚等，为更好地履行监督职责独董必然要投入较多的时间和精力，因此必须给予独董适当激励（张天舒等，2018）。

独董激励机制包括薪酬激励和声誉激励（Yermack，2004）。国外研究发现支付独董更多的权益薪酬有助于激励其更好履行监督职责（Jeong 和

Kim，2013；Hwang et al.，2014；Sengupta 和 Zhang，2015），然而目前中国上市公司独董薪酬通常不与业绩挂钩，仅包括固定津贴和一定的“车马费”，且不得进行股权激励。在中国这种无绩效考核的情况下，上市公司在给付独董薪酬时存在地理、行业或公司规模上的“看齐效应”（沈艺峰和陈旋，2016），导致固定薪酬对独董监督职能作用的发挥并不一致（唐雪松等，2010；郑志刚等，2017），单从薪酬绝对数上无法很好地反映中国上市公司独董薪酬激励机制。独董个人总收入的差异可能是导致同等薪酬产生不同激励效应的原因（谭劲松，2003），寻找考量独董在收入层面个体差异的薪酬安排以反映独董投入时间和精力的意愿是关键所在。

中国上市公司的独董并非全职工作，他们通常在其全职工作领域中属于成功人士，如资深会计师、专家和学者等。作为稀缺的人力资源，独董多席位任职的现象比较普遍且呈上升趋势（江新峰等，2020；徐晋等，2021）。据统计，2002 年上市公司独董席位中有 30.93% 由多席位独董任职，至 2018 年该比例为 48.97%；从上市公司总体看，2002 年董事会中存在多席位任职独董的上市公司为 54.46%，而 2018 年该比例上升至 85.97%。多席位任职为独董带来不同收入来源，来自单个公司的收入激励作用必然受其多席位任职获得的总收入的影响。因此，探究独董激励机制对独董监督作用的影响，必须要在充分考虑独董多席位任职的背景下恰当衡量薪酬激励，使之能够反映独董对其有限兼职时间与精力分配的意愿（Masulis 和 Mobbs，2014）。根据资源有限理论，多席位任职的独董会将自己有限的关注（时间和精力）按照任职公司的重要性进行分配，基于理性经济人假设，独董将以不同任职公司带来的相对激励大小（回报）作为衡量重要性的依据。具体到薪酬激励，理性决策下独董会按照不同席位获得的相对薪酬大小来分配自己有限的时间与精力。徐晋等（2021）研究表明，独董从特定公司获取报酬相对于其从所有兼职公司所得收入的大小会影响独董精力和时间投入的分配，董事会中相对薪酬较高的独董越多越有利于监督职能的发挥。因此，在考虑独董多席位任职的情况下，基于收入衡量的相对薪酬能够反映独董投入时间与精力的意愿，薪酬委员会中独董相对薪酬越高，薪酬委员会监督效率越高。基于此提出以下假设：

假设6.1：薪酬委员会中独董相对薪酬越高，CEO薪酬契约有效性越高。具体表现为薪酬—运气业绩敏感性下降，而薪酬—才能业绩敏感性上升。

除薪酬激励外，声誉激励是影响独董履职的另一重要激励机制。声誉受损不利于独董获得更多的职位，从而约束独董机会主义行为，而更高声誉有利于提高独董市场议价能力（Fama和Jensen，1983；黄海杰等，2016）。部分研究认为多席位任职能带来声誉激励（Ferris et al.，2003；叶康涛等，2011），然而过多席位也可能意味着独董更加繁忙从而降低履职效率（Fich和Shivdasani，2006；李志辉等，2017），可见不宜仅从席位多寡来判断声誉激励作用的高低。独董多席位任职的繁忙假说虽然承认独董精力和时间的有限性，但是仍假设多席位独董对所有公司的履职投入都相同。根据资源有限理论，理性决策下独董会按照获得激励的相对大小在不同任职公司间分配自己有限的关注，表现为多席位独董会考虑不同任职公司的相对声誉大小来分配投入的时间和精力（Masulis和Mobbs，2014）。公司规模能够反映公司对独董的声誉激励，规模越大激励程度越高（Fama和Jensen，1983）。一方面，规模更大的公司业务可能更复杂，因监督失败带来声誉受损的可能性更大；另一方面，规模越大带来的知名度越大（Adams和Ferreira，2008；周繁等，2008；全怡和郭卿，2017），越可能帮助独董获得新职位（Yermack，2004）和更高薪酬（Ryan和Wiggins，2004）。因此，给定独董可利用时间和精力的条件下，独董出于利益权衡将基于公司规模大小在不同席位间分配履职时间和精力，规模更大的公司获得的分配权重更大（周建等，2016）。Masulis和Mobbs（2016）研究表明多席位任职独董在规模最大的公司中表现更积极，这些公司中会有更少的盈余管理等损害独董声誉的行为。Sila等（2017）基于公司规模衡量独董声誉的研究发现，董事会中高声誉独董越多，董事会监督质量越高，表现出更高的公司信息披露质量和更低的股价崩盘风险。Bryan和Mason（2020）研究发现相对声誉低的独董比例越大，公司应计盈余质量越低、审计费用越高，说明会计师事务所将较低的独董声誉视为更高审计风险。因此，在考虑独董多席位任职的情况下，基于公司规模衡量的相对声誉大小能够反映独董投入时间与精力的意愿，薪酬委员会中独董相对声誉越高，薪酬委员会监督效果越好。基于此提出以下假设：

假设6.2：薪酬委员会中独董相对声誉越高，CEO薪酬契约有效性越高。具体表现为薪酬—运气业绩敏感性下降，而薪酬—才能业绩敏感性上升。

独董薪酬激励和声誉激励共同决定着独董的激励程度，两者是相互补充的关系。当相对薪酬与相对声誉双高时独董激励程度最高，两者一高一低时次之，双低时独董激励程度最低。本章在以上两个假设的基础上提出以下假设：

假设6.3：薪酬委员会中独董激励程度越高，CEO薪酬契约有效性越高。具体表现为薪酬—运气业绩敏感性下降，而薪酬—才能业绩敏感性上升。

6.1.2 薪酬委员会独董—CEO关联、独董激励与CEO薪酬契约有效性

独立性为独董监督提供行动的立场，使独董明确要维护的利益方和要监督的责任方，体现为独董在思想和态度上不受被监督方的影响（Baelden和Berghe，2005；仲伟周和段海艳，2008），能够对被监督方做出客观公正的判断。独董监督要求的独立性与注册会计师审计要求的“超然独立”不同，它是为公司利益服务而要求的独立性（谭劲松，2003），为公司服务是独董在公司的所有行动上必须保持的立场。在股东与CEO的委托代理契约中，股东拥有公司最终所有权而CEO掌握公司实际控制权，会出现CEO利用优势地位损害股东利益的委托代理冲突，独董维护的是处于相对劣势地位的股东的利益，监督的对象是CEO。当监督CEO时，独董必须确保与CEO之间不存在“妨碍独立客观判断的关系”，排除这类“关系”之后的独董才能真正在监督CEO时保持思想上和态度上不偏向于CEO。正如已有研究和本书第5章研究发现，薪酬委员会独董—CEO关联（相似性关联、私人关联和任职关联）是独董监督CEO时“妨碍其进行独立客观判断的关系”，因此前述社会关联越低的独董越能够提高薪酬委员会的独立性，为薪酬委员会出于维护股东利益而制定有效CEO薪酬契约提供坚定的行动立场。

行动立场是方向性的，决定着薪酬委员会为谁的利益采取行动，但独董监督仅有明确的立场还不够，还要有足够的行动意愿。激励机制为独董积极付出精力和时间提供动力，是独董行动意愿的保障。因此，高监督水平的独董应该同时具备高独立性（即低独董—CEO 关联）和充分激励两个条件，前者确保独董具有坚定的立场，后者确保独董具有足够的监督意愿。独董独立性和充分激励之间存在着互补而非替代的关系。如果是替代关系则意味着，独董仅具有独立性或获得激励就能保证薪酬委员会制定出更有效的薪酬契约，这显然是违背常理的。独董监督 CEO 是有方向的主动行为，独立性和激励分别提供方向性立场和行动意愿两个要素，两个要素无法相互替代，缺少任何一个要素都会妨碍监督效果。独立性是激励机制发挥作用的基本前提，没有独立性可能会使独董激励出现方向上的错误，而无效激励的独董即使存在坚定的立场也没有动力积极监督 CEO。要了解独董独立性与独董激励对薪酬契约有效性的互补作用，深入理解其作用机理可以借用组合分析的方法。鉴于本书研究观点之一为独董—CEO 关联是“妨碍独董进行独立客观判断的关系”且第 5 章已经提供相关证据，因此具体以独董—CEO 关联反向刻画独董独立性，建立独董—CEO 关联与独董激励象限分布图，如图 6 – 1 所示：

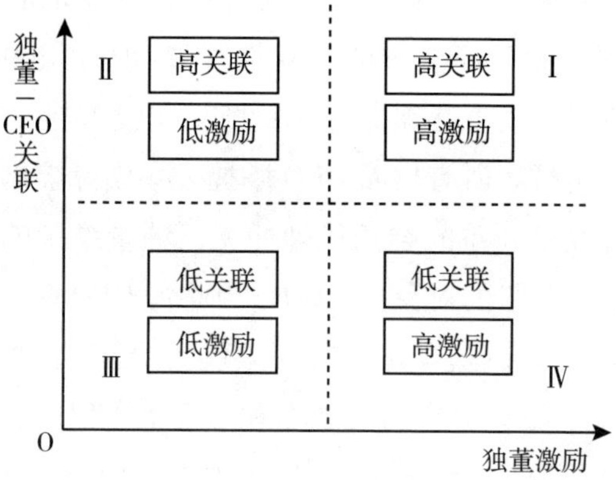

图 6 – 1　独董—CEO 关联、独董激励组合象限分布图

可以看出不同象限下薪酬委员会独董异质性对 CEO 薪酬契约的监督效

果：在第Ⅱ象限，独董具备高独董—CEO 关联（低独立性）和低激励，制定出的薪酬契约有效性最差；在第Ⅳ象限，独董具备低独董—CEO 关联（高独立性）和高激励，最可能制定出有效的薪酬契约；在第Ⅰ象限，独董具备高独董—CEO 关联（低独立性）但有高激励，此时即使独董受到充分激励也会因立场问题使监督效果受限；在第Ⅲ象限，独董具备低独董—CEO 关联（高独立性），但激励偏低，此时虽能具备监督的基础，但激励不足使监督效果受限。因此可以判断，独董处于第Ⅰ象限和第Ⅲ象限时，制定薪酬契约的有效性应该处于最高和最低之间，但两象限之间的比较无法做出确切判断。因此，本章提出以下假设：

假设 6.4：高独董—CEO 关联和低独董激励的薪酬委员会监督水平最低，制定出的 CEO 薪酬契约有效性最差；低独董—CEO 关联和高独董激励的薪酬委员会监督水平最高，制定出的 CEO 薪酬契约最有效；高独董—CEO 关联和高独董激励、低独董—CEO 关联和低独董激励的薪酬委员会监督水平居中。

6.2 研究设计

6.2.1 样本选择与数据来源

2020 年初疫情对经济社会产生巨大冲击，沪深交易所官网均发布了《关于支持上市公司做好 2019 年年度报告审计与披露工作的通知》，规定上市公司可以最迟至 2020 年 6 月 30 日披露 2019 年年报，可能会影响上市公司经营管理以及董事会监督职能的发挥。为规避 2019 年上市公司数据可能给研究设计带来不确定性的影响，本书以 2007 ~ 2018 年中国 A 股上市公司为初始样本，并进行以下样本筛选：（1）删除金融类行业公司；（2）删去在交易所非正常交易公司年度；（3）删除 CEO 薪酬过低（小于 1 万元人民币）的公司年度；（4）为保证 CEO 获得薪酬与会计期间的对应性，删除 CEO 任职不足一年的公司年度；（5）删除指标变量缺失的样本，最终得到

19555 个公司年度样本观测值。公司特征数据和薪酬委员会数据以及 CEO 与独董个人特征数据均来自国泰安（CSMAR）数据库，其中 CEO 和独董个人特征缺失的数据首先利用 Wind 数据库进行补充，仍有缺失的通过手工查找年报、阅读个人简历和网络搜索补充。本书对所有连续变量进行 1% 和 99% 分位的缩尾处理，具体统计分析采用 Stata16.0 软件。

6.2.2 变量定义

有关运气业绩、才能业绩、CEO 薪酬以及 CEO 薪酬契约有效性的度量与第 5 章相同，不再重复介绍。以下主要定义独董相对薪酬激励和相对声誉激励两个变量，如表 6－1 所示。

（1）独董薪酬激励

根据资源限制理论，独董会把自己有限的关注（时间和精力）按照重要性原则在多个任职公司间分配，同时基于理性经济人假设，独董会以不同任职公司带来的相对激励大小（回报）作为衡量重要性的依据。因此，在测度独董的薪酬激励和声誉激励时应该考虑独董多席位任职情况，保证每个公司层面度量的激励程度都能恰当反映独董感知的该公司的重要性。按照这一思路并借鉴已有研究（徐晋等，2021），本书设计两个独董薪酬激励指标：

①独董相对薪酬激励（IDirPay_R）：先计算每个公司中具体独董当年所得薪酬与该独董当年从所有兼职上市公司所得薪酬之比，记为 IDirPay，然后将该指标转换至公司层面，即计算薪酬委员会中独董相对薪酬（IDirPay）的平均值。其中，为统一比较口径，将独董层面指标转化为公司层面时以薪酬委员会中独董规模作为分母进行消减，同时在本章稳健性测试中将使用薪酬委员会规模进行消减来重新度量。此外，当薪酬委员会中不存在独董时，IDirPay_R 赋值 0，下同。

②独董相对最高薪酬激励（IDirPayH_R）：先定义每个公司中独董当年所得薪酬是否是其当年从所有兼职上市公司中获得的最高薪酬，是取 1，否取 0，记为 IDirPayH，然后将该指标转换至公司层面，即计算薪酬委员会

中相对最高薪酬（IDirPayH）的独董比例。

（2）独董声誉激励

与独董薪酬激励度量思路类似，本书设计两个独董声誉激励指标：

①独董相对声誉激励（IDirS_R）：先计算每个独董所在公司总资产与该独董当年在所有兼职上市公司总资产合计之比，记为 IDirS，然后将该指标转换至公司层面，即计算薪酬委员会中独董相对声誉（IDirS）的平均值。

②独董相对最高声誉激励（IDirSH_R）：先定义每个独董所在公司总资产是否是该独董当年在所有兼职上市公司总资产中的最大值，是取 1，否取 0，记为 IDirSH，然后将该指标转换至公司层面，即计算薪酬委员会中相对最高声誉（IDirSH）的独董比例。

（3）独董激励程度

本书认为独董薪酬激励和声誉激励共同决定着独董的激励程度，两者是相互补充的关系。基于此，定义以下两个综合的独董激励程度指标：

①独董相对激励（IDirInce_R）：首先确定公司—独董层面相对激励指标 IDirInce，为独董在每个公司的（薪酬：IDirPayH，声誉：IDirSH）激励组合得分，当为（1，1）时，取值为 3；（1，0）或（0，1）时，取值为 2，（0，0）时，取值为 1。然后将该指标转换至公司层面，即计算薪酬委员会中独董相对激励（IDirInce）的平均值。

②独董相对最高激励（IDirInceH_R）：首先确定公司—独董层面相对最高激励指标 IDirInceH，IDirInce 为 3 时，IDirInceH 取 1，否取 0，然后将该指标转换至公司层面，即计算薪酬委员会中相对最高激励（IDirInceH）的独董比例。

（4）独董监督水平

本书认为独董独立性和独董激励在监督 CEO 方面是相互补充的关系，综合第 5 章独董—CEO 关联指标和本章独董激励程度指标，本书定义以下两个反映独董监督水平的指标：

①独董监督水平（Quality_R）：首先，在公司—独董层面，对每位独董将其独董—CEO 人口特征相似性（SimiFile）、独董—CEO 私人关系

(PrivTie)、独董—CEO任职关联（Appoint）三个指标加总，获得独董—CEO关联（Guanlian）总得分，取值可能为0、1、2、3。其次，计算公司—独董层面的独董独立性（SociInd），为虚拟变量，如果Guanlian小于2，SociInd赋值为1，否为0①。再次，在公司—独董层面计算每个独董的监督水平（Quality），为独董在每个公司的（独立性：SociInd，激励：IDirInceH）监督水平组合得分，当为（1，1）时，取值为3；（1，0）或（0，1）时，取值为2，（0，0）时，取值为1。最后，将该指标转换至公司层面，即计算薪酬委员会中独董监督水平（Quality）的平均值。

②独董高监督水平（QualityH_R）：首先确定公司—独董层面的独董最高监督水平指标QualityH，Quality为3时取1，否取0，然后将该指标转换至公司层面，即薪酬委员会中具有最高监督水平（QualityH）的独董比例。

表6-1　　　　变量定义表

变量名称	变量符号	变量定义或计算
独董相对薪酬激励	IDirPay_R	薪酬委员会中独董相对薪酬（IDirPay）的平均值，其中IDirPay为独董层面指标，为每个公司中独董当年所得薪酬与该独董当年从所有兼职上市公司所得薪酬之比
独董相对最高薪酬激励	IDirPayH_R	薪酬委员会中相对最高薪酬（IDirPayH）的独董比例，其中IDirPayH为独董层面指标，为每个公司中独董当年所得是否为其当年从所有兼职上市公司获得的最高薪酬，是取1，否取0
独董相对声誉激励	IDirS_R	薪酬委员会中独董相对声誉（IDirS）的平均值，其中IDirS为独董层面指标，为每个独董所在公司总资产与该独董当年在所有兼职上市公司总资产合计之比
独董相对最高声誉激励	IDirSH_R	薪酬委员会中相对最高声誉（IDirSH）的独董比例，其中IDirSH为独董层面指标，为每个独董所在公司总资产是否为该独董当年在所有兼职上市公司总资产中的最大值

① 通过对独董—CEO关联（Guanlian）总得分进行描述性统计发现，均值为1.47，同时至少90%的独董取值大于等于1，说明绝大多数独董至少存在1种关联。

续表

变量名称	变量符号	变量定义或计算
独董相对激励	IDirInce_R	薪酬委员会中独董相对激励（IDirInce）的均值，其中IDirInce为独董层面指标，为独董在每个公司的（薪酬，声誉）激励组合得分，取值可能为1、2、3
独董相对最高激励	IDirInceH_R	薪酬委员会中相对最高激励（IDirInceH）的独董比例，其中IDirInceH为独董层面指标，为独董在每个公司的激励组合得分是否为3，是取1，否取0
独董监督水平	Quality_R	薪酬委员会中独董层面监督水平（Quality）的均值，其中Quality为独董层面指标，为独董在每个公司的（独立性，激励）监督水平组合得分，取值可能为1、2、3
独董高监督水平	QualityH_R	薪酬委员会中独董层面高监督水平（QualityH）的独董比例，其中QualityH为独董层面指标，为独董在每个公司的监督水平组合得分是否为3，是取1，否取0
CEO薪酬	LnCEOPay	上市公司当年CEO货币薪酬的自然对数
运气业绩	Luck	上市公司当年业绩的运气部分，具体定义见式（4-2）
才能业绩	Skill	上市公司当年业绩的才能部分，为总资产净利率减去Luck
公司规模	Size	总资产账面价值取自然对数
资产负债率	Lev	负债账面价值与总资产账面价值之比
公司成长性	MTB	市账比，（权益市场价值+负债账面价值）/总资产账面价值
公司风险	Volatility	公司当年12个月的月度股票收益率标准差
两职合一	Dual	当董事长与总经理两职合一时取1，否取0
董事会规模	NBoard	董事人数取自然对数
独董比例	Indd	独董占董事会总人数比例
大股东持股	LShare	第一大股东的持股数/总股数
CEO持股比例	CEOHold	CEO持股数/总股数
CEO任期	CEOTenure	截至当年末CEO任职期限，以年表示并取自然对数
CEO年龄	CEOAge	截至当年末CEO年龄，并取自然对数

续表

变量名称	变量符号	变量定义或计算
产权性质	State	如果最终控制人性质为国有，赋值为 1，否为 0
东部地区	East	按照公司注册地划分为东部地区，取值 1，否取值 0
行业虚拟变量	Industry	依据 2012 年证监会行业分类，制造业细分为二级分类，共计 21 个行业，故设 20 个虚拟变量
年度虚拟变量	Year	2007～2018 年度，故设 11 个虚拟变量

6.2.3 模型设定

本书参考已有研究（Hwang 和 Kim，2009；唐松和孙铮，2014；邓晓岚等，2015），为了检验薪酬委员会中独董激励以及独董独立性与独董激励交互作用对 CEO 薪酬契约有效性的影响，考察 CEO 薪酬—运气业绩敏感性和 CEO 薪酬—才能业绩敏感性的变化，建立模型（6－1）：

$$LnCEOPay_{i,t} = \alpha_0 + \alpha_1 Luck_{i,t} + \alpha_2 Skill_{i,t} + \alpha_3 X_{it} + \alpha_4 X_{it} \times Luck_{it} + \alpha_5 X_{it} \times Skill_{i,t} + \beta Control + \varepsilon_{it} \quad (6-1)$$

其中，$LnCEOPay_{i,t}$为 i 公司第 t 年的 CEO 薪酬自然对数；$Luck_{i,t}$为 i 公司第 t 年的运气业绩；$Skill_{i,t}$为 i 公司第 t 年的才能业绩；*Control* 为控制变量。

X_{it}为 i 公司第 t 年本章研究的核心变量，具体包括：①独董薪酬激励：独董相对薪酬激励 IDirPay_R、独董相对最高薪酬激励 IDirPayH_R，对应假设 6.1；②独董声誉激励：独董相对声誉激励 IDirS_R、独董相对最高声誉激励 IDirSH_R，对应假设 6.2；③独董激励程度：独董相对激励 IDirInce_R、独董相对最高激励 IDirInceH_R，对应假设 6.3；④独董—CEO 关联与独董激励组合：独董监督水平 Quality_R、独董高监督水平 QualityH_R，对应假设 6.4。

本书将核心变量分别带入模型（6－1），通过考察交互项 $X_{i,t} \times Luck_{i,t}$ 回归

系数 α_4 和交互项 $X_{i,t} \times Skill_{i,t}$ 回归系数 α_5 的显著性和正负号，来验证假设 H1、假设 H2、假设 H3 和假设 H4。当假设成立时，α_4 显著为负，α_5 显著为正。

6.3 实证检验与分析

6.3.1 变量描述性统计结果分析

表 6-2 为本章实证检验中主要变量的描述性统计结果。首先，从独董薪酬激励来看。独董相对薪酬激励 IDirPay_R 的均值为 0.677，标准差为 0.273，约占均值的 40%；独董相对最高薪酬激励 IDirPayH_R 的均值为 0.737，标准差为 0.323，约占均值的 44%，表明不同公司间独董薪酬激励差别较大。其次，从独董声誉激励看。独董相对声誉激励 IDirS_R 的均值为 0.714，标准差为 0.265，约占均值的 37.1%；独董相对最高声誉激励 IDirSH 的均值为 0.715，标准差为 0.335，约占均值的 46.9%，表明不同公司间独董声誉激励差别较大。再次，从综合考虑独董薪酬激励和声誉激励的独董激励程度看。独董相对激励 IDirInce_R 的均值为 2.452，最大值为 3，标准差 0.576，约占均值的 23.5%，表明综合考虑独董薪酬激励和声誉激励的相对薪酬激励在不同公司间差异较小，且取值普遍较高；独董相对最高激励 IDirInceH_R 的均值为 63.6%，标准差为 0.352，约占均值的 55.3%，表明具有最高薪酬激励—最高声誉激励组合的独董占比在不同公司间差异较大。最后，从独董独立性与独董激励组合看。独董监督水平 Quality_R 的均值为 2.167，最大值为 3，标准差为 0.548，约占均值的 25.4%，表明独董独立性（以独董—CEO关联反向刻画）和独董激励构成的独董监督水平在不同公司间差异较小且取值普遍较高；独董高质量监督 QualityH_R 的均值 0.340，标准差为 0.370，约占均值的 108.8%，说明具有高独立性—高激励组合的独董占比在不同公司间差异很大，且取值普遍较小。此外，相关控制变量的描述性统计与第 5 章相同，不再做重复介绍。

表 6－2　　主要变量描述性统计结果

变量	观测值	均值	标准差	最大值	中位数	最小值
IDirPay_R	19555	0.677	0.273	1	0.692	0
IDirPayH_R	19555	0.737	0.323	1	1	0
IDirS_R	19555	0.714	0.265	1	0.735	0.002
IDirSH_R	19555	0.715	0.335	1	1	0
IDirInce_R	19555	2.452	0.576	3	2.500	1
IDirInceH_R	19555	0.636	0.352	1	0.500	0
Quality_R	19555	2.167	0.548	3	2	1
QualityH_R	19555	0.340	0.370	1	0.333	0
CEOPay①	19555	72.21	69.80	459.94	53.00	6.50
Luck	19555	0.032	0.013	0.065	0.030	0.001
Skill	19555	0.001	0.055	0.147	0.001	-0.237
Size	19555	22.06	1.234	25.80	21.90	19.76
Lev	19555	0.436	0.207	0.892	0.432	0.051
MTB	19555	2.555	1.753	10.46	1.997	0.868
Volatility	19555	0.135	0.066	0.427	0.120	0.044
Dual	19555	0.264	0.441	1	0	0
NBoard	19555	2.148	0.199	2.708	2.197	1.609
Indd	19555	0.372	0.052	0.571	0.333	0.333
LShare	19555	35.02	14.87	74.09	33.22	8.720
CEOHold	19555	0.045	0.108	0.517	0	0
CEOAge	19555	3.881	0.133	4.174	3.892	3.497
CEOTenure	19555	1.371	0.653	2.683	1.390	0.030
East	19555	0.687	0.464	1	1	0
State	19555	0.412	0.492	1	0	0

① 为了便于统计，这里使用 CEO 年度薪酬并以万元为单位，与其他连续变量一致在上下 1% 分位上进行缩尾处理。如果不进行缩尾处理，样本观测值中 CEO 最大薪酬为 3296 万元，最低薪酬为 1 万元。

6.3.2 薪酬委员会独董激励与 CEO 薪酬契约有效性

为检验假设6.1，本章以独董相对薪酬激励（IDirPay_R）和独董相对最高薪酬激励（IDirPayH_R）为核心解释变量，带入模型（6－1），回归结果如表 6－3 所示。从表 6－3 的列（1）和列（2）看，IDirPay_R、IDirPayH_R 与运气业绩 Luck 的交乘项系数为负，且分别在 1% 和 10% 水平上显著，说明独董在公司获得的薪酬占其在所有上市公司兼职独董获得的全部薪酬比重更高时激励水平更高，独董会投入更多时间和精力以识别运气业绩并降低 CEO 薪酬与运气业绩的相关性；IDirPay_R、IDirPayH_R 与才能业绩 Skill 的交乘项系数为正，但不显著，说明独董薪酬激励虽然有助于识别才能业绩但并没有显著影响 CEO 基于才能业绩获得的薪酬，结果表明当前独董薪酬激励机制的有效性有待进一步提高。因此，从表 6－3 的结果看，部分支持了假设6.1。从控制变量看，与第5 章回归结果类似，不再做重复分析。

表 6－3　　薪酬委员会独董薪酬激励与 CEO 薪酬契约有效性

变量	(1)	(2)
	LnCEOPay	LnCEOPay
Luck	3.8938*** (4.10)	3.9184*** (4.12)
Skill	2.6399*** (26.62)	2.6502*** (26.74)
IDirPay_R	0.0113 (0.65)	—
IDirPayH_R	—	0.0897*** (6.15)
IDirPay_R × Luck	-4.6224*** (-3.39)	—

续表

变量	(1)	(2)
	LnCEOPay	LnCEOPay
IDirPay_R × Skill	0. 3814 (1. 24)	—
IDirPayH_R × Luck	—	-1. 9711 * (-1. 75)
IDirPayH_R × Skill	—	0. 3235 (1. 21)
Size	0. 2578 *** (44. 87)	0. 2555 *** (44. 40)
Lev	-0. 1146 *** (-3. 67)	-0. 1105 *** (-3. 54)
MTB	0. 0391 *** (10. 54)	0. 0385 *** (10. 37)
Volatility	-0. 2887 *** (-3. 10)	-0. 2822 *** (-3. 03)
Dual	0. 1036 *** (8. 14)	0. 1021 *** (8. 03)
NBoard	0. 1374 *** (4. 63)	0. 1372 *** (4. 63)
Indd	0. 0051 (0. 05)	-0. 0069 (-0. 07)
LShare	-0. 0041 *** (-12. 30)	-0. 0041 *** (-12. 15)
CEOHold	-0. 3994 *** (-7. 52)	-0. 3906 *** (-7. 36)
CEOAge	0. 2523 *** (6. 62)	0. 2506 *** (6. 58)
CEOTenure	0. 0003 (0. 04)	0. 0012 (0. 16)

续表

变量	(1)	(2)
	LnCEOPay	LnCEOPay
East	0.2207*** (20.93)	0.2214*** (21.02)
State	-0.0443*** (-3.79)	-0.0414*** (-3.55)
Industry	控制	控制
Year	控制	控制
_cons	5.6116*** (16.00)	5.6083*** (16.02)
N	19555	19555
Adj_R^2	0.296	0.298
F	162.585	163.394

为检验假设 6.2，本章以独董相对声誉激励（IDirS_R）和独董相对最高声誉激励（IDirSH_R）为核心解释变量，带入模型（6-1），回归结果如表 6-4 所示。从表 6-4 的列（1）和列（2）看，IDirS_R、IDirSH_R 与运气业绩 Luck 的交乘项系数为负，且分别在 1% 和 5% 水平上显著，说明独董在公司获得的声誉占其兼职独董获得的全部声誉来源的比重更高时声誉激励水平更高，独董会投入更多时间和精力以识别运气业绩并降低 CEO 薪酬与运气业绩的相关性；IDirS_R、IDirSH_R 与才能业绩 Skill 的交乘项系数为正，且均在 5% 水平上显著，说明独董声誉激励有助于识别才能业绩并提高 CEO 薪酬与才能业绩的相关性。因此，从表 6-4 的结果看，支持假设 6.2。

表 6-4　　薪酬委员会独董声誉激励与 CEO 薪酬契约有效性

变量	(1)	(2)
	LnCEOPay	LnCEOPay
Luck	3.8492*** (4.05)	3.8556*** (4.06)

续表

变量	(1)	(2)
	LnCEOPay	LnCEOPay
Skill	2.6526*** (26.70)	2.6602*** (26.73)
IDirS_R	-0.0646*** (-3.54)	—
IDirSH_R	—	-0.0496*** (-3.39)
IDirS_R × Luck	-4.1292*** (-3.00)	—
IDirS_R × Skill	0.7416** (2.37)	—
IDirSH_R × Luck	—	-2.6707** (-2.47)
IDirSH_R × Skill	—	0.5595** (2.22)
Size	0.2607*** (44.74)	0.2614*** (44.50)
Lev	-0.1153*** (-3.69)	-0.1145*** (-3.67)
MTB	0.0391*** (10.51)	0.0389*** (10.47)
Volatility	-0.2798*** (-3.00)	-0.2803*** (-3.01)
Dual	0.1047*** (8.22)	0.1044*** (8.20)
NBoard	0.1422*** (4.79)	0.1428*** (4.81)

续表

变量	(1)	(2)
	LnCEOPay	LnCEOPay
Indd	0.0229 (0.22)	0.0219 (0.21)
LShare	-0.0041 *** (-12.32)	-0.0041 *** (-12.29)
CEOHold	-0.4026 *** (-7.58)	-0.4019 *** (-7.57)
CEOAge	0.2548 *** (6.69)	0.2558 *** (6.71)
CEOTenure	0.0004 (0.05)	0.0003 (0.04)
East	0.2200 *** (20.87)	0.2202 *** (20.89)
State	-0.0455 *** (-3.90)	-0.0455 *** (-3.90)
Industry	控制	控制
Year	控制	控制
_cons	5.6077 *** (16.01)	5.5758 *** (15.90)
N	19555	19555
Adj_R^2	0.297	0.297
F	162.979	162.845

为检验假设 6.3，本章以独董相对激励（IDirInce_R）和独董相对最高激励（IDirInceH_R）为核心解释变量，带入模型（6-1），回归结果如表 6-5 所示。从表 6-5 的列（1）和列（2）看，IDirInce_R、IDirInceH_R 与运气业绩 Luck 的交乘项系数为负，且分别在 5% 和 1% 水平上显著，说明独董在公司获得的组合激励占其在所有兼职独董的上市公司中获得的全

部组合激励的比重更高时激励水平更高，此时独董会投入更多时间和精力以识别公司运气业绩并降低 CEO 薪酬与运气业绩的相关性；IDirInce_R、IDirInceH_R 与才能业绩 Skill 的交乘项系数为正，且分别在 5% 和 10% 水平上显著，说明独董声誉组合激励有助于识别公司才能业绩并提高 CEO 薪酬与才能业绩的相关性。因此，从表 6－5 的结果看，支持假设 6.3。

表 6－5　　薪酬委员会独董激励程度与 CEO 薪酬契约有效性

变量	(1)	(2)
	LnCEOPay	LnCEOPay
Luck	3.9099*** (4.11)	3.8847*** (4.09)
Skill	2.6507*** (26.71)	2.6479*** (26.70)
IDirInce_R	0.0132 (1.58)	—
IDirInceH_R	—	0.0186 (1.38)
IDirInce_R × Luck	－1.5555** (－2.48)	—
IDirInce_R × Skill	0.2939** (2.00)	—
IDirInceH_R × Luck	—	－2.9096*** (－2.82)
IDirInceH_R × Skill	—	0.4577* (1.87)
Size	0.2560*** (44.01)	0.2566*** (44.36)
Lev	－0.1141*** (－3.65)	－0.1140*** (－3.65)

续表

变量	(1)	(2)
	LnCEOPay	LnCEOPay
MTB	0. 0388 *** (10. 44)	0. 0389 *** (10. 46)
Volatility	-0. 2831 *** (-3. 04)	-0. 2864 *** (-3. 07)
Dual	0. 1032 *** (8. 11)	0. 1034 *** (8. 12)
NBoard	0. 1397 *** (4. 71)	0. 1395 *** (4. 70)
Indd	0. 0070 (0. 07)	0. 0072 (0. 07)
LShare	-0. 0041 *** (-12. 24)	-0. 0041 *** (-12. 25)
CEOHold	-0. 3954 *** (-7. 44)	-0. 3954 *** (-7. 44)
CEOAge	0. 2531 *** (6. 64)	0. 2523 *** (6. 62)
CEOTenure	0. 0004 (0. 05)	0. 0002 (0. 03)
East	0. 2209 *** (20. 95)	0. 2211 *** (20. 97)
State	-0. 0437 *** (-3. 74)	-0. 0439 *** (-3. 75)
Industry	控制	控制
Year	控制	控制
_cons	5. 6281 *** (16. 06)	5. 6371 *** (16. 09)

续表

变量	(1)	(2)
	LnCEOPay	LnCEOPay
N	19555	19555
Adj_R^2	0. 296	0. 296
F	162. 567	162. 590

6. 3. 3 薪酬委员会独董—CEO 关联、独董激励与 CEO 薪酬契约有效性

为检验假设 6. 4，本章以独董监督水平（Quality_R）和独董高监督水平（QualityH_R）为核心解释变量，带入模型（6 – 1），回归结果如表 6 – 6 所示。从表 6 – 6 的列（1）和列（2）看，Quality_R、QualityH_R 与运气业绩 Luck 的交乘项系数为负，且均在 1% 水平上显著，说明独董的独立性（以独董—CEO 关联反向刻画）和激励程度交互指标更高时监督水平更高，此时独董具有坚定的立场和更高的监督意愿，以识别公司运气业绩并降低 CEO 薪酬与运气业绩的相关性；Quality_R、QualityH_R 与才能业绩 Skill 的交乘项系数为正，且均在 1% 水平上显著，说明独董高质量监督有助于识别公司才能业绩并提高 CEO 薪酬与才能业绩的相关性。因此，从表 6 – 6 的结果看，支持假设 6. 4。

表 6 – 6 薪酬委员会独董—CEO 关联、独董激励与 CEO 薪酬契约有效性

变量	(1)	(2)
	LnCEOPay	LnCEOPay
Luck	3. 9359*** (4. 14)	4. 0055*** (4. 21)
Skill	2. 6448*** (23. 91)	2. 6429*** (23. 94)

续表

变量	(1)	(2)
	LnCEOPay	LnCEOPay
Quality_R	0. 0120 (1. 29)	—
QualityH_R	—	0. 0152 (1. 11)
Quality_R × Luck	-3. 1992 *** (-4. 56)	—
Quality_R × Skill	0. 5651 *** (3. 22)	—
QualityH_R × Luck	—	-5. 2910 *** (-5. 08)
QualityH_R × Skill	—	0. 8094 *** (3. 03)
Size	0. 2566 *** (41. 95)	0. 2570 *** (42. 05)
Lev	-0. 1138 *** (-3. 46)	-0. 1159 *** (-3. 52)
MTB	0. 0388 *** (9. 47)	0. 0389 *** (9. 48)
Volatility	-0. 2953 *** (-3. 04)	-0. 2972 *** (-3. 06)
Dual	0. 1044 *** (7. 97)	0. 1048 *** (7. 99)
NBoard	0. 1406 *** (4. 79)	0. 1404 *** (4. 78)
Indd	0. 0126 (0. 12)	0. 0105 (0. 10)

续表

变量	(1)	(2)
	LnCEOPay	LnCEOPay
LShare	−0.0041*** (−12.04)	−0.0041*** (−12.03)
CEOHold	−0.3905*** (−7.62)	−0.3913*** (−7.64)
CEOAge	0.2500*** (6.42)	0.2497*** (6.41)
CEOTenure	0.0045 (0.55)	0.0037 (0.46)
East	0.2207*** (20.61)	0.2210*** (20.64)
State	−0.0441*** (−3.60)	−0.0441*** (−3.61)
Industry	控制	控制
Year	控制	控制
_cons	5.6347*** (17.14)	5.6697*** (17.55)
N	19555	19555
Adj_R^2	0.297	0.298
F	150.855	150.947

6.4 稳健性检验

本章主回归中核心变量在将独董层面独立性、独董激励、独立性与独董激励组合指标转换为公司层面时，采用以薪酬委员会的独董规模为消减变量，虽然能够反映薪酬委员会中独董平均的独立性、激励水平以及两者交互作用水平，但是没有能够反映薪酬委员会规模差异可能带来的影响。因此，本章使用薪酬委员会规模代替薪酬委员会中独董规模，将独董层面核心变量测度转换为公司层面指标，重新度量后得到指标：①独董薪酬激励：独董相对薪酬激励 IDirPay_R2、独董相对最高薪酬激励 IDirPayH_R2；②独董声誉激励：独董相对声誉激励 IDirS_R2、独董相对最高声誉激励 IDirSH_R2；③独董激励程度：独董相对激励 IDirInce_R2、独董相对最高激励 IDirInceH_R2；④独董—CEO 关联与独董激励组合：独董监督水平 Quality_R2、独董高监督水平 QualityH_R2。将它们依次代入模型（6－1），回归结果分别见表 6－7、表 6－8、表 6－9、表 6－10，为简洁起见控制变量没有报告，可以看出主回归中的结果依然稳健存在。

表 6－7　　稳健性检验：替换独董薪酬激励指标

变量	(1)	(2)
	LnCEOPay	LnCEOPay
Luck	3.9083*** (4.11)	3.9083*** (4.11)
Skill	2.6434*** (26.66)	2.6552*** (26.80)
IDirPay_R2	0.0481** (2.05)	—
IDirPayH_R2	—	0.1376*** (6.84)
IDirPay_R2 × Luck	-6.2246*** (-3.38)	—
IDirPay_R2 × Skill	0.5221 (1.26)	—
IDirPayH_R2 × Luck	—	-3.5393** (-2.29)
IDirPayH_R2 × Skill	—	0.4190 (1.15)

续表

变量	(1)	(2)
	LnCEOPay	LnCEOPay
Industry	控制	控制
Year	控制	控制
其他控制变量	控制	控制
_cons	5.6046 *** (15.99)	5.6434 *** (16.12)
N	19555	19555
Adj_R^2	0.297	0.298
F	162.683	163.684

表 6-8　　稳健性检验：替换独董声誉激励指标

变量	(1)	(2)
	LnCEOPay	LnCEOPay
Luck	3.8922 *** (4.09)	3.8897 *** (4.09)
Skill	2.6509 *** (26.69)	2.6561 *** (26.70)
IDirS_R2	-0.0346 (-1.42)	—
IDirSH_R2	—	-0.0340 * (-1.67)
IDirS_R2 × Luck	-5.7169 *** (-3.11)	—
IDirS_R2 × Skill	0.8731 ** (2.08)	—
IDirSH_R2 × Luck	—	-4.0616 *** (-2.70)
IDirSH_R2 × Skill	—	0.6907 ** (1.97)

续表

变量	(1)	(2)
	LnCEOPay	LnCEOPay
Industry	控制	控制
Year	控制	控制
其他控制变量	控制	控制
_cons	5.6106*** (16.00)	5.5926*** (15.94)
N	19555	19555
Adj_R^2	0.297	0.297
F	162.673	162.607

表6-9　稳健性检验：替换独董激励程度指标

变量	(1)	(2)
	LnCEOPay	LnCEOPay
Luck	3.9273*** (4.13)	3.8894*** (4.09)
Skill	2.6532*** (26.75)	2.6487*** (26.71)
IDirInce_R2	0.0356*** (3.15)	—
IDirInceH_R2	—	0.0447** (2.15)
IDirInce_R2 × Luck	-2.3462*** (-2.75)	—
IDirInce_R2 × Skill	0.4109** (2.06)	—
IDirInceH_R2 × Luck	—	-4.9000*** (-3.09)
IDirInceH_R2 × Skill	—	0.6864* (1.83)

续表

变量	(1)	(2)
	LnCEOPay	LnCEOPay
Industry	控制	控制
Year	控制	控制
其他控制变量	控制	控制
_cons	5. 6359 *** (16. 09)	5. 6430 *** (16. 10)
N	19555	19555
Adj_R^2	0. 297	0. 297
F	162. 810	162. 711

表 6 –10　　稳健性检验：替换独董监督水平指标

变量	(1)	(2)
	LnCEOPay	LnCEOPay
Luck	3. 9269 *** (4. 14)	4. 0123 *** (4. 22)
Skill	2. 6469 *** (23. 91)	2. 6429 *** (23. 93)
Quality_R2	0. 0358 *** (3. 20)	—
QualityH_R2	—	0. 0400 ** (1. 98)
Quality_R2 × Luck	–3. 7500 *** (–4. 40)	—
Quality_R2 × Skill	0. 5669 ** (2. 57)	—
QualityH_R2 × Luck	—	–8. 3545 *** (–5. 54)
QualityH_R2 × Skill	—	1. 0775 *** (2. 72)

续表

变量	(1)	(2)
	LnCEOPay	LnCEOPay
Industry	控制	控制
Year	控制	控制
其他控制变量	控制	控制
_cons	5.6427 *** (17.25)	5.6796 *** (17.61)
N	19555	19555
Adj_R^2	0.298	0.298
F	151.386	151.116

6.5 进一步分析

6.5.1 CEO 权力的调节作用

前文研究薪酬委员会独董—CEO 关联、独董激励对 CEO 薪酬契约有效性的影响，主要站在独董角度，从独董社会独立性带来的监督立场和独董激励机制带来的监督意愿二维组合，发现随独董监督水平越高 CEO 薪酬契约有效性越高。接下来本书进一步考察 CEO 权力对前述发现的影响。

管理者权力理论认为 CEO 可能具有影响董事会的权力，干预薪酬契约的制定从而抽取“租金”（Bebchuk et al.，2002），使薪酬契约本身成为代理成本的一部分（Bebchuk 和 Fried，2003）。正如第 5 章研究表明，CEO 权力与独董—CEO 关联二者对 CEO 薪酬契约有效性的负面影响是相互替代的关系。权力更大的 CEO 无论其是否与独董存在社会关联，均能够以自身正式权力或非正式权威直接影响薪酬委员会的薪酬制定，而当 CEO 权力较小时，独董—CEO 关联更可能产生负面影响。本章已经证明，独董独立性与独董激励之间存在着互补而非替代的关系，二者共同决定独董监督水平。

可以推断，当 CEO 权力更大时能够对薪酬委员会直接施加影响，导致独董无法保持独立客观的立场，此时将削弱独董社会独立性与独董激励水平二维组合衡量的监督水平对 CEO 薪酬契约有效性的影响；当 CEO 权力较小时，独董监督水平对 CEO 薪酬契约有效性提升作用才更加凸显。

基于此，本书借鉴已有研究（权小锋等，2010；刘坤鹏等，2017）选取董事长与总经理两职合一、CEO 持股、董事会规模、实际控制人的监督能力四个指标的特征值大于 1 的主成分来综合度量 CEO 权力。然后，将研究样本分为高 CEO 权力组和低 CEO 权力组，分别检验薪酬委员会独董—CEO 关联、独董激励对 CEO 薪酬契约有效性的影响，回归结果见表 6 - 11，其中列（1）和列（2）为高 CEO 权力组样本的回归结果，列（3）和列（4）为低 CEO 权力组样本的回归结果。

从表 6 - 11 列（1）至列（4）的交乘项可以看出：（1）无论是高 CEO 权力组还是低 CEO 权力组，薪酬委员会独董监督水平越高，CEO 薪酬—运气业绩敏感性越低，并且组间系数差异检验表明，列（1）与列（3）Quality_R × Luck 系数和列（2）与列（4）QualityH_R × Luck 系数均无显著差异，说明 CEO 权力没有影响独董监督对运气薪酬的治理作用。（2）只有在低 CEO 权力组，薪酬委员会独董监督水平越高，CEO 薪酬—才能业绩敏感性越高，而在高 CEO 权力组，薪酬委员会独董监督水平没有发挥显著作用。因此，可以看出 CEO 权力一定程度上削弱了薪酬委员会独董监督对 CEO 薪酬契约的治理作用，证明本书推论。

表 6 - 11　　进一步检验：CEO 权力调节作用

变量	高 CEO 权力		低 CEO 权力	
	(1)	(2)	(3)	(4)
	LnCEOPay	LnCEOPay	LnCEOPay	LnCEOPay
Luck	3.6130** (2.39)	3.6642** (2.42)	4.4075*** (3.59)	4.5290*** (3.68)
Skill	2.5036*** (14.94)	2.5012*** (15.08)	2.5745*** (17.27)	2.5793*** (17.38)

续表

变量	高 CEO 权力		低 CEO 权力	
	(1)	(2)	(3)	(4)
	LnCEOPay	LnCEOPay	LnCEOPay	LnCEOPay
Quality_R	-0.0043 (-0.32)	—	0.0309** (2.42)	—
QualityH_R	—	-0.0058 (-0.27)	—	0.0426** (2.37)
Quality_R × Luck	-2.9783*** (-2.89)	—	-2.9452*** (-2.96)	—
Quality_R × Skill	-0.0915 (-0.35)	—	1.1021*** (4.57)	—
QualityH_R × Luck	—	-5.1150*** (-3.19)	—	-4.8784*** (-3.47)
QualityH_R × Skill	—	-0.3086 (-0.74)	—	1.5784*** (4.50)
Size	0.2916*** (29.81)	0.2914*** (29.86)	0.2320*** (29.61)	0.2320*** (29.58)
Lev	-0.1343*** (-2.76)	-0.1344*** (-2.76)	-0.1171*** (-2.63)	-0.1185*** (-2.67)
MTB	0.0380*** (6.67)	0.0381*** (6.68)	0.0430*** (7.31)	0.0427*** (7.27)
Volatility	-0.1471 (-1.08)	-0.1491 (-1.09)	-0.4257*** (-3.13)	-0.4271*** (-3.14)
Dual	0.0895*** (5.27)	0.0898*** (5.29)	0.1195 (1.36)	0.1190 (1.36)
NBoard	0.1916*** (4.30)	0.1938*** (4.36)	0.1575*** (3.81)	0.1582*** (3.83)
Indd	0.1598 (1.05)	0.1633 (1.07)	-0.0279 (-0.19)	-0.0346 (-0.24)

续表

变量	高 CEO 权力		低 CEO 权力	
	(1)	(2)	(3)	(4)
	LnCEOPay	LnCEOPay	LnCEOPay	LnCEOPay
LShare	-0.0056*** (-10.35)	-0.0055*** (-10.31)	-0.0029*** (-6.39)	-0.0029*** (-6.39)
CEOHold	-0.2591*** (-4.64)	-0.2613*** (-4.67)	-0.8342*** (-5.10)	-0.8284*** (-5.06)
CEOAge	0.2713*** (4.73)	0.2711*** (4.73)	0.2169*** (4.04)	0.2157*** (4.03)
CEOTenure	0.0007 (0.25)	0.0007 (0.28)	-0.0036 (-0.98)	-0.0042 (-1.13)
East	0.2232*** (13.44)	0.2239*** (13.49)	0.2226*** (15.87)	0.2224*** (15.87)
State	-0.0434** (-2.26)	-0.0438** (-2.29)	-0.0457*** (-2.84)	-0.0451*** (-2.80)
Industry	控制	控制	控制	控制
Year	控制	控制	控制	控制
_cons	4.9982*** (12.65)	4.9933*** (12.60)	5.7770*** (8.39)	5.8292*** (8.53)
N	8963	8963	10592	10592
Adj_R^2	0.305	0.305	0.298	0.298
F	72.763	72.951	85.778	85.964

bdiff 命令下（费舍尔组合检验）列（1）与列（3）中 Quality_R × Luck 系数组间差异不显著，p = 0.486
bdiff 命令下（费舍尔组合检验）列（2）与列（4）中 QualityH_R × Luck 系数组间差异不显著，p = 0.476

6.5.2 薪酬委员会主任独董与非主任独董监督异质性

《上市公司治理准则》针对董事会下设的专门委员会规定，“……审计委员会、提名委员会、薪酬与考核委员会中独立董事应占多数并担任召集人”，因此 A 股上市公司的薪酬委员会中通常由一名独董担任主任委员，实践中可能称为“主任”“召集人”“主席”“负责人”或“牵头人”等，本书称为主任独董。由于主任独董负责召集薪酬委员会成员并牵头发挥对 CEO 薪酬契约的监督作用，非主任独董的监督职能发挥有可能会受到主任独董的影响，因此主任独董可能成为影响薪酬委员会监督质量的关键少数。可以推断，薪酬委员会的主任独董相较于非主任独董，其监督水平对 CEO 薪酬契约有效性的影响更重要。

为证明前述推断，本书将薪酬委员会中独董区分为主任独董和非主任独董，并分别定义对应的监督水平指标：（1）主任独董的监督水平（CQualityH），具体取值为主任独董对应的独董最高监督水平（QualityH），其中 QualityH 见表 6 - 1；（2）非主任独董的监督水平（GQualityH_R），具体取值为薪酬委员会中高监督水平（QualityH 取值为 1）的非主任独董比例。将 CQualityH 和 GQualityH_R 指标带入模型（6 - 1）进行估计，结果如表 6 - 12 所示。在表 6 - 12 中，列（1）只考虑主任独董监督水平（CQualityH）的作用，可以看出主任独董监督水平越高，CEO 薪酬—运气业绩敏感性越低，CEO 薪酬—才能业绩敏感性越高；列（2）只考虑非主任独董监督水平（GQualityH_R）的作用，可以看出非主任独董监督水平越高，CEO 薪酬—运气业绩敏感性越低，但 CEO 薪酬—才能业绩敏感性没有显著变化；列（3）同时考虑 CQualityH 和 GQualityH_R 的作用，可以看出主任独董监督水平同时优化 CEO 薪酬—运气业绩敏感性和 CEO 薪酬—才能业绩敏感性，而非主任独董的监督水平仅抑制了 CEO 薪酬—运气业绩敏感性。综上可见，薪酬委员会的主任独董相较于非主任独董，其监督水平对 CEO 薪酬契约有效性的影响更重要，抓住主任独董这一“关键少数”十分必要。

表 6 - 12　　进一步检验：薪酬委员会主任独董与非主任独董监督异质性

变量	(1)	(2)	(3)
	LnCEOPay	LnCEOPay	LnCEOPay
Luck	3.976*** (4.19)	3.893*** (4.09)	4.002*** (4.21)
Skill	2.645*** (23.96)	2.642*** (23.83)	2.646*** (23.90)
CQualityH	0.082*** (3.01)	—	0.083*** (3.05)
GQualityH_R	—	-0.009 (-0.81)	-0.010 (-0.96)
CQualityH × Luck	-8.037*** (-3.95)	—	-7.251*** (-3.53)
CQualityH × Skill	1.453*** (2.86)	—	1.406*** (2.75)
GQualityH_R × Luck	—	-2.967*** (-3.51)	-2.623*** (-3.08)
GQualityH_R × Skill	—	0.329 (1.53)	0.281 (1.31)
Size	0.256*** (41.83)	0.258*** (42.19)	0.256*** (41.82)
Lev	-0.113*** (-3.43)	-0.119*** (-3.60)	-0.116*** (-3.51)
MTB	0.039*** (9.58)	0.039*** (9.46)	0.039*** (9.46)
Volatility	-0.287*** (-2.94)	-0.298*** (-3.07)	-0.293*** (-3.01)

续表

变量	(1)	(2)	(3)
	LnCEOPay	LnCEOPay	LnCEOPay
Dual	0. 104 *** (7. 94)	0. 104 *** (7. 91)	0. 105 *** (7. 98)
NBoard	0. 138 *** (4. 68)	0. 141 *** (4. 79)	0. 139 *** (4. 71)
Indd	-0. 003 (-0. 03)	0. 017 (0. 16)	0. 000 (0. 00)
LShare	-0. 004 *** (-12. 13)	-0. 004 *** (-11. 93)	-0. 004 *** (-12. 08)
CEOHold	-0. 391 *** (-7. 63)	-0. 395 *** (-7. 69)	-0. 389 *** (-7. 60)
CEOAge	0. 250 *** (6. 41)	0. 252 *** (6. 47)	0. 249 *** (6. 39)
CEOTenure	0. 006 (0. 83)	-0. 001 (-0. 09)	0. 005 (0. 64)
East	0. 222 *** (20. 68)	0. 221 *** (20. 67)	0. 222 *** (20. 72)
State	-0. 044 *** (-3. 60)	-0. 045 *** (-3. 70)	-0. 045 *** (-3. 68)
Industry	控制	控制	控制
Year	控制	控制	控制
_cons	5. 685 *** (17. 44)	5. 636 *** (17. 16)	5. 698 *** (17. 63)
N	19555	19555	19555
Adj_R^2	0. 297	0. 297	0. 298
F	150. 933	150. 241	142. 822

6.6 本章小结

本章立足中国上市公司普遍存在独董多席位任职的客观事实，以 2007 ~ 2018 年中国 A 股非金融上市公司为研究对象，构建能够恰当反映独董分配其有限履职时间与精力意愿（Masulis 和 Mobbs，2014）的薪酬激励和声誉激励，并结合本书第 5 章对独董实质独立性的研究，同时考察薪酬委员会独立性与独董激励对 CEO 薪酬契约有效性的影响。

研究结果表明：（1）独董在公司获得的薪酬占其在所有上市公司兼任独董获得的全部薪酬的比重更高时，独董薪酬激励水平更高，相应地，当公司薪酬委员会中相对薪酬更高的独董占比越大时，公司的 CEO 薪酬契约有效性越高，但仅表现为 CEO 薪酬—运气业绩敏感性显著降低，而 CEO 薪酬—才能业绩敏感性并没有显著提升，说明上市公司支付给独董的固定薪酬虽然会因独董个体异质性产生一定的激励作用，但这种薪酬激励机制的有效性还有待进一步提高；（2）独董在公司获得的声誉占其在所有上市公司兼职独董获得的全部声誉比重更高时，独董声誉激励水平更高，相应地，当公司薪酬委员会中相对声誉更高的独董占比越大时，公司的 CEO 薪酬契约有效性越高，具体表现为 CEO 薪酬—运气业绩敏感性的显著降低和 CEO 薪酬—才能业绩敏感性的显著提高，说明公司规模带来的声誉会因独董个体异质性产生激励作用；（3）独董在公司获得的包括薪酬激励和声誉激励在内的组合激励占其在所有上市公司兼职独董获得的全部组合激励比重更高时，独董激励水平更高，相应地，当公司薪酬委员会中相对激励更高的独董占比越大时，公司的 CEO 薪酬契约有效性越高，具体表现为 CEO 薪酬—运气业绩敏感性的显著降低和 CEO 薪酬—才能业绩敏感性的显著提高，说明独董的薪酬激励机制与声誉激励机制是相互补充的关系；（4）独董的独立性（以独董—CEO 关联反向刻画）和激励程度交互指标更高时，独董监督水平更高，相应地，当公司薪酬委员会中监督水平更高的独董占比越大时，公司的 CEO 薪酬契约有效性越高，具体表现为 CEO 薪酬—运气业绩敏感性的显著降低和 CEO 薪酬—才能业绩敏感性的显著提高，说明独董独立性与独董激励在监督 CEO 薪酬契约时是相互补充的关系，此时独董同时具有坚定的立场和更高的监督意愿，有助于提高独董监督质量；(5) 进一步检验中，首先，本书基于管理者权力理论，分析 CEO 权力对由独董独立性及独董激励二维组合决定的独董监督水平影响 CEO 薪酬契约有效性的异质性。结果发现，在不同 CEO 权力组之间，虽然独董监督水平对 CEO 运气薪酬都起到了治理作用且不同组别之间没有显著差异，但独董监督水平对才能薪酬的治理作用在不同组别之间却有显著差异。具体地，只有在低 CEO 权力组，薪酬委员会独董监督水平越高，CEO 薪酬—才能业绩敏感性越高，而在高 CEO 权力组，薪酬委员会独董监督水平没有发挥显著作用。说明 CEO 权力一定程度上削弱了薪酬委员会独董监督对 CEO 薪酬契约的治理作用。其次，进一步区分薪酬委员会中主任独董与非主任独董后，发现主任独董的监督水平对 CEO 薪酬契约有效性的影响更重要，抓住主任独董这一“关键少数”十分必要。

7 研究结论与政策建议

本章内容为全书的结尾部分。首先，在第2章文献综述、第3章理论基础、第4~6章的实证研究之后，总结出本书得到的研究结论；其次，结合我国企业目前的情况提出关于如何确定薪酬契约付薪条款、完善独选聘制度等现实可行的相关政策建议；最后，根据本书研究情况指出目前研究的局限性，并为未来的研究进一步指明方向。

7.1 研究结论

本书基于CEO薪酬契约有效性本质内涵，即能否激励CEO从事公司价值创造活动进而增加股东财富，从技术创新视角探究CEO基于运气业绩获得的运气薪酬是否是无效激励，表现为阻碍其从事技术创新活动，以及CEO基于才能业绩获得的才能薪酬激励效果如何，是否能够促进技术创新；从风险承担意愿渠道检验运气薪酬与才能薪酬影响技术创新的机制；同时进一步考察运气薪酬和才能薪酬是否最终影响到公司价值。由此，得到运气薪酬与才能薪酬对CEO薪酬契约有效性的解构，形成本书第一层经验证据，为后续检验薪酬委员会独董监督水平对CEO薪酬契约有效性的影响提供基础。在三层次委托代理模型下，薪酬委员会的独董监督CEO薪酬契约时需要具备独立于CEO的立场和监督CEO的意愿，因此接下来分别考虑独董独立性、独董激励及其共同作用对CEO薪酬契约有效性的影响。针对独董独立性方面，先考察薪酬委员会形式独立性是否没有影响CEO薪酬契约有效性，再基于社会关联相关理论发掘影响独董社会独立性的三种独董—CEO 关联，并检验这些关联是否降低 CEO 薪酬契约有效性，具体如何影响薪酬—运气业绩敏感性与薪酬—才能业绩敏感性，同时考虑到独董—CEO 关联是独董出于潜意识的偏爱或基于冷静思考后的回报，检验它们在影响 CEO 薪酬契约有效性上是替代还是互补。由此，形成本书第二层经验证据。然后聚焦于独董激励以及它与独董社会独立性对薪酬委员会监督的共同作用。基于资源有限理论和独董理性经济人假说，检验在考虑独董多席位任职可能性的情况下，使用相对指标衡量的独董薪酬激励和声誉激励是否能够提高 CEO 薪酬契约有效性。同时作为独董激励的两个重要维度独董薪酬激励和声誉激励之间的关系如何，是否起到互补作用。此外，高监督水平的独董应该具备高独立性（即低独董—CEO 关联）和充分激励两个条件，排除独董—CEO 社会关联后的独董社会独立性和独董激励是否共同提高 CEO 薪酬契约有效性。由此，形成本书第三层次经验证据。基于此，本书分别考察技术创新视角下运气薪酬与才能薪酬对 CEO 薪酬契约有效性的解构，以及薪酬委员会独董—CEO 关联、独董激励与 CEO 薪酬契约有效性的关系。基于沪深 A 股非金融上市公司 2007 ~ 2018 年数据，本书具体结论如下：

首先，运用 OLS 模型、Tobit 模型和中介效应模型，使用两阶段回归将 CEO 薪酬分为基于运气业绩付薪的运气薪酬和基于才能业绩付薪的才能薪酬两部分，基于公司技术创新的视角，探究 CEO 获得的运气薪酬（才能薪酬）是否阻碍（促进）CEO 参与公司价值创造活动，并探索其中的作用机制，同时进一步考察的运气薪酬（才能薪酬）是否最终损害（提高）公司价值，以论证运气薪酬与才能薪酬对 CEO 薪酬契约有效性的解构。研究发现：（1）上市公司 CEO 薪酬契约存在薪酬—运气业绩敏感性和薪酬—才能业绩敏感性，即 CEO 薪酬契约中存在基于运气业绩支付的运气薪酬和基于才能业绩支付的才能薪酬，且薪酬—运气业绩敏感性相较于薪酬—才能业绩敏感性更高。（2）CEO 薪酬契约中运气薪酬越多，公司创新水平越低，表明 CEO 运气薪酬无法激励其积极主动地通过创新活动获得公司价值创造，公司基于运气业绩支付薪酬会削弱 CEO 薪酬契约有效性。（3）CEO 薪酬契约中才能薪酬越多，公司创新水平越高，表明 CEO 才能薪酬能够有效激励其积极主动地按照股东利益行事，激励其通过公司创新从事价值创造活动，公司基于才能业绩支付的薪酬契约是有效的 CEO 薪酬契约。（4）机制检验中，发现 CEO 风险承担意愿是 CEO 薪酬契约中运气薪酬和才能薪酬影响公司创新的中介路径。其中，CEO 薪酬契约中获得更多的运气薪酬会带来 CEO 更不愿意积极主动承担风险，进而导致公司创新水平降低；而 CEO 薪酬契约中获得更多的才能薪酬会带来 CEO 积极主动承担风险，这种高风险承担意愿会促使 CEO 勇于创新，表现为公司创新水平提高。（5）一系列的稳健性检验，包括指标敏感性测试、更换回归模型、采用工具变量法对内生性进行考虑，表明前述结论稳健存在。（6）进一步检验中，以 Tobin Q 值作为公司价值的衡量指标，发现 CEO 薪酬契约中的运气薪酬显著负向影响公司长期价值，而才能薪酬则显著正向影响公司长期价值，从而进一步证明 CEO 运气薪酬是薪酬激励中的无效部分，带来 CEO 风险规避、偷懒等损害公司价值的行为，而 CEO 才能薪酬是薪酬激励中的有效部分，能够激发 CEO 发挥管理才能并积极地为公司创造价值。研究结论表明，中国上市公司为 CEO 支付了运气薪酬，并且运气业绩相较于才能业绩在考核权重中更多，说明选择盈利水平更高的行业能为 CEO 带来薪酬溢价；由于更多的运气薪酬，意味着 CEO 薪酬变化受到不可控因素波动的影响越大，致使基于这部分业绩给付的薪酬并不能激励 CEO 采取积极的行动以创造公司价值，反而会降低 CEO 主动承担风险的意愿；同时更多的才能薪酬，意味着 CEO 凭借能力获得薪酬部分越多，一方面体现按劳分配的公平性，另一方面使得 CEO 薪酬波动性与自己可控因素挂钩性更强，体现风险承担与收益的对等由此提高 CEO 风险承担意愿。

其次，以社会关联相关理论为指导，寻找在独董监督 CEO 时影响其社会独立性的三类独董—CEO 关联，即独董—CEO 相似性关联、独董—CEO 私人关联和独董—CEO 任职关联。基于数据库和手工搜集的数据，实证检验薪酬委员会中独董—CEO 关联对 CEO 薪酬契约有效性的影响。研究发现：（1）在不考虑独董个体差异的情况下，仅以薪酬委员会中独董比例表示的薪酬委员会形式独立性并没有带来监督效应，不能对 CEO 薪酬契约有效性产生影响，说明研究影响薪酬委员会独董实质独立的社会关联如何影响CEO薪酬契约有效性是十分必要且重要的。（2）在薪酬委员会独董—CEO相似性关联对CEO薪酬契约有效性的影响方面，无论是年龄相似性关联、学历相似性关联，还是同时考虑年龄或学历的人口特征相似性关联均降低了CEO薪酬契约有效性，表现为更高的薪酬—运气业绩敏感性或更低的薪酬—才能业绩敏感性。（3）在薪酬委员会独董—CEO私人关联对CEO薪酬契约有效性的影响方面，无论是老乡关联、校友关联，还是同时考虑老乡或校友的私人关联均降低了CEO薪酬契约有效性。（4）薪酬委员会的独董—CEO任职关联降低了CEO薪酬契约有效性。（5）一系列的稳健性检验，包括排除不同独董—CEO关联相互影响、排除CEO权力干扰、采用工具变量法解决可能存在的内生性问题，表明前述结论稳健存在。（6）进一步检验中，分析CEO权力对独董—CEO关联降低CEO薪酬契约有效性的异质性作用，发现只有在低CEO权力组独董—CEO关联降低CEO薪酬契约有效性的负面影响才显著，而在高CEO权力组这种影响不显著，说明CEO权力和薪酬委员会独董—CEO关联对CEO薪酬契约有效性降低的负面影响存在相互替代的关系；进一步区分薪酬委员会中主任独董与非主任独董后，发现主任独董的独董—CEO关联对CEO薪酬契约有效性的影响更重要，抓住主任独董这一“关键少数”十分必要。研究结果说明，现实社会中独董在履行监督职责时，确实会因与监督对象之间的社会关联而有损于独立性，并且每一种关联的影响都能单独产生作用。由于每个独董无论是人口统计学特征、私人关系网络抑或入职时间都很大可能不会相同，因此独董独立性不是同质的。可见，如果因个别案例中独董没有发挥监督职能而对整个独董群体产生质疑，甚至冠以“花瓶董事”“人情独董”是不恰当的，有损于市场良序发展，一方面不利于市场参与者对独董异质性的考虑，无法识别高质量独董传递的价值信号，另一方面不利于独董对身份的认同从而有损于其对作为独董的声誉维护，由此导致履职动机下降。独董—CEO关联与CEO权力是两类不同的、有损于独董监督的力量，独董—CEO关联是独董出于潜意识的偏爱或冷静思考后的回报，是站在独董角度的心理倾向，CEO权力则是利用所掌握的正式或非正式权力对董事产生的影响，是站在 CEO 角度的影响力。此外，薪酬委员会中主任独董与非主任独董的监督作用存在异质性，主任独董作为专门委员会的召集人对独董制度作用的发挥，相较于非主任独董更加重要。

最后，立足中国上市公司普遍存在独董多席位任职的客观事实，构建能够恰当反映独董分配其有限履职时间与精力意愿（Masulis 和 Mobbs，2014）的薪酬激励和声誉激励，结合本书第 5 章对独董实质独立性的研究，考察薪酬委员会独立性与独董激励对 CEO 薪酬契约有效性的影响。研究结果表明：（1）独董在公司获得的薪酬占其在所有上市公司兼任独董获得的全部薪酬的比重更高时，独董薪酬激励水平更高，相应地，当公司薪酬委员会中相对薪酬更高的独董占比越大时，公司的 CEO 薪酬契约有效性越高，但仅表现为 CEO 薪酬—运气业绩敏感性显著降低，而 CEO 薪酬—才能业绩敏感性并没有显著提升，说明上市公司支付给独董的固定薪酬虽然会因独董个体异质性产生一定的激励作用，但这种薪酬激励机制的有效性还有待进一步提高；（2）独董在公司获得的声誉占其在所有上市公司兼职独董获得的全部声誉比重更高时，独董声誉激励水平更高，相应地，当公司薪酬委员会中相对声誉更高的独董占比越大时，公司的 CEO 薪酬契约有效性越高，具体表现为 CEO 薪酬—运气业绩敏感性的显著降低和 CEO 薪酬—才能业绩敏感性的显著提高，说明公司规模带来的声誉会因独董个体异质性产生激励作用；（3）独董在公司获得的包括薪酬激励和声誉激励在内的组合激励占其在所有上市公司兼职独董获得的全部组合激励比重更高时，独董激励水平更高，相应地，当公司薪酬委员会中相对激励更高的独董占比越大时，公司的 CEO 薪酬契约有效性越高，具体表现为 CEO 薪酬—运气业绩敏感性的显著降低和 CEO 薪酬—才能业绩敏感性的显著提高，说明独董的薪酬激励机制与声誉激励机制是相互补充的关系；（4）独董的独立性（以独董—CEO 关联反向刻画）和激励程度交互指标更高时，独董监督水平更高，相应地，当公司薪酬委员会中监督水平更高的独董占比越大时，公司的 CEO 薪酬契约有效性越高，具体表现为 CEO 薪酬—运气业绩敏感性的显著降低和 CEO 薪酬—才能业绩敏感性的显著提高，说明独董独立性与独董激励在监督 CEO 薪酬契约时是相互补充的关系，此时独董同时具有坚定的立场和更高的监督意愿，有助于提高独董监督质量；(5) 进一步检验中，本书基于管理者权力理论，分析 CEO 权力对由独董独立性和独董激励二维组合决定的独董监督水平影响 CEO 薪酬契约有效性的异质性。结果发现，在不同 CEO 权力组之间，虽然独董监督水平对 CEO 运气薪酬都起到了治理作用且不同组别之间没有显著差异，但独董监督水平对才能薪酬的治理作用在不同组别之间却有显著差异。具体地，只有在低 CEO 权力组，薪酬委员会独董监督水平越高，CEO 薪酬—才能业绩敏感性越高，而在高 CEO 权力组，薪酬委员会独董监督水平没有发挥显著作用。说明 CEO 权力一定程度上削弱了薪酬委员会独董监督对 CEO 薪酬契约的治理作用。进一步区分薪酬委员会中主任独董与非主任独董后，发现主任独董的监督水平对 CEO 薪酬契约有效性的影响更重要，抓住主任独董这一“关键少数”十分必要。

7.2 政策建议

本书发现运气薪酬不利于 CEO 积极从事价值创造活动并毁损了公司价值，薪酬委员会质量是影响 CEO 薪酬契约有效性的重要力量，其中独董社会独立性和独董激励机制是薪酬委员会监督质量的保障，两者分别提供监督 CEO 的立场和动力并且起到互补的作用。因此，结合本书的研究结论，本书提出以下政策建议：

(1) 完善薪酬契约付薪条款和薪酬信息披露

基于运气（才能）薪酬阻碍（提高）CEO 从事价值创造活动并毁损（提升）公司价值的发现，本书认为应从以下几个方面完善薪酬契约付薪条款和薪酬信息披露。首先，确定业绩考核指标时更多采用相对业绩评价①。相对业绩是为排除运气因素的干扰，参照对象的选取十分重要。一

① 实践中，近年来已有公司开始重视相对业绩评价，如联通公司 2018 年的股权激励方案中业绩考核就使用了“……主营业务收入增长率……不低于同行业企业平均水平，……利润总额……不低于同行业企业 75 分位水平”等相关表述。当然，目前上市公司对薪酬契约的披露仍然很少，在实施股权激励方案时会披露相关信息，然而也并非所有股权激励的考核都会使用相对业绩评价指标。

方面，应该满足自身与参照对象受到相似外生环境影响的条件，否则将可能成为沦为CEO操纵业绩的手段；另一方面，尽量纳入更多的处于相似外生环境的参照个体。这是因为运气作为不受CEO努力影响的外生冲击，是一种系统性风险，而要排除运气干扰必须保证纳入参照的公司个体足够多。因为纳入参照的公司业绩相当于构成一个投资组合，只有当个体足够多才能分散掉个别业绩波动对组合业绩的影响最终保留系统冲击导致的业绩波动，从而获得不受具体公司影响的运气因素。其次，对相对业绩评价指标给予更高的薪酬权重。薪酬权重反映CEO薪酬契约中考核指标的重要性，决定着CEO薪酬中运气成分与才能成分的相对大小，而CEO受到的激励效果取决于不同成分的比较。最后，完善薪酬信息披露。本书证据表明运气薪酬是CEO一种自利行为，管理者权力认为社会公众的“愤怒成本”是限制CEO薪酬自利的重要力量，同时为降低“愤怒成本”CEO会选择隐藏信息或业绩归因等手段进行正当性辩护。因此，应完善薪酬披露制度，比如尽量详细披露业绩考核指标、考核权重、相对业绩的参照对象以及固定薪酬与变动薪酬具体构成等，以助于市场参与者更好地识别CEO薪酬的有效激励成分。已有研究表明我国上市公司普遍存在运气薪酬且较为严重，本书也发现运气业绩相较于才能业绩考核权重更大（模型中的回归系数），这也和我国上市公司薪酬信息披露状况相对应。上市公司年报中只按照规定披露高管的年薪，而关于其他诸如考核指标、权重等关键信息都很少披露，Li et al.（2013）发现2004~2010年间仅有228个公司年度自愿披露薪酬契约，其中只有160个披露业绩考核指标。本书虽然没有做进一步数据统计，但目前尚没有更完善的薪酬信息披露制度出台。

（2）优化独董遴选政策，完善董监高个人信息披露

基于独董—CEO关联会降低独董社会独立性以及独董激励机制受兼任席位影响的研究结论，本书认为应该从以下几个方面优化独董遴选政策，完善董监高个人信息披露。首先，公司应该注重降低独董与CEO之间人口统计学相似性，同时尽量避免选择熟人董事或通过朋友介绍。在中国，虽然独董属于稀缺资源目前尚缺乏市场机制，但独董通常由行业专家、学者等具有一定知名度的群体构成，并且上市公司独董的简要信息也要求披露，

因此公司可以由提名委员会或专设机构主动搜集候选独董信息，从而遴选出合格的独董。其次，规范独董提名制度。为避免 CEO 影响独董提名要充分发挥提名委员会职能，并建立多名委员共同提名制度，以避免独董与单个提名人之间形成社会交换，同时对独董提名程序和提名人等信息进行恰当披露，供市场参与者监督。再次，遴选独董时应考虑候选独董目前兼任的其他公司情况，充分考虑本公司能够为候选独董提供的激励水平，遴选出更高激励水平的独董。然后，在独董遴选时，应该抓住主任独董这一“关键少数”。目前《上市公司治理准则》针对董事会下设的专门委员会规定，专门委员会中独立董事应占多数并担任召集人，因此 A 股上市公司的薪酬委员会中通常由一名独董担任主任委员。由于主任独董负责召集专门委员会成员并牵头发挥独董职能，非主任独董职能发挥有可能会受到主任独董的影响，因此主任独董可能成为影响独董制度发挥作用的关键少数。最后，完善董监高个人信息披露。虽然目前上市公司会披露董监高个人简介，但涉及私人关联的各类信息如籍贯、毕业院校、工作经历等并非强制披露信息，目前披露信息少且没有统一规范，不利于外部利益相关者从中提取有用信息。因此监管机构应该要求公司规范披露籍贯、毕业院校和工作履历信息，并鼓励披露更多个人信息。

（3）动态调整独董激励水平，创新独董激励机制

本书研究发现独董相对薪酬激励和相对声誉激励均发挥了促进独董履职的作用，并且两者之间存在相互补充的关系，基于这一结论本书认为公司可以动态调整独董激励水平以创新独董激励机制。一方面，出于提供有效激励同时控制激励成本的考虑，上市公司在为每位独董制定薪酬时应将独董兼任的其他公司情况纳入考量，如果本公司相对规模更大，可以考虑在薪酬给付水平上有所下降，而对于小规模的公司则应该考虑再给予相对更高的薪酬。另一方面，对于每个独董个体，会因席位获得或减少以及兼任公司提供的决绝薪酬水平和声誉水平变动而导致在当前公司的激励程度发生变化，因此公司应该定期动态调整本公司提供的激励组合。同时值得注意的是，由于中国上市公司只能获得相对固定的津贴，实践中公司内部独董薪酬差异较小，因此在动态调整时应该同时将本公司所有独董纳入考量，进行整体规划。

7.3 研究不足与展望

本书研究具有一定的理论和现实意义，但是由于研究问题的复杂性和作者研究水平所限，仍存在以下不足：

首先，本书以社会关联相关理论为指导考察独董—CEO 关联对独董监督作用的影响，虽然得到与理论预期相符的结论，但受数据获得的限制度量涵盖的关联特征并不完全。在测度独董—CEO 私人关联时，本书参考现有研究选取户籍和毕业院校数据以测定独董和 CEO 之间的老乡关系和校友关系，一方面目前上市公司披露个人简介中这两个信息不是强制披露事项，既不规范也不完整，虽然花费大量精力通过阅读简介、网络搜索来补缺但仍有很多数据缺失，另一方面除这两类私人关系外还存在曾经的同事、共同参军、参与相同协会组织等私人关系。随着数据收集手段和数据披露的更新，未来可以构建更全面的社会关系。

其次，受研究主题限制本书仅考虑独董—CEO 关联对监督作用的影响，未考虑独董—CEO 关联对独董咨询的影响。社会关联相关理论认为存在独董—CEO 关联时独董会出于潜意识的偏爱或冷静思考后的回报而对 CEO 产生支持行为，因此可以推理当需要独董发挥咨询功能时，独董—CEO 关联会带来更多资源和信息从而提高 CEO 决策效率。

最后，本书认为独立性是有方向性的，当独董监督 CEO 时需要排除独董与 CEO 之间的社会关联，同样可以推理当监督大股东时也需要排除与大股东之间的社会关联，特别是在中国上市公司中大股东与中小股东之间的委托代理问题也很突出，而同时大股东更可能提名独董。

参考文献

[1] 步丹璐，文彩虹．高管薪酬粘性增加了企业投资吗？[J]．财经研究，2013，39（06）：63－72.

[2] 蔡春，唐凯桃，薛小荣．会计专业独董的兼职席位、事务所经历与真实盈余管理[J]．管理科学，2017，30（04）：30－47.

[3] 蔡宁，董艳华，刘峰．董事会之谜——基于尚德电力的案例研究[J]．管理世界，2015（04）：155－165.

[4] 陈华东．管理者任期、股权激励与企业创新研究[J]．中国软科学，2016（08）：112－126.

[5] 陈胜蓝，卢锐．股权分置改革、盈余管理与高管薪酬业绩敏感性[J]．金融研究，2012（10）：180－192.

[6] 陈宋生，严文龙，李文颖．年报审计与薪酬契约优化[J]．会计研究，2020（10）：177－192.

[7] 陈伟民．独立董事职业背景与公司业绩[J]．管理世界，2009（03）：182－183.

[8] 陈修德，栗辉杨，马文聪，等．董事会失败容忍会影响企业创新吗？[J]．管理评论，2021，33（08）：90－103.

[9] 陈艳．独立董事声誉与独立董事劳动力市场有效性[J]．经济学家，2009（04）：5－15.

[10] 邓晓岚，陈栋，陈运森．专门委员会重叠与CEO运气薪酬：基于国有控股上市公司的证据[J]．会计研究，2015（07）：49－55.

[11] 翟晴盈，唐宗明．相对声誉激励对独董履职的影响及其后果的实证研究[J]．系统管理学报，2019，28（04）：635－643.

[12] 窦超，罗劲博. 中小股东利用社交媒体"发声"能否改善高管薪酬契约 [J]. 财贸经济，2020，41 (12)：85-100.

[13] 方军雄. 我国上市公司高管的薪酬存在粘性吗？[J]. 经济研究，2009 (03)：110-124.

[14] 方军雄，于传荣，王若琪，等. 高管业绩敏感型薪酬契约与企业创新活动 [J]. 产业经济研究，2016 (04)：51-60.

[15] 高文亮，罗宏. 薪酬管制、薪酬委员会与公司绩效 [J]. 山西财经大学学报，2011 (08)：84-91.

[16] 高文亮，罗宏，程培先. 管理层权力与高管薪酬粘性 [J]. 经济经纬，2011 (06)：82-86.

[17] 顾海峰，翟淋源. 高管薪酬粘性、风险承担与企业投资效率——管理者权力与融资约束的调节作用 [J]. 证券市场导报，2021 (01)：33-43.

[18] 洪昀，谌珊，姚靠华. 融资融券与高管薪酬契约有效性研究 [J]. 科研管理，2020，41 (04)：229-238.

[19] 扈文秀，介迎疆，侯于默，等. 监事与独立董事激励对两类代理成本影响的实证研究 [J]. 预测，2013，32 (03)：46-50.

[20] 黄海杰，吕长江，丁慧. 独立董事声誉与盈余质量——会计专业独董的视角 [J]. 管理世界，2016 (03)：128-143.

[21] 贾凡胜. 外部监督、制度环境与高管运气薪酬 [J]. 南开经济研究，2018 (01)：158-175.

[22] 贾凡胜，张一林，李广众. 非正式制度的有限激励作用：基于地区信任环境对高管薪酬激励影响的实证研究 [J]. 南开管理评论，2017，20 (06)：116-128.

[23] 江伟，刘丹，李雯. 薪酬委员会特征与高管薪酬契约——基于中国上市公司的经验研究 [J]. 会计与经济研究，2013，27 (03)：3-17.

[24] 解维敏. 业绩薪酬对企业创新影响的实证研究 [J]. 财贸经济，2018，39 (09)：141-156.

[25] 李春涛，宋敏. 中国制造业企业的创新活动：所有制和CEO激励的作用 [J]. 经济研究，2010，45 (05)：55-67.

[26] 李世刚，蒋煦涵，蒋尧明．独立董事内部薪酬差距与异议行为[J]．经济管理，2019，41（03）：124-140.

[27] 李四海，江新峰，刘星河．跨体制社会资本与高管薪酬契约[J]．经济管理，2017，39（02）：100-116.

[28] 李四海，江新峰，宋献中．高管年龄与薪酬激励：理论路径与经验证据[J]．中国工业经济，2015（05）：122-134.

[29] 李维安，李晓琳，张耀伟．董事会社会独立性与CEO变更——基于违规上市公司的研究[J]．管理科学，2017，30（02）：94-105.

[30] 李志辉，杨思静，孟焰．独立董事兼任：声誉抑或忙碌——基于债券市场的经验证据[J]．审计研究，2017（05）：96-103.

[31] 刘诚，杨继东．独立董事的社会关系与监督功能——基于CEO被迫离职的证据[J]．财经研究，2013（07）：16-26.

[32] 刘诚，杨继东，周斯洁．社会关系、独立董事任命与董事会独立性[J]．世界经济，2012（12）：83-101.

[33] 刘汉民，薛丽娜，齐宇．独董薪酬激励对经理人超额薪酬的影响：促进或抑制[J]．现代财经（天津财经大学学报），2020，40（06）：32-46.

[34] 刘西友，韩金红．上市公司薪酬委员会有效性与高管薪酬研究——基于“有效契约论”与“管理权力论”的比较分析[J]．投资研究，2012，31（06）：16-28.

[35] 卢锐．管理层权力、薪酬与业绩敏感性分析——来自中国上市公司的经验证据[J]．当代财经，2008（07）：107-112.

[36] 罗宏，宛玲羽，刘宝华．国企高管薪酬契约操纵研究——基于业绩评价指标选择的视角[J]．财经研究，2014，40（04）：79-89.

[37] 罗进辉．独立董事的明星效应：基于高管薪酬—业绩敏感性的考察[J]．南开管理评论，2014（03）：62-73.

[38] 罗进辉，黄震，李莉．明星独董也是“花瓶”吗——基于双重代理成本的视角[J]．山西财经大学学报，2014，36（01）：76-90.

[39] 罗进辉，向元高，林筱勋．本地独立董事监督了吗？——基于国有企业高管薪酬视角的考察[J]．会计研究，2018（07）：57-63.

[40] 罗肖依，周建，王宇. 独立董事—CEO友好性、业绩期望落差与公司创新 [J]. 南开管理评论，2021，24 (10)：1－18.

[41] 马惠娴，佟爱琴. 卖空机制对高管薪酬契约的治理效应——来自融资融券制度的准自然实验 [J]. 南开管理评论，2019，22 (02)：61－74.

[42] 毛洪涛，周达勇，王新. 薪酬委员会在高管薪酬激励有效性中的治理效应研究——基于2002－2010年A股上市公司的实证研究 [J]. 投资研究，2012，31 (09)：20－41.

[43] 缪毅，胡奕明. 内部收入差距、辩护动机与高管薪酬辩护 [J]. 南开管理评论，2016 (02)：32－41.

[44] 宁美军，赵西卜，张东旭. 高管薪酬契约有效吗？——基于政府补助视角的实证检验 [J]. 经济问题，2018 (10)：94－100.

[45] 潘红波，张哲. 控股股东干预与国有上市公司薪酬契约有效性：来自董事长/CEO纵向兼任的经验证据 [J]. 会计研究，2019 (05)：59－66.

[46] 权小锋，吴世农，文芳. 管理层权力、私有收益与薪酬操纵 [J]. 经济研究，2010 (11)：73－87.

[47] 全怡，陈冬华. 多席位独立董事的精力分配与治理效应——基于声誉与距离的角度 [J]. 会计研究，2016 (12)：29－36.

[48] 沈小燕，王跃堂. 薪酬委员会提高了公司薪酬业绩敏感度吗？[J]. 上海财经大学学报，2014 (06)：71－80.

[49] 沈小燕，王跃堂. 薪酬委员会设立、产权性质与高管薪酬 [J]. 北京工商大学学报 (社会科学版)，2015 (05)：53－65.

[50] 沈艺峰，陈旋. 无绩效考核下外部独立董事薪酬的决定 [J]. 南开管理评论，2016，19 (02)：4－18.

[51] 孙烨，孟佳娃，许艳. 会计盈余时效性、薪酬委员会结构与经理人薪酬契约有效性 [J]. 山西财经大学学报，2013 (10)：113－124.

[52] 谭劲松. 独立董事"独立性"研究 [J]. 中国工业经济，2003 (10)：64－73.

[53] 汤晓建，许书凝，林斌. CEO组织认同与高管薪酬业绩敏感性 [J]. 会计与经济研究，2021，35 (03)：55－71.

[54] 唐雪松，蒋心怡，雷啸．会计信息可比性与高管薪酬契约有效性[J]．会计研究，2019 (01)：37－44.

[55] 唐雪松，申慧，杜军．独立董事监督中的动机——基于独立意见的经验证据 [J]．管理世界，2010 (09)：138－149.

[56] 王兵．独立董事监督了吗？——基于中国上市公司盈余质量的视角[J]．金融研究，2007 (01)：109－121.

[57] 王克敏，王志超．高管控制权、报酬与盈余管理——基于中国上市公司的实证研究 [J]．管理世界，2007 (07)：111－119.

[58] 王清刚，胡亚君．管理层权力与异常高管薪酬行为研究 [J]．中国软科学，2011 (10)：166－175.

[59] 王跃堂，赵子夜，魏晓雁．董事会的独立性是否影响公司绩效？[J]．经济研究，2006 (05)：62－73.

[60] 王跃堂，朱林，陈世敏．董事会独立性、股权制衡与财务信息质量[J]．会计研究，2008 (01)：55－62.

[61] 魏刚，肖泽忠，Travlos Nick，等．独立董事背景与公司经营绩效[J]．经济研究，2007 (03)：92－105.

[62] 魏光兴，孟国连，方涌．基于公平偏好的运气薪酬与激励契约超完全性质研究 [J]．系统管理学报，2020，29 (03)：485－493.

[63] 吴育辉，吴世农．高管薪酬：激励还是自利？——来自中国上市公司的证据 [J]．会计研究，2010 (11)：40－48.

[64] 向荣．上市公司独立董事独立性的界定与公司治理结构的关系——美国、香港地区与中国大陆的对比分析 [J]．南开管理评论，2002 (06)：43－46.

[65] 肖继辉，孟婷．非对称业绩基准与高管薪酬：基于代理成本视角[J]．管理评论，2015，27 (01)：194－208.

[66] 谢德仁．独立董事：代理问题之一部分 [J]．会计研究，2005 (02)：39－45.

[67] 谢德仁，姜博，刘永涛．经理人薪酬辩护与开发支出会计政策隐性选择 [J]．财经研究，2014，40 (01)：125－134.

[68] 谢德仁，林乐，陈运森．薪酬委员会独立性与更高的经理人报酬—

业绩敏感度——基于薪酬辩护假说的分析和检验［J］. 管理世界，2012(01)：121－140.

［69］谢德仁，张新一，崔宸瑜．经常性与非经常性损益分类操纵——来自业绩型股权激励“踩线”达标的证据［J］. 管理世界，2019，35（07）：167－181.

［70］徐晋，王新，曾路遥．多席位独立董事薪酬制度的履职效应分析［J］. 财经科学，2021（04）：118－132.

［71］徐新鹏，王德凡，尹新哲．会计准则变迁、准则执行环境与薪酬契约有效性［J］. 管理工程学报，2019，33（02）：110－119.

［72］徐悦，刘运国，蔡贵龙．高管薪酬粘性与企业创新［J］. 会计研究，2018（07）：43－49.

［73］杨青，陈峰，陈洁．我国上市公司CEO薪酬存在“幸运支付”吗——“揩油论”抑或“契约论”［J］. 金融研究，2014（04）：143－157.

［74］叶建宏，汪炜．政策性负担、薪酬委员会独立性与经理人超额薪酬——来自后股改时期国有上市公司的证据［J］. 江西财经大学学报，2015(04)：31－41.

［75］张必武，石金涛．董事会特征、高管薪酬与薪绩敏感性——中国上市公司的经验分析［J］. 管理科学，2005（04）：32－39.

［76］张华荣，李波．管理层权力是否加剧了上市公司高管薪酬粘性?［J］. 财经问题研究，2018（06）：66－72.

［77］张天舒，陈信元，黄俊．独立董事薪酬与公司治理效率［J］. 金融研究，2018（06）：155－170.

［78］张兆国，刘亚伟，杨清香．管理者任期、晋升激励与研发投资研究［J］. 会计研究，2014（09）：81－88.

［79］郑志刚，梁昕雯，黄继承．中国上市公司应如何为独立董事制定薪酬激励合约［J］. 中国工业经济，2017（02）：174－192.

［80］周泽将，卢倩楠，雷玲．独立董事薪酬激励抑制了企业违规行为吗？［J］. 中央财经大学学报，2021（02）：102－117.

［81］朱佳立，沈弋，吕明晗，等．中小股东参与治理会提升薪酬契约有效

性吗?——来自高管薪酬粘性的证据 [J]. 南开管理评论, 2021 (11): 1 -20.

[82] 朱杰. 独立董事薪酬激励与上市公司信息披露违规 [J]. 审计与经济研究, 2020, 35 (02): 77 -86.

[83] Abernethy, M. A., Kuang, Y. F., and Qin, B. U., et al. The Influence of CEO Power on Compensation Contract Design [J]. The Accounting Review, 2015, 90 (4): 1265 -1306.

[84] Acero, I., and Alcalde, N. Directors' Compensation. What Really Matters? [J]. Journal of Business Economics & Management, 2020, 21 (1): 180 -199.

[85] Adams, R. B., and Ferreira, D. Do Directors Perform for Pay? [J]. Journal of Accounting and Economics, 2008, 46 (1): 154 -171.

[86] Anderson, R. C., and Bizjak., J. M. An Empirical Examination of the Role of the CEO and the Compensation Committee in Structuring Executive Pay [J]. Journal of Banking and Finance, 2003, 27 (7): 1323 -1348.

[87] Archambeault, D. S., Dezoort, F. T., and Hermanson, D. R. Audit Committee Incentive Compensation and Accounting Restatements [J]. Contemporary Accounting Research, 2008, 25 (4): 965 -992.

[88] Bebchuk, L. A., Grinstein, Y., and Peyer, U. Lucky CEOs and Lucky Directors [J]. The Journal of Finance, 2010, 65 (6): 2363 -2401.

[89] Bednar, M. K. Watchdog or Lapdog? A Behavioral View of the Media as a Corporate Governance Mechanism [J]. Academy of Management Journal, 2012, 55 (1): 131 -150.

[90] Bertrand, M., and Mullainathan, S. Are CEOs Rewarded for Luck? The Ones without Principals are [J]. The Quarterly Journal of Economics, 2001, 116 (3): 901 -932.

[91] Bhuiyan, M. B. U., Sangchan, P., and Costa, M. D. Do Co - opted Boards Affect the Cost of Equity Capital? [J]. Finance Research Letters, 2022, 46: 102491.

[92] Black, B., Cheffins, B., and Klausner, M. Liability Risk for Outside

Directors: A Cross - Border Analysis [J]. European Financial Management, 2005, 11 (2): 153 - 171.

[93] Boumosleh, A. Director Compensation and the Reliability of Accounting Information [J]. The Financial Review, 2009, 44 (4): 525 - 539.

[94] Brick, I. E., Palmon, O., and Wald, J. K. CEO Compensation, Director Compensation, and Firm Performance: Evidence of Cronyism? [J]. Journal of Corporate Finance, 2006, 12 (3): 403 - 423.

[95] Bryan, D. B., and Mason, T. W. Independent Director Reputation Incentives, Accruals Quality and Audit Fees [J]. Journal of Business Finance & Accounting, 2020, 47 (7 - 8): 982 - 1011.

[96] Burns, N., Kapalczynski, A., and Wald, J. K. Independent Director Compensation, Corruption, and Monitoring [J]. The Financial Review, 2021, 56 (1): 5 - 28.

[97] Bushman, R. M., and Smith, A. J. Financial Accounting Information and Corporate Governance [J]. Journal of Accounting and Economics, 2001, 32 (1): 237 - 333.

[98] Bushman, R., Chen, Q., and Engel, E., et al. Financial Accounting Information, Organizational Complexity and Corporate Governance Systems [J]. Journal of Accounting and Economics, 2004, 37 (2): 167 - 201.

[99] Byrne, D., Clore Jr., G. L., and Worchel, P. Effect of Economic Similarity - dissimilarity on Interpersonal Attraction [J]. Journal of Personality and Social Psychology, 1966, 4 (2): 220 - 224.

[100] Byrne, D., Clore, G. L., and Smeaton, G. The Attraction Hypothesis: Do Similar Attitudes Affect Anything? [J]. Journal of Personality and Social Psychology, 1986, 51 (6): 1167 - 1170.

[101] Cheng, M., Lin, B., and Wei, M. Executive Compensation in Family Firms: The Effect of Multiple Family Members [J]. Journal of Corporate Finance, 2015, 32: 238 - 257.

[102] Cheng, S. R&D Expenditures and CEO Compensation [J]. The Ac-

counting Review, 2004, 74 (2): 305 –328.

[103] Cheng, S., and Indjejikian, R. Managerial Influence and CEO Performance Incentives [J]. International Review of Law and Economics, 2009, 29 (2): 115 –126.

[104] Chhaochharia, V., and Grinstein, Y. CEO Compensation and Board Structure [J]. The Journal of Finance, 2009, 64 (1): 231 –261.

[105] Chintrakarn, P., Jiraporn, P., and Kim, J. C. The Effect of Corporate Governance on CEO Luck: Evidence from the Institutional Shareholder Services [J]. Finance Research Letters, 2013, 10 (4): 169 –174.

[106] Chiu, H., Oxelheim, L., and Wihlborg, C., et al. Macroeconomic Fluctuations as Sources of Luck in CEO Compensation [J]. Journal of Business Ethics, 2016, 136 (2): 371 –384.

[107] Choi, J. H., Gipper, B., and Shi, S. X. Executive Pay for Luck: New Evidence over the Last 20 Years [Z]. Working paper, 2020.

[108] Conyon, M. J., and Peck, S. I. Board Control, Remuneration Committees, and Top Management Compensation [J]. Academy of Management Journal, 1998, 41 (2): 146 –157.

[109] Core, J. E., Holthausen, R. W., and Larcker, D. F. Corporate Governance, Chief Executive Officer Compensation, and Firm Performance [J]. Journal of Financial Economics, 1999, 51 (3): 371 –406.

[110] Cornett, M. M., Marcus, A. J., and Tehranian, H. Corporate Governance and Pay – for – performance: The Impact of Earnings Management [J]. Journal of Financial Economics, 2008, 87 (2): 357 –373.

[111] Cotter, J. F., Shivdasani, A., and Zenner, M. Do Independent Directors Enhance Target Shareholder Wealth during Tender Offers? [J]. Journal of Financial Economics, 1997, 43 (2): 195 –218.

[112] Cybinski, P., and Windsor, C. Remuneration Committee Independence and CEO Remuneration for Firm Financial Performance [J]. Accounting Research Journal, 2013, 26 (3): 197 –221.

[113] Dah, M. A., and Frye, M. B. Is Board Compensation Excessive? [J]. Journal of Corporate Finance, 2017, 45: 566 - 585.

[114] Daily, C. M., Johnson, J. L., and Ellstrand, A. E., et al. Compensation Committee Composition as a Determinant of CEO Compensation [J]. Academy of Management Journal, 1998, 41 (2): 209 - 220.

[115] Daniel, N. D., Li, Y., and Naveen, L. Symmetry in Pay for Luck [J]. The Review of Financial Studies, 2020, 33 (7): 3174 - 3204.

[116] Du, C., and Lin, T. Outside Director Compensation and Earnings Quality [J]. International Journal of Accounting and Finance, 2015, 5 (3): 205 - 229.

[117] Fama, E. F. Agency Problems and the Theory of the Firm [J]. Journal of Political Economy, 1980, 88 (2): 288 - 307.

[118] Fama, E. F., and Jensen, M. C. Separation of Ownership and Control [J]. The Journal of Law and Economics, 1983, 26 (2): 301 - 325.

[119] Ferris, S. P., Jagannathan, M., and Pritchard, A. C. Too Busy to Mind the Business? Monitoring by Directors with Multiple Board Appointments [J]. The Journal of Finance, 2003, 58 (3): 1087 - 1111.

[120] Fich, E. M., and Shivdasani, A. Are Busy Boards Effective Monitors? [J]. The Journal of Finance, 2006, 61 (2): 689 - 724.

[121] Fracassi, C., and Tate, G. R. External Networking and Internal Firm Governance [J]. The Journal of Finance, 2012, 67 (1): 153 - 194.

[122] Francis, B., Hasan, I., and Sharma, Z., et al. Motivating High - Impact Innovation: Evidence from Managerial Compensation Contracts [J]. Financial Markets, Institutions & Instruments, 2020, 28 (3): 291 - 318.

[123] Garvey, G. T., and Milbourn, T. T. Asymmetric Benchmarking in Compensation: Executives are Rewarded for Good Luck but not Penalized for Bad [J]. Journal of Financial Economics, 2006, 82 (1): 197 - 225.

[124] Gaver, J. J., and Gaver, K. M. The Relation between Nonrecurring Accounting Transactions and CEO Cash Compensation [J]. The Accounting Re-

view, 1998, 73 (2): 235 -253.

[125] Gogolin, F., Cummins, M., and Dowling, M. The Value of Director Reputation: Evidence from Outside Director Appointments [J]. Finance Research Letters, 2018, 27: 266 -272.

[126] Gopalan, R., Milbourn, T., and Song, F. Strategic Flexibility and the Optimality of Pay for Sector Performance [J]. Review of Financial Studies, 2010, 23 (5): 2060 -2098.

[127] Gregory - Smith, I. Chief Executive Pay and Remuneration Committee Independence [J]. Oxford Bulletin of Economics and Statistics, 2012, 74 (4): 510 -531.

[128] Guthrie, K., Sokolowsky, J., and Wan, K. M. CEO Compensation and Board Structure Revisited [J]. The Journal of Finance, 2012, 67 (3): 1149 - 1168.

[129] Harvey, C., Maclean, M., and Price, M. Executive Remuneration and the Limits of Disclosure as an Instrument of Corporate Governance [J]. Critical Perspectives on Accounting, 2020, 69: 102089.

[130] Healy, P. M. The Effect of Bonus Schemes on Accounting Decisions [J]. Journal of Accounting and Economics, 1985, 7 (1 -3): 85 -107.

[131] Hermalin, B. E., and Weisbach, M. S. Endogenously Chosen Boards of Directors and their Monitoring of the CEO [J]. American Economic Review, 1998, 88 (1): 96 -118.

[132] Holmstrom, B. Agency Costs and Innovation [J]. Journal of Economic Behavior and Organization, 1989, 12 (3): 305 -327.

[133] Holmström, B. Moral Hazard and Observability [J]. The Bell Journal of Economics, 1979, 10 (1): 74 -91.

[134] Hope, O., Lu, H., and Saiy, S. Director Compensation and Related Party Transactions [J]. Review of Accounting Studies, 2019, 24 (4): 1392 -1426.

[135] Houdek, P. Rewards for Falling off a Horse: Bad Corporate Governance

is Enabling Managers to Receive Pay for Luck [J]. Organizational Dynamics, 2017, 46 (3): 189 - 194.

[136] Hwang, B., and Kim, S. It Pays to have Friends [J]. Journal of Financial Economics, 2009, 93 (1): 138 - 158.

[137] Hwang, I., Kim, H., and Pae, S. Outside Director Equity Compensation and the Quality of Analyst Earnings Forecasts [J]. International Journal of Business and Management, 2015, 10 (11): 13 - 23.

[138] Hwang, I., Kim, H., and Pae, S. Equity - Based Compensation for Outside Directors and Cost of Equity Capital [J]. Journal of Applied Business Research, 2014, 30 (1): 15 - 26.

[139] Jackson, S. B., Lopez, T. J., and Reitenga, A. L. Accounting Fundamentals and CEO Bonus Compensation [J]. Journal of Accounting and Public Policy, 2008, 27 (5): 374 - 393.

[140] Jensen, M. C. The Modern Industrial Revolution, Exit, and the Failure of Internal Control Systems [J]. The Journal of Finance, 1993, 48 (3): 43 - 58.

[141] Jeong, K., and Kim, H. Equity - Based Compensation to Outside Directors and Accounting Conservatism [J]. Journal of Applied Business Research, 2013, 29 (3): 885 - 900.

[142] Jiraporn, P., Singh, M., and Lee, C. I. Ineffective Corporate Governance, Director Busyness and Board Committee Memberships [J]. Journal of Banking and Finance, 2009, 33 (5): 819 - 828.

[143] Kanapathippillai, S., Johl, S. K., and Wines, G. Remuneration Committee Effectiveness and Narrative Remuneration Disclosure [J]. Pacific - Basin Finance Journal, 2016, 40 (Part B): 384 - 402.

[144] Kao, E. H., Huang, H. C., and Fung, H. G., et al. Co - opted Directors, Gender Diversity, and Crash Risk: Evidence from China [J]. Review of Quantitative Finance and Accounting, 2020, 50 (2): 461 - 500.

[145] Ke, B., Yubo, L., and Hongqi, Y. The Substantial Convergence of Chinese Accounting Standards with IFRS and the Managerial Pay - for - accounting

Performance Sensitivity of Publicly Listed Chinese Firms [J]. Journal of Accounting and Public Policy, 2016, 56 (6): 567 – 591.

[146] Kent, P., Kercher, K., and Routledge, J. Remuneration Committees, Shareholder Dissent on CEO Pay and the CEO Pay – performance Link [J]. Accounting and Finance, 2018, 58 (2): 445 – 475.

[147] Khanna, V., Kim, E. H., and Lu, Y. CEO Connectedness and Corporate Fraud [J]. The Journal of Finance, 2015, 70 (3): 1203 – 1252.

[148] Kogan, L., Papanikolaou, D., and Seru, A. Technological Innovation, Resource Allocation, and Growth [J]. Quaterly Journal of Economics, 2017, 132 (2): 665 – 712.

[149] Koo, K., and Kim, W. Y. Do Lucky CEOs Avoid Innovation? [J]. Applied Economics Letters, 2019, 26 (10): 795 – 798.

[150] Lartey, T., Danso, A., and Boateng, A. Co – opted Boards and Capital Structure Dynamics [J]. International Review of Financial Analysis, 2021, 77: 101824.

[151] Lee, S. M., Jiraporn, P., and Kim, Y. S., et al. Do Co – opted Directors Influence Corporate Risk – taking and Credit Ratings? [J]. The Quarterly Review of Economics and Finance, 2021, 79: 330 – 344.

[152] Leone, A. J., Wu, J. S., and Zimmerman, J. L. Asymmetric Sensitivity of CEO Cash Compensation to Stock Returns [J]. Journal of Accounting and Economics, 2006, 42 (1): 167 – 192.

[153] Li, Y., Lou, F., and Wang, J., et al. A Survey of Executive Compensation Contracts in China's Listed Companies [J]. China Journal of Accounting Research, 2013, 6 (3): 211 – 231.

[154] Lim, J., Do, V., and Vu, T. Co – opted Directors, Covenant Intensity, and Covenant Violations [J]. Journal of Corporate Finance, 2020, 64: 101628.

[155] Lin, C., Lin, P., and Song, F. M., et al. Managerial Incentives, CEO Characteristics and Corporate Innovation in China's Private Sector [J]. Jour-

nal of Comparative Economics, 2011, 39 (2): 176 - 190.

[156] Lin, J. Technological Adaptation, Cities, and New Work [J]. Review of Economics and Statistics, 2011, 93 (2): 554 - 574.

[157] Little, D. E. Explanatory Autonomy and Coleman' s Boat [J]. THEORIA. An International Journal for Theory, History and Fundations of Science, 2012, 27 (2): 137 - 151.

[158] Liu, Y. Outside Options and CEO Turnover, the Network Effect [J]. Journal of Corporate Finance, 2014, 28: 201 - 217.

[159] Liu, Y., Nanda, V., and Onal, B., et al. Employment Mobility and Pay for Sector Performance [J]. Journal of Corporate Finance, 2021, 70: 102069.

[160] Main, B. G. M., and Johnston, J. Remuneration Committees and Corporate Governance [J]. Accounting and Business Research, 1993, 23 (sup1): 351 - 362.

[161] Manso, G. Motivating Innovation [J]. The Journal of Finance, 2011, 66 (5): 1823 - 1860.

[162] Masulis, R. W., Wang, C., and Xie, F. Globalizing the Boardroom: The Effects of Foreign Directors on Corporate Governance and Firm Performance [J]. Journal of Accounting and Economics, 2012, 53 (3): 527 - 554.

[163] Masulis, R. W., and Mobbs, S. Independent Director Incentives: Where do Talented Directors Spend their Limited Time and Energy? [J]. Journal of Financial Economics, 2014, 111 (2): 406 - 429.

[164] Mcclain, G. The Impact of Outside Director Equity Compensation on Dividend Policy [J]. Journal of Applied Business Research, 2012, 28 (4): 743 - 752.

[165] Mcclain, G. Outside Director Equity Compensation and the Monitoring of Management [J]. Journal of Applied Business Research, 2012, 28 (6): 1315 - 1330.

[166] Mcpherson, M., Smith - Lovin, L., and Cook, J. M. Birds of a

Feather: Homophily in Social Networks [J]. Annual Review of Sociology, 2001, 27: 415 - 444.

[167] Meyer, J. W., and Rowan, B. Institutionalized Organizations: Formal Structure as Myth and Ceremony [J]. American Journal of Sociology, 1977, 83 (2): 340 - 363.

[168] Miwa, Y., and Ramseyer, J. M. Corporate Governance in Transitional Economies: Lessons from the Prewar Japanese Cotton Textile Industry [J]. Journal of Legal Studies, 2000, 29 (1): 171 - 203.

[169] Morse, A., Nanda, V., and Seru, A. Are Incentive Contracts Rigged by Powerful CEOs? [J]. The Journal of Finance, 2011, 66 (5): 1779 - 1821.

[170] Moshirian, F., Tian, X., and Zhang, B., et al. Stock Market Liberalization and Innovation [J]. Journal of Financial Economics, 2021, 139 (3): 985 - 1014.

[171] Mun, S. G., Paek, S., and Woo, L. Is Board of Director Compensation Excessive in Restaurant Firms? [J]. International Journal of Hospitality Management, 2019, 82: 149 - 158.

[172] Newman, H. A., and Mozes, H. A. Does the Composition of the Compensation Committee Influence CEO Compensation Practices? [J]. Financial Management, 1999, 28 (3): 41 - 53.

[173] Ongsakul, V., Jaroenjitrkam, A., and Treepongkaruna, S., et al. Does Board Gender Diversity Reduce "CEO Luck"? [J]. Accounting and Finance, 2022, 62 (1): 243 - 260.

[174] Oyer, P. Why do Firms Use Incentives that have No Incentive Effects? [J]. The Journal of Finance, 2004, 59 (4): 1619 - 1650.

[175] Paligorova, T. The Effect of the Sarbanes - Oxley Act on CEO Pay for Luck [Z]. Working Paper, 2008.

[176] Perry, T. Incentive Compensation for Outside Directors and CEO Turnover [Z]. Working Paper, 2000.

[177] Pham, M. D., Yu, J., and Agha, M. Internal Governance and Corporate Investment [Z]. Working Paper, 2018.

[178] Rahman, D., Malik, I., and Ali, S., et al. Do Co – opted Boards Increase Insider Profitability? [J]. Journal of Contemporary Accounting and Economics, 2021, 17 (3): 100265.

[179] Reza, S. W. Profit Skimming, Asymmetric Benchmarking, or the Effects of Implicit Incentives? Evidence from Natural Disasters [J]. Journal of Multinational Financial Management, 2020, 57 – 58: 100654.

[180] Ryan, H. E., and Wiggins, R. A. Who is in Whose Pocket? Director Compensation, Board Independence, and Barriers to Effective Monitoring [J]. Journal of Financial Economics, 2004, 73 (3): 497 – 524.

[181] Sengupta, P., and Zhang, S. Equity – Based Compensation of Outside Directors and Corporate Disclosure Quality [J]. Contemporary Accounting Research, 2015, 32 (3): 1073 – 1098.

[182] Shang, X., Luo, C., and Wen, Q. Do Chinese Executives Reward for Luck? [J]. Economic Modelling, 2020, 92: 318 – 325.

[183] Sheikh, S. Do CEO Compensation Incentives Affect Firm Innovation? [J]. Review of Accounting and Finance, 2012, 11 (1): 4 – 39.

[184] Shiah – Hou, S., and Cheng C. Outside Director Experience, Compensation, and Performance [J]. Managerial Finance, 2012, 38 (10): 914 – 938.

[185] Sila, V., Gonzalez, A., and Hagendorff, J. Independent Director Reputation Incentives and Stock Price Informativeness [J]. Journal of Corporate Finance, 2017, 47: 219 – 235.

[186] Słomka – Gołębiowska, A. The Effect of Remuneration Committee Independence on the Pay – Performance Relationship: Evidence from the Banking Industry in Poland [J]. Eastern European Economics, 2016, 54 (1): 71 – 89.

[187] Tsui, A. S., and O' Reilly, C. A. Beyond Simple Demographic Effects: The Importance of Relational Demography in Superior – subordinate Dyads [J]. Academy of Management Journal, 1989, 32 (2): 402 – 423.

[188] Tsui, A. S., Egan, T. D., and O' Reilly, C. A. Being Different, Relational Demography and Organizational Attachment [J]. Administrative Science Quarterly, 1992, 37 (4): 549-579.

[189] Vafeas, N. Determinants of the Adoption of Director Incentive Plans [J]. Journal of Accounting, Auditing & Finance, 1999, 14 (4): 453-474.

[190] Watts, R. L., and Zimmerman, J. L. Towards a Positive Theory of the Determination of Accounting Standards [J]. The Accounting Review, 1978, 53 (1): 112-134.

[191] Westphal, J. D. Collaboration in the Boardroom: Behavioral and Performance Consequences of CEO - board Social Ties [J]. Academy of Management Journal, 1999, 42 (1): 7-24.

[192] Westphal, J. D., and Zajac, E. J. Who Shall Govern? CEO/Board Power, Demographic Similarity, and New Director Selection [J]. Administrative Science Quarterly, 1995, 40 (1): 60-83.

[193] White, J. T., Woidtke, T., and Black, H. A., et al. Appointments of Academic Directors [J]. Journal of Corporate Finance, 2014, 28: 135-151.

[194] Xue, Y. Make or Buy New Technology: The Role of CEO Compensation Contract in a Firm' s Route to Innovation [J]. Review of Accounting Studies, 2007, 12 (4): 659-690.

[195] Yermack, D. Remuneration, Retention, and Reputation Incentives for Outside Directors [J]. The Journal of Finance, 2004, 59 (5): 2281-2308.

[196] Young, M. N., and Buchholtz, A. K. Firm Performance and CEO Pay: Relational Demography as a Moderator [J]. Journal of Managerial Issues, 2002, 14 (3): 296-313.

[197] Yu, L., Wang, D., and Wang, Q. The Effect of Independent Director Reputation Incentives on Corporate Social Responsibility: Evidence from China [J]. Sustainability, 2018, 10 (9): 3302.

[198] Mao, C. X., and Zhang, C. Managerial Risk - Taking Incentive and Firm Innovation: Evidence from FAS 123R [J]. Journal of Financial and Quantita-

tive Analysis, 2018, 53 (2): 867 - 898.

[199] Zhu, D. H., and Westphal, J. D. How Directors' Prior Experience with other Demographically Similar CEOs Affects their Appointments onto Corporate Boards and the Consequences for CEO Compensation [J]. Academy of Management Journal, 2014, 57 (3): 791 - 813.